梅山集

이 책은 2018·2019년도 정부(교육부)의 재원으로 한국고전번역원의 지원을 받아 수행된 '권역별거점연구소협동번역사업'의 결과물임
This work was supported by Institute for the Translation of Korean Classics-Grant funded by the Korean Government

韓國古典飜譯院 韓國文集校勘標點叢書

梅山集 7

洪直弼 著

金昌孝
延錫煥 校點

凡例

本文

1. 이 책은 洪直弼의 文集인《梅山集》을 標點·校勘한 것이다.
2. 이 책의 底本은 韓國文集叢刊 第295·296輯에 실린《梅山集》이다.
3. 판독이 어려운 글자나 誤脫字는 국립중앙도서관 소장의 筆寫本《梅山集》(한46-가1088)을 參照하여 校勘하고 校勘記에 '校正稿本에 근거'라고 밝혀 주었다.
4. 本文의 誤謬로 의심 가는 점이 있으나 根據할 만한 對照本이 없을 경우에는 校勘記에 그 내용만 언급하였다.
5. 本文에 쓰인 異體字 가운데 현재 일반적으로 通用되지 않는 글자는 모두 代表字로 고쳐 쓰고 校勘記는 달지 않았다. 代表字 여부의 판정은 韓國古典飜譯院 異體字 檢索시스템을 準據로 하였다.
6. 板刻이나 筆寫 과정에서 관행적으로 通用하던 글자는 文脈에 맞게 고쳐 쓰고 校勘記는 달지 않았다.
   예) 己 已 巳, 簫 蕭
7. 이 책에 사용된 標點符號는 다음과 같다.

。	疑問文과 感歎文을 제외한 文章의 끝에 쓴다.
?	疑問文의 끝에 쓴다.
!	感歎文이나 感歎詞의 끝, 강한 語調의 命令文·請誘文·反語文의 끝에 쓴다.
,	한 文章 안에서 일반적으로 句의 구분이 필요한 곳에 쓴다.
、	한 句 안에서 竝列된 單語 사이에 쓴다.
;	複文 안에서 구조상 분명하게 竝列된 語句 사이에 쓴다.
:	완전한 引用文의 경우 引用符號와 함께 쓰거나, 話題 혹은 小標題語로서 文章을 이끄는 語句 뒤에 쓴다.
" " ' '	직접 引用된 말이나 强調해야 하는 말을 나타내는 데 쓰되, 1차

引用에는 " "를, 2차 引用에는 ' '를, 3차 引用에는 「 」를 쓴다.

【 】	原文의 註를 나타내는 데 쓴다.
·	書名號(《 》) 안에서 書名과 篇名 등을 구분하는 데 쓴다.
《 》	書名, 篇名, 樂曲名, 書畫名 등을 나타내는 데 쓴다.
______	人名, 地名, 國名, 民族名, 建物名, 年號 등의 固有名詞를 나타내는 데 쓴다.
□	빠진 글자의 자리에 쓴다.
▨	毁損된 글자의 자리에 쓴다.

目次

梅山集 卷三十五

墓碣銘

梅山集 卷三十六

墓碣銘

梅山集 卷三十七

墓碣銘

墓表

墓誌銘

梅山集 卷三十八

墓誌銘

梅山集 卷三十九

墓誌銘

梅山集 卷四十

墓誌銘

梅山集

卷三十五

墓碣銘

墓碣銘

內舅紫閣山人墓碣銘【幷序○辛卯】

嗚呼！此紫閣山人朴公衣履之藏，公嘗占魁科，立于朝矣，不以官稱而稱號者，以畢生立德之在玆也。

公陰城人，諱聲漢字士章，系出羅祖。羅、麗之際，名德輩出，入我朝吏曹判書忠愍公諱淳，用子母馬感太祖意，竟回鑾，然公則不免，夫人任氏，子參判諱昕，俱殉公死，幷旌三節。

參判生諱叔達，舍人，贈參議。至曾孫諱淵，薦學行直拜縣監。縣監有子諱有寧，擧遺逸拜執義，是爲公六世祖也。曾祖諱聖龜進士，祖諱廷琬，贈持平。持平公擧二男。長諱亮欽號知足堂，醇德惇行，爲世模楷。次進士諱長欽。

知堂公聘海州鄭氏運徽女，生公，進士公聘恩津宋氏必休女、文化柳氏喆模女，俱無子，取公爲后。

公蚤治博士業，己酉中生員，辛酉擢柑製攝堂后，調槐院，別檢于孝陵、典籍于國子、郎于騎省，選授司諫院正言、司憲府持平，止于獻納。

辛巳十一月五日，考終于長興洞第，距其生癸未正月二十五日，爲五十九歲。以翌年正月，葬于楊州九井里甲坐之原，元配延日鄭氏，錫煥之女，祔葬于左，繼配河東鄭氏，肅霖之女，擧一男來五，出爲伯氏後。繼子來敎。來五男，承赫；來敎繼子，民赫；二女適李種信、韓胤錫。

公生稟粹美，孝、友天植。八歲喪知堂公，持制如成人，事所后考妣，克敬克謹。柳夫人下從，哀毁幾滅性，每攀丹梴而泣。

忠養鄭孺人，躬服食寒煖秤水厠牏。凡所欲、所愛，無事難易、人貴賤，必先意承順存撫。

爲祖先修墓、竪碣，施于外親，彌遠而彌殫其誠。奉伯氏如嚴父，憫其崇飮常泣諫，或爲文仰勉。丘嫂性嚴，公夙宵洞屬，務適其心，竟底感化，吻然無間言。

護恤姪女逾己出，及嫁竭家財資裝。或言其濫，則曰："先兄一塊肉，敢言過乎？"事諸姑、諸姊尤篤摯，或致養室中，以終天年，推及宗族、故舊，不問親踈，各厭其意，有可敎者，延于家塾，恩育、德誨，各遂其才。

門屛常多遠客，屨舃紛錯，性愛施，趨人之急，甚己之私。中歲家益落，或覔債以應之，汲汲如不及。常云："調絲、品竹固雅致，不如活一塡壑人，闐車、駢駟固盛會，不如親一讀書士"，悃悃款款，與人任眞，開懷傾倒，兩忘所趨。

雅癖佳山水，翛然遐擧，浮游塵埃之外，秉心骯髒，釋褐二十年，一步不枉，居恒杜門，影響俱息。

或勸公毋自高，公笑言"邯鄲之步，徒失其舊，何能蹣跚躄躠，受人口氣爲哉？"人以故不悅，坎壈終身，亦無幾微色。扁其窩曰"無營"，賦梅花詩以見志。

嗚呼！公豐幹長身，面如冠玉。重厚而樂愷，和易而强確，外溫而內莊，言遜而志亢，日用動靜，純然一出於眞。羣行焯焯，未可一二舉，而皆無所爲而爲也。

俾公得志，庶可以托六尺、寄百里，臨大節而不可奪，豈不誠君子人哉？

公受學于族父立菴公俊欽，已知有求仁一事。常恨早孤承家，靡遑讀書，用充其志業，雖曰"未學，吾必謂之學"，惟公可以當之。兪著菴漢雋曰："實德、實行，世儒疇敢及者？"君子以爲知言。

直弼被養于外王母，因奉教于公，夙知有眞用心處，卽公賜耳。公不以我顓蒙，相許爲知己，而皓首無成，辜負仁恩，非直切西門扣策之悲也。

公晩而樹屋峒陰山中，要與同歸，未及攀薖軸而公遽歿矣。精靈奕奕，在林壑間，而風流不可復見，嗚呼悲夫！銘曰：

繄公篤行，肇自忠愍。
一門三綱，咸以身殉。
克紹以孝，世世爲準。
至公而著，厥聲方振。
天衢雲路，信步則晉。
餔糟啜醨，非我思存。
遠世自臧，其樂斯眞。
峒陰淸泠，紫閣嶙峋。

養晦其中，抗志穹旻。
詎欲果忘，聊以守身。
身與名完，是爲道伸。
奚其爲政，一家興仁。
皇皇急難，如救溺焚。
麟心龜德，在古尠倫。
靈芝醴泉，自有根源。
德厚流光，不顯其門。
龍馬之山，若堂其塋。
獨葆其全，歸于九【缺】。
矢辭不諛，姊子述銘。

成均學正洪君墓碣銘【幷序○壬辰】

吾宗唐城府院君康敬公諱彬顯，名于勝朝，厥有成績，紀于旂常。康敬玄孫淳入本朝封塩州伯。後有諱啓宗，龍蛇之役，率門徒赴龍灣，扈衛行在，克著忠勤，錄扈聖勳，贈司僕寺正。

四傳至贈參議諱夏績，始居江西。參議有孫諱景祖，景祖之子諱履一參奉，參奉娶安東權氏擧君。

君諱龍圭字正中，壬子中生員，癸酉以崇靈殿參奉，登癸酉增廣文科丙科。學正于國子、奉事于太常，以當宁丙子十一月十二日卒，距其生丁亥爲五十歲，葬于龍岡石泉山辛坐。

君性於孝，臨事而敢，耻其不逮，儉約爲度，而施與如不及。庀人嫁娶、喪葬，猶恐後時，純純常常，不自顧計。

辛未關西大飢，捐累千金活死命者萬數。時淸北告警，公以賊起於同省，憤惋灑泣，募兵數百人，犒牛數十頭，納于大陣，是亦述先祖也。

好讀書，博涉羣經，而尤長於禮學，洞究象數之蘊、趯勒之妙，推以教人，愛才如渴。且有鑑識，因材而篤，用就其器業。及歿一鄕匍匐，如喪親戚，至葬致客數郡，苟不固取與然諾言信行果者，孰能與此哉？

君齊平昌李氏。男鎭齊；女適，金龍周。鎭齊男顯洙。鎭齊亦克家，一方倚重如君焉。

君從祖弟瑞圭，乞君墓銘，余靡足以不朽人者。然竊感康敬之垂裕後昆，至君而聞，且君之好氣、義，排患急難，非要有待而自見，卽誠壹之所致。斯無愧爲康敬之肖孫也歟！是爲銘。銘曰：

五旬非壽，一第非顯。
其顯且壽，亶在好善。
好善維何，盡己自勉。
詎若世人，梔蠟虛衒。
莫云天翁，報施斯舛。
藏仁賚後，子孫昌衍。
吾與之銘，用詔遐緬。

司憲府監察朴君墓碣銘【幷序○甲午】

老洲吳先生講道南湖上，四方學者多從之遊。朴君季立亦贄書請業，與聞性道之蘊，言下怡渙，一變舊見曰："幾虛度一生。"

先生詡其敏而有勇，館穀而施教。季立輒先譽髦，摳衣執經而前，反復叩質，不明不措，傳習而斅後進，壹遵其丈尺焉。先生勉推其所知，導迪北士，用盡成己、成物之功，及歿爲隧銘，悼惜其未就，是足以徵季立也。

君諱命壁，季立其字也。系出寧海，鼻祖寧海伯諱堤上，死於忠。至兵曹判書諱季孫，又以忠遁世自靖，卽君十世祖也。曾祖諱泰漳淑陵參奉。祖諱萬株同知中樞府事。考諱師燮義禁府都事。娶全州朱卨極之女擧君。

癸亥成進士，丙子筮仕爲義陵參奉，用修陵勞陞通禮院引儀，轉司憲府監察。

庚辰丁內艱，進取非君素志，而爲親屈也。卒喪不復仕，以風樹不待，爲終身慟。

以丁亥三月二十二日卒，距其生癸巳爲五十五歲。葬于文川郡東九美鄕辰坐。配淸州韓氏，洙女，擧三男二女，文、文鉷、文鑑，仲、季殀，女適康弘烈。文鈜男寅祿。

君性於孝，至誠服勤，怡愉順志。家極貧，菽水屢空，躬樵爨以養親，葬祭以禮，哀敬幷摯，鄕黨稱孝子。

幼而朗慧絶倫，少長喜學，學羣經幾通，最深於四子書。篤信聖哲，勵志求道，至忘其寒饑。獨棲絶頂蕭寺，攻苦食淡，以肄課業，每言：“得靜專之功爲多。”

常嫌窮鄕寡、陋，請益于心齋宋公，公名其室曰“習齋”，又質所學于近齋朴先生，徧交幷世諸賢，揚扢其同異，於是見聞漸博，思索益通，卒就正老洲而醇如也。

每歎理義無窮，年數不足，誦貫前聖之文，綜櫛後儒之言，手箚成帙，窮晝夜罔倦。有問者輒披心提耳，不以親疎而有間，善講說纚纚可聽。

篤於故舊，樂道人善，恥言人過，盡其在己，而不求人之盡乎我也。以故爲一路所尊信焉。

北關之學，殿松巖而作者，亦有聞焉，而皆靡所取裁，故得其門者尠矣，至君而門路克正，晩年名理，卓然可述，南方學者亦鮮能或先，豈不誠豪傑之士哉？

君弱冠遊京師，館余室，相守居業，往往閱歲而歸。洞徹心肝，四十年如一日，臨終馳書爲訣，恨其生不及論著，歿無可告語，每執書而泣涕入九冥矣。

君兄子文鏞具狀而徼牲石之銘，余嘗銘君父子，而支離不死，又銘君墓，于人世何如也？銘曰：

朴顯羅世，雙節成仁。
靖獻莊陵，曰有逋臣。
潛德雲林，流光後人。
偉歟季立，克胚先烈。
仁孝爲性，英慧成質。
濟以好學，敦本踏實。

豈若世儒，口耳是悅。
晩承眞傳，式克踐述。
不敢信已，是足以臧。
闡繹微言，其書盈箱。
庶幾藉手，倡道一方。
陶鑄髦士，永世開荒。
曷爲齎志，脫屣斯忙。
琉峀峨峨，錦水湯湯。
休名與齊，愈遠彌長。
鴻筆誌隧，緊君宗師。
是用不朽，可當鼎彝。
我述不作，亦無愧辭，

仁村趙公墓碣銘【幷序○庚子】

莊陵癸酉，吏曹參議趙公順生，與皇甫忠定公仁，金忠翼公宗瑞，幷罹于禍，至健陵辛亥，追錄死事諸臣與忠定公子錫、忠翼公子承珪，俱設壇享于莊陵之側。

趙公胤子兵曹正郎諱銘，坐孥謫錦山，久之量移木川，公自嬰酷禍，號絶幾不全。

及居木，宅于細城山下，陟屋後高峯，東向拜南向哭，日以爲恒，盖莊寢在越，而參議公受後命于固城也。

距數里有岡巒壁立者，公每朔、望登其頂，公服拜跪如朝禮，呑聲飮泣，竟夕而返，婦、孺、樵、牧，皆指點其所，名其峯曰正郎，臺曰望京，所居村曰多仁，仍稱公爲仁村先生。公毁瘠殁，墓于正郎峯下負震之原。

後二百餘年，而端廟復位，又九十餘年而參議公配侑焉，純宗壬申，贈公承政院都承旨。木川章甫，又俎豆公于忠烈祠，公之志節，於是焉益章。嗚呼！晦昧于當時，而炳烺于永世者，是可驗天道之有定也。

公字警夫，漢陽人，出自高麗僉議中書諱之壽。至諱仁沃吏曹判書忠靖公，配食太祖廟庭，生知敦寧府事節孝公諱賚，卽參議公祖、禰也。參議公配原州元氏，司正有容女。

公配懷德黃氏，知中樞府事尙文女，從贈貞夫人，祔公墓。男伯亨，縣令。縣令男璲，大護軍。

公夙著文譽，策名于英陵盛際，歷官至兵曹正郎。曹失軍籍，郎、吏咸懼得罪，公從容口呼，遂完其簿。旣而得所失者，無一字駁異，人皆驚服。遇遭世禍，罔究厥用，俾其曠世高才，不少槩見，惜哉！

莊、光之際，賢士大夫，皆死於忠，忠臣之門，又有三孝子，金忠翼之子承珪，河忠烈之子珀，其一公也。金、河收孥而死，公止於竄，故無死。然含寃茹痛，以致滅性，以靖獻于君、親者，視被禍而死，又加難矣。屈於近而伸於遠，原始要終，靡有餘憾。何差殊於死生哉？

古語云“孝實天經，忠爲令德，百行攸先，一心靡忒”，公其庶幾乎！公後孫允欽，謁銘于不佞，累辭而不得，遂據淵泉洪公所述狀而敍之，繼以銘曰：

父死於忠，子殉於孝。
惟其孝盡，所以忠報。
心注東越，目斷南嶠。
臺擬採薇，峯是攀栢。
其庶無愧，二理同極。
城山可崩，公名不泐。

孝子聾翁任公墓碣銘【幷序○辛丑】

故掌令贈吏曹參判西齋任公，死於忠，其曾孫諱泰春，又死於孝，在家則孝，在邦則忠，其理一也，故曰“求忠臣必於孝子之門”，而孝子多出於忠臣之世，是以君子尙其類也。

公字子仁，自號聾翁，生稟至性，髫齔不暫離親側，出告反面如成人。父母病，皆刺指進血，居憂毁瘠幾不全，墓稍遠，不以風雨寒暑而廢。

事繼妣如嚴父，禮恭貌婉，深愛自著，繼妣恒言：“純誠事我，眞孝子也。”塚飾、家奠，克盡著存，因心篤友，與仲氏連床同被，怡怡有春津之樂。

公年周甲，謀考妣改葬，時公病革。仲氏請退期，不許，食素却藥，强疾而莅之，自盡誠力，恔心而後已。

事畢反哭，氣息欲絶，猶向廟起坐，哽咽涕泣曰“父母體魄，幸得同穴，死且瞑目”，托仲氏以後事，俾効濂溪經紀、喪葬而歿，卽辛未三月二日，距擧緬纔三日也。閏四月祔葬于牙山中竹谷先塋，戊戌遷于同縣星山，甲辰又遷于竹谷壬坐。

公天資近道，子諒而剛介。遭家多難，生産刹落，或累日不擧火，而無幾微色。晩益固窮，一芥不苟取，鄕隣亦莫知其屢空也。

雅不喜交遊，雖平生久要，貴顯則不通訊。常養眞一室，凝塵盈几，戶外之跡可數也。晩謝擧業，專精問學，本之四書，而會通於《詩》、《易》，窮格踐述，有獨覺其眞之妙。雅言："聖人之道，由己及人，自近達遠，豈有不得於己，而遽欲應物者乎？"

玩繹名理，老益慥慥，不知年數之不足。常不觀雜書，責讀《老》、《莊》者曰"是足以壞人心術，何必舍經而攻異端乎？"是可驗造詣之正也。公醇德範世，內行肫摯，固由資質之美，而學問之功，有不可誣焉。

公西河人，高麗御史大夫諱澍爲初祖，代有名德，爲三韓望族。至知中樞府事諱弘望、執義諱泂、掌令諱徵夏，三世以氣節、風烈，爲國朝名臣。而掌令公疏辨聖誣，竟被奇禍。掌令公生處士諱時九，夙負重望，而因世禍自靖。

處士公出後從叔父諱昌夏，尸知樞公祀，生諱信白，亦以禍廢。娶坡平尹氏，贈承旨東英女，擧公，卽英宗二十七年十二月十六日也。

配連山徐氏，漢城判尹靖翼公秉德女，孝、敬天植，彌謹蘋藻，居常頷顑，而不使公憂，公之守約，多賴內助云。生先公二年，歿後公八年，葬祔公墓左，壽七十一。

擧二男三女，男永模、天模，女適縣監金箕詢、校理鄭度采、尹曾烈。孫憲祖、憲商、憲益、成夏鍾妻，長房出。憲晦、憲明、朴載緯·李鍾絅妻，次房出。

金壻男，在獻參奉、在顯，女權厚仁。鄭壻女洪承謨。尹壻男致成。憲祖男興敎。餘幼。

公羣行焯焯可述，而皆原於孝。善事異顏之親者，古或有之，而尠有如公之純者。至使繼妣哭公過哀，畢生不忍忘，不惟人無間言而已。苟不通經研理，達孝悌爲仁之義者，亦何以與此哉？是無愧爲西齋公之孫，而忠孝一致也。

公歿後三十一年辛丑，湖右多士擧公行誼于朝，旌其閭曰"孝子之門"。公非可以一節成名，而善觀人者，亦足以蔽其全體也。

憲晦從我遊，抱狀而乞銘，愚誦公家名、義夙矣，又服公至行，不辭而爲之。銘曰：

生芻一束，如玉其人。
皓首研經，塞兌守身。
理義悅心，其樂斯眞。
伯鸞苦節，原憲淸貧。
無悶無怨，中以自珍。
何以致之，由百行源。
尙其世類，疇與爲倫。
名門肖子，熙世逸民。
甲子一終，反于玄窀。

我銘以貞，用詔無垠。

醉菊任公墓碣銘【幷序○壬寅】

昔陶淵明有醉石，亦愛菊，卓爲霜傑，忘懷得失，而故處士西河任公，托神交於柴桑，自號醉菊，孰謂：“菊之愛，陶後鮮有聞哉?”

公諱天模字德叟，西河氏，以名義、風節世家。至知中樞府事諱弘望、執義諱泂、掌令贈參判諱徵夏，三世俱顯，而掌令公死於忠。是生諱時九，爲從叔父諱昌夏後，卽公曾祖也。祖諱信白、考諱泰春，皆因禍自廢。妣連山徐氏，判尹靖翼公秉德之女也。

公性於孝，助伯氏供親，或奉養于家，而極其滋味。及遭艱，附身、附棺，罔不自辦，畢生含恤，哭諱如昶括。

回甲不許置酒，持躬如處子，罕踰山門。性又剛方，簡交遊，在鄉黨恂恂，不惡而嚴。固窮到熟，雖致屢空而不妄求貸。少治博士業，旋謝功令，惟遵晦存身，專精教子。

及疾革措置後事，雍容整暇，喩嗣子“以喪祭從禮，閉門斂跡，就正有道，明農自食”，仍麾婦女出，怡然而逝，卽壬寅二月一日也，去其生甲子一周。

始葬于牙山星山，十月遷于靈仁山可藏谷午坐，先兆也。

配南陽洪氏，益和其考也，擧二男二女，男憲晦、憲明，女適朴載緯、李鍾絅。憲晦男萬教。憲明男稺教。敬鎭、敏鎭、敞鎭，朴婿出也。

始掌令公疏陳辛壬義理，洞辨聖誣，仍被奇禍，公常痛先志莫㬥，而遺文束閣，鳩財圖入梓。且先公有至行，籲于朝而旌表未下，公臨歿以二事罔就爲至恨。憲晦述公遺志，二者俱擧，人稱公純孝攸致也。

不佞竊附幽顯闡微之義，爲公作壙誌，憲晦又謁麗牲之文。累辭一人再述之非宜，而其懇苦切，力疾而書之曰"南服之高蹈，法家之拂士"，人無間乎月朝云爾。銘曰：

人是菊耶？菊是人耶？
不汲汲於富貴，不戚戚於賤貧。
玆若人之倫，同歸于懷葛之民。

贈左承旨旺林李公墓碣銘【幷序○甲辰】

陶菴李先生，講道寒泉，四方之士盈門。賢愚隨材，皆獲其益，而寔能服勤至死，用盡事一之義者，其惟故處士李公諱行祥乎！

公生禀異質，未成童，請業于先生，先生見公容止凝重，聳然異之。以義、利之辨，誘掖激厲，陶冶心志，公遂專精問學，有守死善道之願。

先生嘗書贈公以"莫負我"三字，曰"爾若止一鄕善士，是負我也"，又寫"萬事一直"，"甘白之質，可以有爲"等語以勉之。

公外若遲鈍，而內蘊朗慧，周旋函丈，至誠服勞。先生晚患風痺語澁，凡係述作酬酢，咸措諸指畫，公獨喩其意。昏夜睡熟，從衣背上乍草，而公則曰“唯唯”，及傳寫靡所錯誤。先生詩以贊美曰：“欒公訓語古雖有，千載實踐惟見爾。啞夫暗中書小字，微君莫能通其意。天爲陶菴生此子。”

又云“吾居鄉十九歲，質直可望者，惟李處士公履”，公履公字也。旣贈羣書，又賜三經四書，彌加推重。

及易簀，獨公執燭，致哀如孝子，終身不匱。痛念恩義，求道眞切，乃就泉食庵之南建書社，揭先生眞像，月朔焚香，春秋設講，用寓江漢、羹墻之慕。

又校整遺文，竭盡神精，卒就完本，爲師門効力，靡極不至，而苟涉非義，必救正乃已，沮遺集之私刊，撤雷巖之擅享者是也。君子曰“陶翁之門，得李處士而師道益尊”，信哉！

公延安人，以唐中郎將茂爲初祖。入本朝樗軒文康公諱石亨；德業、文學，爲世名臣，珪組奕世，不須譜也。至諱時尹教官，贈吏曹參議；諱益基翊衛，贈吏曹參判；諱莘老襲封安昌君；諱喆佐，通德郎；卽公四世也。先生嘗許通德公以秉志不苟。　三娶平山申氏、延日鄭氏、昌原黃氏，黃氏之考鐗也。

以英宗元年乙巳正月三日擧公，公守師訓，畢生不應擧。甲辰健陵將冊儲嗣，旁求經術士，卿宰、道臣多以公應薦，授光陵參奉不就，甲寅因壽秩陞僉樞。

庚申十二月二十九日卒，翌年三月，祔葬于龍仁牛鳴洞先塋，乙亥遷于其上丁坐，夫人光山金氏祔。金氏泰升女也，生先公三歲，歿先公十四歲，孝順周通，克配公德。

一男延龜，繼述家學，先公卒。二女，兵使白海鎭、士人成鳳默。孫曰愚明、愿明、惠明、應明。惠明過房，改名學愚，今直長。女安秉儼。白婿繼子能洙；女李應謙；皆府使。成婿二子，載萬、載九，女鄭淑。

公器量敦厚，性度剛確，儼然有不可犯之色，而事親愉婉，先意承順。慈癠灌指血，居內外艱，冬不炕夏不箑，毁瘠幾不全，日展墓汎掃，罔以風雨而曠也。伯氏善病，躬自調護，及歿，倣石潭遺法，率宗婦、宗孫同居，置祭田以贍祀事，建別廟以奉祧主。

庶母性硬難化，而公待之以誠，卒底感服，訓子孫御奴僕，各適其宜，門庭之內，肅如朝廷。恒居夙興，整衣冠跪坐，蔬糲不繼而晏如也。

蚤夜磨礪，鑽研經旨，到會心處，三復不已。尤用力於《小學》、《論語》，卲齡猶不廢程課，汲汲如弗及，驗之於躬行，必期凝合而無間。至若辨性、理、心、氣之同異，有所受而見大意。

嘗病儒者不事下學而騖高遠，不察身心而工辭令，且云："朝廷空躋儒者於崇班，已是不誠，而儒者贊揚，無一事匡救者，尤爲可羞也。"

遂卷懷退藏，身、世兩忘，而專於內修，不務著述。四時會村秀設社，講敎之以身，故潛導之速，如方圓應形焉，學者稱旺林先生。

昔孔子有言"參也魯"，惟魯也故其學誠篤，深造乎道。

公之脚踏實地，“任重而道遠”者，殆泉門之曾子歟！眞可謂不負先生矣。

華泉李公贊公曰：“惟其窮而不憫，故志潔而守約，質而無華，故實過而名遜，行義不出於身家，教迪只及於鄕隣，卒不得行所學於當世，則殆亦命也！”君子以爲知言。

純廟甲申，大臣擧公德業請褒嘉，特贈承政院左承旨，兼銜如例。

公孫學愚謁銘于不佞，不佞自齠齔，已悅服陶翁，於門下羣賢，誦慕公甚篤，靡敢以癃病辭。援筆而爲銘。銘曰：

有洌寒泉，天挺宗儒。
造我髦士，爲型爲模。
旺林應時，丱兮趨隅。
我疾我徐，惟其步趨。
匪膜伊髓，匪櫝伊珠。
左右就養，無朝無晡。
心通指畫，微言是敷。
矢辭報賜，至于擧扶。
惟一直字，單傳之符。
蚤夜服膺，分寸不渝。
闕里之宗，匪嗲匪愚。
晦身巖巖，獨與道俱。
一鄕秋秋，如禺如于。
流風逸韻，興起薄夫。

有贈自天，賁于泉塗。
牛鳴之堂，公寧其軀。
載揭石章，我筆不諛。
凡百君子，是傚是圖。

明灘成公墓碣銘【幷序○甲辰】

神州之爲戎，已二百年矣。獨吾東華，爲一片乾淨地，而學士、大夫，安常狃舊，不復知有“忍痛含寃迫不得已”之義。

以余所聞，其能以一身任大經，卓然自立於頹波之中，至九死而靡悔者，其惟昌寧成公揆憲乎！公字仲一，胄于高麗中尹諱仁輔。有諱汝完侍中文靖公、諱石因左贊成靖平公，仍父子崇顯，傳緖蟬嫣。至諱大壽，擧遺逸不起，贈司憲府執義。生諱希在同知中樞贈左承旨，生諱好正，贈戶曹參判，卽公三世也。

參判公娶坡平尹氏彦成之女，以崇禎甲申後三年丁亥二月二十四日，擧公于龍山里第，英宗辛酉六月十六日卒，壽九十五。臨終預庀喪具，旣終異香滿室，人以爲仙化云。葬于圓塘宅后亥坐之原，亦遺命也。

凡三娶，豐川任氏，生員昌立女，鎭川宋氏，文相女，淸州韓氏，贈參判鏶女，俱無子，子兄子德謙。一女適朴亮采，任氏出也。德謙男，命佑，女李蓍祿。命佑二男，晛、晥，女沈一賢。內外曾、玄摠若干人。

公幼而卓犖，雖顯而有勢者與之角，不少慑，遂痛刮磨習氣，日孳孳劬業。弱冠就尤齋宋先生學，與南溪朴公世采、厚齋金公榦、直齋李公箕洪，講磨道義。

然落落有奇氣，不喜爲拘儒曲士，獨慕古人瑰意琦行，常自激昂，殆欲執鞭而隨之。

痛念京周，如不欲生，每酒酣耳熱，悲歌灑淚曰："海東千里，曾無一人義士爲復讎、雪耻事乎?" 著《夢遊記》以見志。

常不廢擧，蕲以建功立名，肅宗己巳仁顯后遜位，公倡多士，治疏伏闕下。時陽谷吳忠貞公斗寅、定齋朴文烈公泰輔，諫而死，又有命"敢諫者論以逆律"，中外震怖，諸生多散亡。

公與若而人抗疏，格于喉院，尾斥喉院壅蔽，又見格，遂爲文通告館學及五部、坊曲，約相率守闕會哭。公以疏首待罪三日，被嚴旨歸田里。

甲戌，上大悔悟，復中宮位，除公繕工監監役，未幾以代製李顯命疏，配珍島。盖公與寒圃齋李公爲切友，而嘗論南九萬爲希載私人，可知其秉義之嚴也。

越二年蒙宥，拜平市署奉事，疏陳時弊及守城方畧，優批嘉奬，陞漢城府參軍，爲正言李明俊劾罷。遂全家入壽春山中，卜築大明灘上，仍自號明灘，堂揭"大明日月尊周義理"八字，著《大明堂記》以自敍，又以"敬直內義方外國恥雪君恩報"十二字，涅于背。

常焚香默坐，如對神明，或撫劒叱咤，悲不自勝，人莫測其何意也。愛史呑巖瀑，構亭以處，刻"臥龍巖"於石，盖願學孔明也。三淵金先生屢造其所，甚有襟契云。

英宗丙午，以大耋除僉中樞兼曹司五衛將，應召赴闕，命乘轎行，異數也。時値朝參，公奏七條：曰"懋聖學"、曰"破朋黨"、曰"蠲民役"、曰"禁奢華"、曰"儲戎器"、曰"修城池'、曰"察時變"。

每陳一事，天顔溫粹，莞爾而笑曰："昔年聖教，許以憂愛。"其復之，寵諭鄭重。

承旨以煩猥請推考，公厲聲曰："臣雖微末，乃陳所懷，而遽爾請劾，此正壅蔽之侫臣，朱雲借劒之請，良以此也。"滿廷皆吐舌。上大笑稱"矍鑠"，溫諭而慰解之。

丁未十二月，特上章陳不虞之戒，疏入留中。翌年春逆賊李麟佐等擧兵叛，公聞變奔問，又上本陳捍禦策及招慰亂民之方，再呈不克徹。

後上問成某見在何地，筵臣對以已沒，盖沮諱也。丙辰因相臣筵奏，特陞同知中樞府事，是爲公出處大略也。

公形軀短少，目光燁如，精彩動人，氣岸堂堂，烟火屢絶，而不見其憂。忠孝根天，方喪盡禮，通於百家技藝，如握奇、周髀，靡不嫺熟。於墨妙尤工，嘗以題額被明陵奬詡，詞翰如流，操觚立就，有遺稿藏于家。

嗚呼！公之經綸，足以利用而厚生，公之志節，足以格天而感神，若其坎止流行之與時消息者，又足以不失其正，豈餘人之所可及哉？公其有聞於趙重峯先生之風者歟！

副學金公近淳誌公墓曰："篤一生尊周之義，而天下知有帝矣，抗三日守闕之哭，而海東免無母矣。至若炳幾陳章，先戊申而知戊申，則蓍龜之神，又何加焉?”君子以爲知言。

純廟甲戌，一路襟紳，誦公名義，配享公于谷雲祠，方公之上疏訟母后也，吾先祖兄弟，實與公聯名，余以是服公風節不已。今公後孫致龜謁公牲石之文，余雖老閣鉛槧，敢憚爲公役乎？遂力疾而爲之。銘曰：

東方一士，曰有成公。
倜儻英偉，間氣攸鍾。
斂時蹄弛，自就陶鎔。
不肯屈首，暖姝之風。
懷奇抱朴，自葆性眞。
秘用象數，博取史文。
研精韜鈐，抽心藝園。
是公餘事，能自屈伸。
先憂後樂，志在壽民。
先立其大，抱我《春秋》。
涅背銘心，用尊京周。
運値陽九，坤極將傾。
守闕號泣，聲徹蒼靈。
備豫防患，忠言颺廷。
何以前知，寔由至誠。
矢心復雪，爲皇明臣。

沒身靖獻，爲有母人。
不撓不逃，志欲盡倫。
潛見猶龍，子房長源。
是亦時中，詎涉怪神。
聲氣相感，于華陽翁。
雖則自樹，由師友功。
有屹圓阜，四尺其封。
青霞奇意，鬱結在中。
秋栢不死，俊骨留馨。
我發潛光，用昭玄扃。
百世尙傳，明灘先生。

贈吏曹參議李公墓碣銘【幷序○甲辰】

景廟甲辰，英廟新卽位，時羣兇尙執國勻，充斥朝著，自知其罪難逭，且忌上英明，相與疑懼，而猶動稱先王，脅持英廟，上務涵育恢容。

會因冬雷求言，布衣李公義淵應旨言："大行大王以大聖之姿，不幸有倦勤之疾，策我殿下於儲位，以定邦國之大本，攝贊庶務。此誠唐、虞之盛事，而惟彼羣小，闖隙逞兇，以"半夜蒼黃"，"陰移天位"等說，動撓民心，而北闕潛入，竟售其計，壅蔽宸聰，釀成奇禍，喬木世家，誅戮無餘，至發"禁庭蹀血"之言，其心計之陰兇慘毒，有不忍言者。

在殿下之責，莫先於亟正羣小掩蔽、濁亂之罪，以明辛丑以後事，皆非我先大王本意，且正羣小陰兇慘毒之罪，以明《春秋》必討之義。而臨御數月，一向泄泄，神人之憤，以是不洩，天地之氣，由此不和，上帝之警告，不亦宜乎。

元老被誣，風雷偃禾，姦臣亂政，霹靂拔樹，灾異之由，自古而然。今殿下省己修政，惕然改圖，正羣小之罪，顯先王之意，明《春秋》之義，洩神人之憤，則人心正而天地之心亦正，人心和而天地之心亦和矣。熒惑之移度，祥桑之枯死，豈獨專美於前耶？

至若斯文之是非，肅廟之遺教昭昭，而兇徒無憚於黜享，尹志述之忠直抱寃，士林流涕至今，而復享之典、褒直之擧，尙未卽行，則此豈非召灾之一端耶？"

疏入不報。時兇徒睢盱旁伺，得公疏悍然爲角勝計，柳鳳輝、李光佐、李巨源、李明彦，迭進威喝曰"此殿下父兄之讎"，上不得已命島配。諸賊爭益力，遂被鞫問，而爰辭不少撓，諸賊相顧曰："毒哉斯人！"

鳳輝以委官酷加淫刑，竟以十二月五日卒于囹圄，去其生壬申，爲三十三歲。時金一鏡、睦虎龍伏誅，光佐慍懟，無一辭聲討，惟持公甚急，班諸兩賊，其禍將及於泉壤，而上獨不許。

始公之被鞫，掌令任公徵夏抗疏云："李某忠憤所激，欲爲殿下一死，聖考培養士氣，我殿下食其報。"宋相允、朴趾赫相繼言："李某擔却一死，敢陳兒童所共誦之忠言。"且言："光佐於丙申處分，尙云'非先王本意'，李某之律，何不先加於光佐也?"

閔文忠鎭遠袖箚曰:"兇徒秘諱先王疾患, 設爲禁防, 以至導殿下以撲殺上書者, 而其意猶未已, 其故何也?"

後上謂文忠曰"李某事, 初無殺之之意, 致斃於二次之刑, 曾所不料。其以非先王本意爲斷案者, 何罪?" 文忠曰: "聖上旣知其寃枉, 不可不明白處分。" 上曰: "予欲救之, 到今思之, 亦可悲。今姑不可輕議, 前頭當審量下敎。"

及乙亥辛壬餘孽尹志等, 謀叛伏誅, 尹公汲啓曰: "今當天討大行, 亂賊就戮, 褒忠奬節, 宜在急先。故儒士李某目見亂賊誣辱聖躬, 尺疏叫閽, 辭嚴義正。不幸忠反爲罪, 賞變爲誅, 宜特贈、禮侑, 示聖上悔過之意。" 命收用子孫。

正宗丁酉, 筵臣又言: "李某以眇然一書生, 首倡大義, 竟死桁楊, 士林至今悲之。" 上曰: "其在扶植風敎, 不可泯沒", 特贈司憲府執義。

甲辰八月, 以英廟御極之歲, 拜璿源殿敎曰: "彝倫以之不墜, 凶賊以之破膽, 予於李某疏見之矣, 中丞之贈, 豈稱於樹立?" 特贈通政大夫、吏曹參議, 斯爲公屈伸之大畧也。

公字方叔, 號有是齋。系出璿源, 以宣陵別子景明君諱忱爲鼻祖。至進士, 贈左承旨諱生寅, 疏斥鄭仁弘, 名重士林, 寔公曾祖。祖諱齊衡執義, 贈參判, 以孝廉祭社。考諱有錫贈左承旨。娶慶州李氏, 郡守壽翼女擧公。

公生稟絶異, 早喪怙恃, 而文藝夙就, 書法典雅。性度嚴潔, 居恒危坐, 檢束如不及, 夫婦相敬如賓, 閨庭穆如也。

鳳輝於公夫人趙氏爲切姻, 以故相識, 及輝稔惡, 遂絶之曰："忠逆大關也。" 及公抗章，戒夫人不相通，取禍之酷，忤輝故也。

夫人咸安人，重呂女，校理根其曾祖也。嚴毅敏達，有女士風，生後公四歲，歿後公四十六歲，祔公墓。墓在坡州玉石里子坐。

男觀秀，二女適韓九錫、兪漢復。觀秀男道赫，筮仕不就。宗赫水使，女南宮翕。韓命洪、敬洪、李昌純妻，韓婿出。兪甲柱、碩柱水使、李益秀、柳輝存、李鍾文妻，兪婿出。道赫繼子，元在前縣監，女適崔挺柱。宗赫男元在、亨在水使。元在男鍾遠、鍾浩，女朴遠愚。亨在男鍾俊前宣傳官，女金炳奎。餘幼。

始景廟有疾無嗣，羣凶挾奧援，締結宦妾，盜竊國柄，恣意鍛鍊，戕殺忠賢，謀危貳極，遂成滔天之禍，及公疏出，諸賊之眞贓畢露，此其必殺公乃已者也。

公生不識君面，而痛聖誣罔極，國命綴旒，出萬死之力，以犯虓虎之勢，赴鼎鑊其如歸，蹈危亡而不顧。

古人云 "非死之難，處死之難，殞節苟合其宜，義夫豈吝其歿，捐軀若得其所，烈士不愛其存"，豈公之謂歟!

昔陳東、歐陽澈之死，爲天下所悲，而不過得好惡之正而已，公則首討凶逆，啓悟淵衷，馴致更化義理大明，詎非公一死之力哉? 均是以韋布死，而公之死爲大，是所謂 "過涉滅頂，凶無咎"者耶? 士不忘身，不爲忠者耶?

不佞自童穉誦公疏，未嘗不流涕，公曾孫元在，謁公牲石之文。氣意相感，雖爲之執鞭而不辭，况以托名爲榮乎?

遂奮筆而爲之銘。銘曰:

天地正氣，鍾而爲人。
烈烈李公，拔類出倫。
踸踔其志，熱血籲閽。
爲國急難，秖知有君。
凡百有生，秉彝維均。
惟公勿喪，能自殉身。
吾秉吾義，奚顧利屯。
虎豹九關，啄害狺狺。
劫火崑岡，良玉同焚。
秋霜白日，氣薄蒼旻。
桎梏正命，是爲成仁。
仁人志士，莫或煩寃。
靡公一死，漢賊莫分。
默誘聖衷，宗祊以存。
垂聲汗竹，永詔千春。
有屹堂斧，玉石之原。
碧血丹心，炳烺玄窀。
我銘其烈，用鐫貞珉。
俾後過者，誦義斯眞。
百世知有，元陵忠臣。

徐汲齋申公墓碣銘【幷序○乙巳】

過齋金先生，講道于貞山，時新經家禍，人皆掉臂，而故處士申公諱在應，執經請業，服事若嚴君。

先生期望綦重，見公冲年所述《心性情贊》而曰："剔決肯綮，可占他日成就。" 語子姪曰："某非汝輩友，可尊敬之。"

每辭退，贈詩而目送焉，又書"徐徐汲汲果而確"七字以勉之，仍顔其齋曰"徐汲"

及先生易簀，公心喪盡禮，編定《刀圭隨錄》。《隨錄》即先生所著，而未及修整，待公成書。加按說闡發師旨。又述《升堂記聞》，是所云"由其模範，從其趣尙"，"師逸而功倍"者歟!

公字時叔，平山之申，以壯節公諱崇謙爲初祖。十四傳而至思簡公諱浩，值我太祖受禪，擲璽抗節，又九傳而有諱忔，贈太僕正，當昏朝斁倫，斥絶逆臣李爾瞻。癸亥反正諸賢，汲引公同事，不應，遯于安東之九潭，是爲公六世祖也。

高祖諱鎬；曾祖諱思國；祖諱巕生員；考諱光集亦生員，號湖隱，以孝行經術贈持平。娶德水李氏，進士觀海女學公。

生稟聰慧，聽人讀書，能傳誦，居無散容，坐必端跪。五歲受學，逐字問義，六歲作詠旱詩曰"白雲天中起"，長者許其有致澤之意。十歲就學于從祖新齋公暐，日記數百行，而必窮其指。

及師過齋，激昂感奮，於六籍理藪，靡不鑽研，又手寫河洛圖書，先·後天、太極、人道心圖，作屛而潛繹，於三省、四勿，九容、九思，日夕軆驗如符訣。

孝友天植，在幼悶慈母善病，替行井臼之勞，及遭艱，居瘠如成人，墓所稍遠，而朔望往哭，不以寒、暑廢。及湖隱公廬墓，公在家行饋奠，奠訖必造廬次，視餐炊堗，三年如一日。

及湖隱公病草土，閱月沈淹，公夜帶視疾，禱天祝斗，及革嚙指進血。至大故，疏食廬墓，毁瘠幾不全，士友相告曰："某公居戚踰制，將滅性，奈斯文何?"

服除遂廢舉，專心求道，訓誨後進，考課有法，不以病少懈，教子姪各因其材，而以孝悌爲本，諄諄警飭。疾益篤，精神不耗，扶坐誦《東銘》、《西銘》、《玉山講義》，不錯一字，修改先公遺事，昆季、宗族，咸與爲訣別，而辭氣整暇，如不病時。

伯氏勸粥，公噓唏曰："一縷未絶，敢不承伯氏所命?"復爲仲、季各進一匙，仍正席而逝，卽丙子八月九日也。距其生癸巳，爲四十四歲。始葬龍宮杞洞，己丑遷于廉松午向之原。

配光山金氏，郡守斗烈女，過齋兄子也，生先公一年，歿先公五年，祔公墓左，公述其行以狀德。男，錫準；女適李周命、姜處重、金錫奎。繼配固城李氏，生後公二十四年，六親頌其賢，无育。

公天資近道，而擩染庭訓，趨向自正，而篤信師教，其所論名理，往往多卓識、妙解。

有曰繼善成性，統言四德，形氣上下，分以三等，生之謂性，屬氣質，五行各一，非本然，五常，人、物所同，謂有欠闕非也。虛靈，聖、凡不異，謂有分數未也，性與理二之則不是，心與氣一之則未妥，使經生、學子，瞭然若指諸掌。

尤深於禮，溯自三禮，至東儒說，靡不會通，而歸極于沙溪、尤齋兩先生，或有出入於成訓者，爲文以辨之，其言可述也。居恒取燭，亦多可傳，而未及成書，有零藁藏于家。

公，孝、義可以範俗，詞章，可以名世，學問，壹遵正軌，而厄於短造，罔充志業，惜哉!

然夙被長德所推詡，性潭宋文敬公云：“高見、博識，已不是俗儒糟粕。”過齋先生亦嘗贊公持己、事長之道，且云：“於經傳義理，纔聞名目，獨得宗旨。”

鰲村宋文簡公與公同師，知德最深，許其學曰“世不常有”，悼其喪曰“氣數所局”，三賢非苟譽人者，是可以識公之爲公也。

公族兄故尙書在植氏，對不佞盛稱公賢，不佞以幷世不相識爲恨。公兄子錫範，謁公牲石之文，未忍以癃病辭者，托神交於九京也。遂爲之。銘曰：

崔崔貞山，爲時宗儒。
遠世自臧，獨與道俱。
公在妙齡，袪衣先摳。
非直必愼，唯諾步趨。
叩鍾盡聲，克紹師模。

踐述傳習，不涉言詮。
舍命衛道，爲升堂賢。
志高行潔，學粹歸全。
我發潛光，揭章玄阡。
令名不泐，師弟同傳。

判中樞贈右議政權公墓碣銘【幷序○乙巳】

純祖大王二十四年，冬十有二月十六日，判中樞府事權公以賀正使赴燕卒。訃聞上下教曰“辭陛之日，見其矍鑠，今聞中路奄逝，豈勝驚惜？是亦死於王事”，仍命贈大匡輔國崇祿，大夫議政府右議政，兼銜如例，錄其孤孫，賻庀加等，明年轝還賜祭。三月葬于定山乾芝洞負癸之原，從先兆也。

後二十年，公庶子正履將揭碣于墓，謁辭于直弼。直弼曰：“公位上卿，法當樹大碑，不碑而碣，何也？”曰：“是遺志也。”直弼自齠齔，受知于公，非直以世舊之好，有不敢以癃病辭。

謹按，公諱常愼，初諱襈，字絅好，少號日紅堂，晚號西漁。其先太師諱幸，以功受姓，食采于安東，子孫仍貫焉，終麗之世，名德烜赫。

入本朝，有文忠公諱近，以經術、文章，名聞華夏。五傳而至諱擘禮曹參議，生諱韐主簿，遭弟石洲公詩禍，遯跡韓山。又再傳至諱讓執義，以恬退，特贈都承旨，卽公高祖也。曾祖諱樸左參贊，元陵丁未，抗章辨忠逆、是非，退鄕廬不起，與二兄文貞、貞簡兩公，幷稱爲三賢。祖諱導禮曹判書，克紹先休，爲世名卿。考諱揎，有志行早歿，新齋洪文淸公銘其墓，以公貴，贈吏曹判書。妣贈貞夫人完山李氏，正郞廷煌其考也。

公生而聰穎，及長勵業，未弱冠，發解增廣試，華聞已藉甚。連魁陞庠，丙午魁進士，戊申除靖陵參奉，遷童蒙敎官，陞義禁府都事、司憲府監察。

辛亥遭內艱，又承重服判書公喪，制除除造紙署別提、刑曹正郞。丙辰拜江東縣監，時湖右有儒訟，特命換藍浦，調停其事。縣有朱子川，公勸譽髦刱晦菴影堂，士多興感。

戊午被辟爲戶曹正郞，冬拜信川郡守。辛酉以司導寺僉正，魁增廣文科，又魁殿試，人呼三場壯元。例陞通政階，拜兵曹參知參議、同副承旨，後累拜至左承旨，又拜刑曹、戶曹參議。

癸亥以冬至副使赴燕復命，拜大司諫至三，大司成至四。乙丑除驪州牧使，因事罷。丙寅擢亞卿，刑、戶、禮、兵、工五曹參判，漢城府左尹、同知義禁春秋經筵、副摠管、司導提調，其踐歷也。

庚午除京畿監司，旋哭獨子，哀瘁求解不得請，卒以視事。疏擧三政之弊，幷陳便民裕財之方而竟未行，識者恨之。

公自罹西河之慽，忽忽無榮途意，遂盡室歸韓山，日與鄕黨、宗族，觴詠以自娛，有除命不就。

丁丑拜忠淸監司，本道有公祖、曾二世遺愛，公遂起膺命，蚤夜靡懈。大雨圮營橋漂屋廬，公捐俸修治，後値方割而民免昏墊。人比之錢塘白公堤。恤隱繕械，亦多殊績，民勒石頌惠。

戊寅擢資憲階，仍疏辭，兼陳崇儒、衛道之方。己卯遞拜工曹判書，旋移兵曹、知經筵義禁。居銓秉公，時論翕然，除廣州留守。

壬午以獻陵享閣監董勞陞正憲，遞拜禮曹判書、漢城判尹，癸未以大司憲疏救議禮兩儒臣，忤旨謫寧邊，居三月宥還。除右參贊、都摠管，復歷都憲、司寇、提學司譯院、社稷署。甲申差正使付判中樞，渡鴨水至奉天府之高橋堡，原隰驅馳，感寒疾遂不起，距其生己卯，爲六十六歲，臨終無怛化意。時公以庶弟隨行曰"是爲吾飯含者"，其言果驗，亦可異焉。

公性於孝，七歲而孤，服喪如成人，事祖考盡誠，先意承順，奉伯姊如母，視諸甥如子。胤子獨身善病，而不弛身教，待族戚曲有恩意，咸頌其德。

崇篤友道，重然諾喜施與，不以窮達、貴賤而貳視焉。以故人皆樂從而遊朋樽日適。

戶屨恒滿，然或有干以非義者，不以親愛而寬假。襟度虛曠，每宦途升沈，或見遺華膴而不恤也。居家不問產業贏絀，往往窘逼覓債，而亦不顧也。文藝夙就，藻譽溢世，累被選泮製。

正廟對判書公，問公製述多寡，仍稱"卿孫顔貌好，匪久當大闡”，是可以驗公所造，而釋褐後正廟之世，罔克贊皇猷黼黻之盛，惜哉！

詩文汪洋纖密，各臻其妙，爲詞苑諸公所推詡。又手抄諸子百家，編述者盈屋，人謂“陸家書巢”。所著《西漁集》及《國朝大學衍義》，藏于家。

配贈貞敬夫人豐山洪氏，吏曹判書樂命女，與公生同年，歿先公三十三年。閨範端凝，婦道孝順，始葬公州棠谷，遷祔公墓右。男敬履進士，蚤歿，女承旨吳致愚。

繼配貞敬夫人漢陽趙氏，興源女，生後公十七年，歿後公十一年。莊穆有度，贊公梱儀，祔公墓左。有一女適郡守洪翰周。側室男正履進士，有一女適李曾愚。繼子思喆，蔭補敦寧判官，亦殀無育，取族子衡圭爲嗣。吳晩善；昌善；進士金東賓妻；吳婿出。洪祐昌；祐昇；校理沈熙淳；李敦夏；李承游妻；洪婿出。

公風儀疎秀，器宇雋爽，無世俗淰濃暖妹之態。善談論，踔厲風發，每引物比類，往往警絶，傾倒一座。雅有禽尙之癖，遇一丘一壑之奇，理屐冥搜，或飄然獨往，竟日忘返。

官位隆顯，而自視猶韋布，短驢孱僕，往來湖墅，浮家泛宅，有苕、霅之趣，或混迹漁釣，簦蓑爭席，人不知爲宰相也。

直弼每登公草南亭，公屈巾舃臨會，揚扢泓崢之勝，風流、文采，照暎林泉，及投老公玄石舊亭，想像疎襟曠度，不可得以復攀。然若有奕奕精神，存乎其間，而江湖有餘韻

矣。銘曰，

健陵在宥，大猷時升。
用文造士，賁飾龐弘。
公被陶鑄，克闡賢能。
三場壯元，爲世艶稱。
實以副華，華袞寔承。
歷試中外，功用旣興。
漢山增重，錦水揚淸。
底績夏官，正我權衡。
衆趨之途，獨自喚醒，
風月襟懷，江湖性靈，
發之聲詩，玉佩鏗鏘。
當事不讓，再涉殊方。
遼野冰雪，用致傷生。
爲國一死，是公素情。
本之則存，世篤忠貞。
推孝爲忠，用振家聲。
非直家聲，允爲世程。
煌煌芝林，有屹其岡，
凌霞奇氣，戢于玄堂。
我述徽蹟，用揭石章。
維後之徵，維德之光。

大司諫金公墓碣銘【幷序○丁未】

純廟踐阼之三年，重卜李秉模爲元輔，臺臣延安金公方食投箚曰：“官以諫名，使是人居是位，而可無一言乎？”立草疏屢千言，歷數其平生，斥之以沒廉恥之鄙夫、喪名義之憸人，直聲震朝野。

時貞純王后垂簾，命流公于南海，上荐降嚴教。三司相繼論救，幷不省。在島守靜勅書曰：“此眞塵世少歇泊處。”君子曰：“古之遺直，朝廷有人矣。”

公諱鐔，字秀民，延安氏，胄于高麗四門博士暹漢。至蘿葍山人諱濤，入皇朝中洪武制科。在本朝判書文靖公諱自知、領議政忠貞公諱詮，最顯。

三傳至延興府院君懿愍公諱悌男，罹昏朝酷禍，卽公七代祖也。漢城右尹諱瀍、贈司僕寺正諱相伯、工曹正郎贈吏曹參議諱炯、通德郎諱載奕，是爲公高、曾、祖、禰也。通德公娶坡平尹氏通德郎堥女，諫臣光天其祖也。

公生稟絶異，纔就學詞藝日就。自弱冠聲譽藉甚，連發大、小解，戊午中進士，又魁秋到記，賜第直赴。庚申庭試，正廟臨軒宣醞，命擧顔而稱俊秀，喜甚得人。卽隷槐院，選講製抄啓文臣，每登筵輒被恩褒。

純廟辛酉薦拜承政院注書，壬戌陞六品，癸亥由成均館典籍，拜司憲府持平，兼實錄記注官。公性剛，不惡而嚴，院隷無敢橫。

見權幸臣不待承、史而私覿，引古義詰之，其人嗛前事，枳公翰薦，不踰歲其人果敗。公自在韋布，素嫉李秉模，謂是索性小人，初入言地，聲罪痛快，投竄南荒，而有九死靡悔底意。

乙丑蒙宥，己巳拜副修撰、兼禁衛營從事官。始公之在謫，徐相龍輔被人構揑亦去國，上敦勉秉模曰："有徐判府所遭，始覺卿事爲嘗試之先也。"

至是公疏辨，辭頗峻切。時秉模已死，其子魯益投疏訟其父，以公癸亥疏歸之於受人風旨。公謂"彼說挾私誣詬，無容多辨"，對擧其疏，陳不欲較挈之意。批云"猶賢乎遂非"，又有"窮屈自服"之教，適因禁營事坐罷。

庚午掌試湖南左道，辛未以副校理疏辨前疏餘意曰："臣之再昨夏所遭，彼以無不是底至情，挾必欲殺之私憾，語出噴薄，全不裁擇。然皮裏《春秋》，人皆有之，一段眞是非，自有泯滅他不得。故臣不欲提起舊說，論人先故，只陳'人言之不足多辨'，以明臣情之自反無怍，承批若曰'遂非'，又曰'窮屈'，夫非者不是，屈者不直，不直不是，將安所藉手事君乎？"仍陳湖南民事，請釐正軍額，俾免族、里之徵。

魯益復投疏構揑，至以註脚聖教，謂大不敬。命公竄軍威，數月賜環，壬申敍拜校理。

出爲北評事，例兼監市御史，號令嚴明，市場竦戢，選士居接，作成髦譽。

癸酉移副修撰，疏陳北關事宜十數條，皆救時急務，而未盡見施，識者恨之。又掌試于湖左，歸拜德川郡守不赴。

甲戌拜弼善，殫誠啓沃，甚得翼廟睿眷。陸執義，司僕寺正，差書狀官未及赴，敘陵享執事，勞陞通政階，拜敦寧府都正。

乙亥參知兵曹，除安東府使，字小民抑豪猾，恩威并濟，一境大治。

丁丑賦歸涬州江榭，逍遙花、竹，混跡漁、釣，人不知爲舊學士。除同副承旨，自是屢入銀臺，至右承旨，或就、或不就。

戊寅除工曹參議，庚寅以承旨，陳講筵無實之患，請先下操存工夫，體驗力行焉。辛巳拜大司諫，辭疏陳情，仍請禁飭守令在京留連者。

健陵遷奉，爲分兵曹參知，强病供劇，或勸其辭，公謝曰："受恩罔極，復瞻玄和，盡瘁終事願也。敢辭以病乎？"

時沴氣大熾，疾革而不許醫診曰："定命也，久於世何樂？"八月二十日捐世，距其生乙酉九月四日，爲五十七歲。上下莫不悼蠹，爲其負盛望，而罔究厥施也。

葬于交河縣內面子坐，翌年三月八日，改窆于其上數武地，亦子坐。

公凡三娶，元配全州李氏，通德郎東直女，判書箕翊其高祖也，閫範咸備，寔多內助。生與公同年，歿先公二十五年，始葬高陽文峯，移祔公墓右，別有誌。

男博淵，女適承旨李在鶴、進士趙基淳。博淵繼子，應秀，庶女李麟求。李在鶴子敎鉉、敬鉉、叙鉉、敏鉉，女鄭憙朝。趙基淳子秉球、秉瑋、秉琬、秉璿，女金禧鉉、李冊老。繼配全義李氏，碩培女，淸江濟臣後，亦有媜德。生後公十五年，歿先公二十一年，祔葬文峯先舅兆次，公嘗誌墓。三配慶州鄭氏，參奉赫新女，雞林君孝常後，生子女幷殀。庶女適李羲榦。餘不悉記。

公天資英特，風度凝重，挺挺有氣槩。遇事果敢，如水臨萬仞，無復凝滯，望之若不可犯，而及樽俎披襟，風流弘長，藹然可見也。

孝、友天植，事親順志。蚤喪所恃，終身含恤，鞠於繼妣李夫人，嘗往外家，姨母戲云："繼母亦母乎?"，公大哭絶不復往曰："姨母蔑倫，不欲見。" 其至誠自髫齔已然。繼妣抱貞疾，公夜帶八年，爲文禱名山，願以身代。

愛一弟篤摯，而有過則撻之出涕，及早歿，亟樹墓石，撫恤其孤女，無間己出。

居親喪，情文俱至，盛暑猶不脫衰、絰，晨謁家廟，至病猶不替，值異宮先忌，雖遠必參，遇宗族雖疎必盡情。

治家有度，務尚儉約，與人交，不以死生、榮枯而有渝。然見謟諛回互者不直視。處江湖五年，有爲不善者，輒問"某令公知否?" 如洛人之於司馬端明。

臨政處事，誠、力俱到，巨、細得宜。薄試外服，信順孚休。安東人將迎新倅，輒禱云："願得仁且廉如金使君者。" 主試秉公，關節不得售，有怒而欲絶者，公曰："親知可絶，不可違素志負聖簡。"

忠愛根天，事健陵僅數月，而每年諱辰，齋居餐素，出篋中賜扇，摩挲垂涕。以言見絀，晚雖出入三司，不復與朝廷議。然聞有闕失，憂形于色，或至痛哭而不知止。

始入春坊，翼廟對宮僚淵默，公至誠導達，終至酬酢如響，問難相續。時又頒示睿墨，羣僚動色。不佞以宮僚隨公侍講，每歎公滿腔熱血，可以孚格君心也。

文章富健，操筆立就，辭理俱臻，多可誦，有遺稿藏于家。

嗚呼！公有範俗之行、需世之才、華國之文，而因斥時相，被其齮齕，半生坎壈，而不少貶以求合於世，且局於年壽，位不稱德，惜哉！

然論人當觀大節，公獨立敢言，如楊椒山、鄒南皐之於皇朝，志氣激昂，有可以廉頑立懦，是所云“先立其大，小者不能奪也。”

昔吾先師近齋朴先生被秉模擧劾，引義自靖，公所樹立，殊塗而同歸。此不佞所以至心慕悅也。

昔賢論士曰“氣量、品藻，品藻所在，不風岸而峻，不表襮而著，不名位而重，不耆艾而尊，天地之美器、造化之所靳。閱千萬人未易一二見”，嗚呼！公非其人歟？

嘗教子以義方曰：“騖乎外者，必遺乎內，其得失不難知。”博淵甫欲赴庠試，請於公曰：“教授知兒名，意可以取中。”公正色曰：“汝年尙少，已欲窺主司意，以圖進取，幾何不敗壞心術？”命勿更赴陞庠。博淵甫服誨唯勤，種學績文，砥行立名，亦可謂能子也。

博淵甫以不佞於公，氣意相感，貫徹幽明，屬牲石之文，而恨無如椽巨筆，模寫其張秋霜氣也。公嘗自號澗松觀，松是公耶？公是松耶？後必有辨者。銘曰：

有美金公，間世豪英。
磊磊落落，皎皎亭亭。
策名揚庭，受知聖明。
如弦斯直，若冰斯淸。
鋤彼幽姦，丕振風聲。
在宋唐介，在唐陽城。
不撓不逃，不恤死生。
再竄南荒，志節彌貞。
卓立蹈厲，由所性行。
扶植名義，用裨世程。
本之則存，孝友天成。
施於有政，爲世儀刑。
誰之不若，而不公卿。
飛不盡翰，致詰冥冥。
疇無七尺，疇及百齡。
疇如我公，全身完名。
于以揭美，河上之塋。
我無愧辭，質諸蒼靈。

軍資監正吳公墓碣銘【幷序○戊申】

文靖公醇菴吳公，惇德、邃學，模楷衿紳。有兩胤，寧齋處士諱允常，抱道守約，潛光早世，老洲文元公諱熙常，克紹眞傳，爲世儒宗。

文元公配安東權氏，牧使，贈贊成濟應女，生子諱致成。初諱致奎字瑞五，過房爲寧齋公嗣子，尸文靖公祀。妣光山金氏，下從旋閭，其考縣令相聖也。

公籍海州，胄于軍器監監諱仁裕。累傳至貞武公諱定邦，著節昏朝。忠貞公諱斗寅，諫死於黃巴之變，寔公五代祖也。高祖諱泰周，海昌尉，謚文孝。曾祖諱瑗，工曹參判，贈左贊成，謚文穆。文穆公長子諱載純判中樞，兩世繼典文衡，卽文靖公也。文穆公季子諱載紹判敦寧，定獻公。取文元公爲嗣，侍講院贊善，贈吏曹判書。

公胚胎前光，生稟異質，罕言語，不喜游戲。稍長自力爲學，兼治功令。

庚午中司馬，癸酉筮仕。童蒙敎官，掌苑署別提，司憲府監察，刑曹佐郎，景慕宮令，翊衛司司禦、衛率，軍資監正，永平縣令，天安郡守，南原府使，尙州牧使，其內外踐歷也。

永平饒名勝，公餘乘興，成吏隱之趣。天安時坐失兼邑符配牙山縣，文元公勉以處坎讀書，携《鄒經》誦繹不輟。文元公喜曰："是玉成汝也。"

以宮僚出爲南原，値翼廟代理，賜對面諭，異數也。移牧尙州，歲旱民饑，襁負相屬，亟捐廩以濟。

至春設賑，辨民里，別男女，序長幼，而施饋有條理，病者療之以藥，擘畫周至，竟無捐瘠。邑有舊逋鉅萬，掩而不理。乃剔簿而分徵，吏、民無相侵越，籍死亡，官出錢充完，以千計。積弊始擧，邑以再造。爲政信、順、休、洽，鉤距不施，而施措必熟，量以果行，故久而無廢，民懷遺愛。

壬辰丁內艱去官，癸巳文元公又捐世，痛慕終身，絶意進取，薦拜監正辭遞。甲辰十一月十日，享年六十而卒，乙巳正月，葬于陽城盤谷里，丙午遷于稷山文靖公墓傍乙坐。

配青松沈氏，縣監能秀女，有女士風。生先公三年，歿先公三十二年，始窆于稷山先兆，至是遷祔公墓。擧一男一女：男弘善生員，殀，取族子俊泳爲嗣。女適李鍾愚，系子喬翼。繼配潘南朴氏，宗珏女也。

公天分甚高，恬靜寡欲，事親承順無違，未嘗有過。八歲侍文靖公疾，夜帶不寐，而亦不告憊。及承重服喪，衰麻受弔，哀戚如成人。

事文元公有至愛，郊墅、江第，未嘗一日離其側也。文元公卲齡寢疾，酬接、文字，替勞者居多。在南邑聞慈癠，奔走不及皐復，竇恨沒世，如不欲生。荐罹外艱，哀毁幾不全，收拾先稿，竟成全部。

常以未逮事寧齋公爲至慟，哀輯遺事、挽誄，參以家庭舊聞，續成家乘，用寓追慕。

與季氏篤摯，聯榻共處五十年，殆不知爲二身，視從弟如同胞，恤其兩孤如己子。祭祀、昏嫁，極力佽助，俾盡情、禮，推及疎屬，曲有恩意，至者如歸家。

典邑餘俸，不以自私，視親意所欲，施及窮乏而不少吝，自奉以約，而訊遺不及朝貴，世服其廉貞。

居恒沉默，對人不爲貌悅，而中扃洞豁，惟恐人之不獲於我也。性度寬厚，而至陰陽、淑慝之辨，確乎不可奪。尤誠機變、勢、利，不啻疢疾如也。務自遵晦，不事徵逐。惟對案潛繹，目不移瞬，左右圖籍，凝塵滿榻，而形神超越，過戶者不知室中有人。

至若服、食有定規，居止有恒處，不少變易，雅言：“士大夫出處、去就，有關世道，不可苟也。”

少時解庭試，南省之期，值親忌日，決意不赴。或勸云：“忌日罷齊無拘。”公曰：“古者忌日相弔，何謂罷齊？”其人愧伏。晚哭胤子曰“屢世氣脉絶矣”，自是塞兌、息影，以自終焉。

盖公世以節義、孝友、道學、文章相禪，遂爲名胄，公又酷肖文靖公，外若無所矜式，而內實積累融貫，由由自樂，於得喪、寵辱，脫然無累者，克遵其遺矱。

士之遊文元公之門者，樂與之交曰：“先生之肖子。”先執、長德皆折輩行投契奬詡曰：“法家後承，當推第一。”

不佞每拜函丈，退見公，輒縱論古今人物，學術、詞章，以及進退、行藏、賢邪、瑜纇之分，而權度不差，非出於聞見之知。

爲文靡所蹈襲，而繩尺自嚴。嘗謂“文人伎倆，不切於理，汗漫害道”，以此不事著述，述亦毁稿。

嘗取往哲“以我觀書”之語，名居室曰“我觀”，可驗其專於內修也。雅不以學問自名，而名實純粹，超然若遺世獨立，物莫與競，古所謂“不可得以貴賤、親疎”者，公實有焉，於乎懿哉！

公弟致翼穉輔，命不佞以麗牲之文，未朞而穉輔又歿矣。不佞嘗述文元公狀德及胤君隧誌，又題公墓石，老而不死，哭公三世，悲哉！和淚而爲銘。銘曰：

究三才之理而不以學問自居，讀五車之書而耻以文藝自娛。
纘七世文獻之傳而不違如愚，抱九需利用之才而斂寂若無。
居家採南陔之蘭而孝自天植，莅官載鬱林之石而淸畏人知。
將何用不周，何施不利，而退然若不能爲。
如渾金璞玉之自韞，玄酒大羹之無味。
安時處順，與物無私。
所以歿身逃名而名在其中，斯其聞黃叔度徐孺子之風乎。

贈副提學桃園兪公墓碣銘【幷序○己酉】

國朝靖陵之世，羣賢彙征，大猷時升，値奸兇蔑貞，斬伐蕩殘，世道交喪。

桃園兪公泂時爲正言，與持平尹漑，抗章救靜菴趙文正公，遂罹文網，擯斥累年，遯于加平之朝宗，若將終身。

甲申黨禁少弛，公敍拜銓郞，而時事危疑，不安於朝，乞養老母，得邑淸風，乙酉六月三日卒于官，距其生成宗壬寅，爲四十四歲。祔葬于坡州坡平面新谷先兆之甲坐，用遺命也。

宣廟戊辰，贈公弘文館典翰，英廟丙寅，追奬己卯名臣，相臣宋寅明奏曰：“故正郎兪炯，卽中廟朝名臣趙光祖、金淨之黨，忠君、愛國之心，已著于東史，則尙闕褒揚，實爲聖世欠典，請加贈。”命贈副提學，兼銜如例，斯爲公始終大略也。

公字明仲，桃園其號也，昌原氏以高麗寶文閣直提學諱涉爲遠祖。再傳至諱弘，以司宰令，値王氏屋社，棄官入麟蹄月落山中，畢生隱淪。

子諱貴生，仕本朝爲工曹典書，是爲公高祖也。曾祖諱尙智，集賢殿直提學。祖諱造司諫院司諫，參佐理原從勳。考諱世健，贈左承旨，用公推恩也。妣順天金氏，司藝仲孫女。公配洪州李氏，司諫慶從其考也，祔公墓異壙。

公丁卯中進士，甲戌與朴公世熹同登文科。翰林，三司，吏曹正郎，忠淸都事，淮陽府使，楊州牧使，淸風郡守，卽內外踐歷也。

公與靜庵諸賢，同其進退，其德義、風節，固多可述，而世代寖邈，文獻無徵，只有公出宰時儕僚贐章。

黃冢宰孝獻詩序曰：“某爲淸風守，朋儕咸歎惜曰‘材宜玉堂，而棄僻邑，於計則得矣，所失非一端。’”

冶川朴文康公詩曰：

君侯自是第一流，端操不與凡人同。
人稱玉堂天上郎，謂宜黼黻朝王宮。

少冢宰尹公安仁詩曰：

薇院讜議曾推直，銓部論材早得平。

訥齋朴文簡公誄辭曰：

明星愈爛，旭日最光。
惟玆二物，俱出東方。
誰非東人，君厚受哉。
落翰成字，銀鉤鐵索。
吐詞爲章，蘭根柳骨。

其聲望之取重當世者類此。古人云“不見其人，視其友”，是可以知公之爲人也。

公有三子，必崇縣監、必成參奉、必忠副奉事。有三孫，沆參奉、瀣監正、澄僉樞。曾孫三人，應恪將仕郎、應愃直長、應恂生員。子孫繼聲，克趾先美，往往被薦剡登顯仕，可驗公身教所推也。銘曰：

矯矯兪公，己卯名臣。
步趨靜庵，同其屈伸。
苟充志業，靡遠不臻。
雖則短造，完名全身。
曠世興感，再遇渙恩。
榮光上燭，天日融晶。
于德爾劭，于家爾贏。
匪家則贏，惟後之成。
崔崔坡山，鬱鬱佳城。
滄桑陵谷，不朽斯銘。

僉樞崔公墓碣銘【幷序】

國朝龍蛇之禍，嶠南首嬰，摲鋒死義之士，亦相繼而作，用基宗社匡恢之業焉。

時泗川崔公斗南沒于倭寇，不屈而還，亦可異焉。始倭奴猖獗，魚肉一路，而泗爲其要衝，邑宰鄭公得悅死之，民皆鳥獸竄，動被殺掠。

公奉父參奉公逃難于林藪，備閱艱險。躬採拾當甘旨，雖矛淅劒炊而怡怡如也。若是者數歲，每遇盜，輒涕泣求哀，言有老父，盜感其誠，不忍劫畧，或戒備他盜。

一日少出，爲倭賊所襲，將加害，渠酋審視曰："斯人顔貌殊絶，必多子孫。"將擄往其國，械鐵索以守之。

公用計自緩，伺其醉睡，奪倭酋劒，踰城行數里，倭奴數十輩追及。公度不能免，翻身向賊，手刃其前者。餘皆逃散。

公歸尋參奉公所，參奉公自失公，絶粒已屢日，見公而甦，時公年十五。公以孝行純篤，及聞於朝，蒙給復之典，而識者猶恨其未食報也。

公字樞之，系出朔寧，以高麗平章事諱天老爲鼻祖。有諱卜麟，始仕本朝爲大司諫，生諱道源，擧遺逸拜持平。曾祖諱停忠順衛。祖諱潑、考諱振寧，皆參奉。妣晉陽姜氏，義賢女，以萬曆辛巳，擧公于泗上之豐井里。

用壽職拜通政僉樞，配晉州鄭氏，節度使啓賢女，祔公，窆于縣南鞍岾山坐艮之原。

育六男，　曰元立、亨立、貞立、克立、峻立、德立。

曾孫以下累百人。公童年被擄，能不辱身，冒危忠養，至行著聞，爲宗黨艶服，致朝家表獎，可驗其所自致，而雲仍蕃昌，殆不勝數，天之報施，其在斯歟！世遠文喪，事多闕佚，然彌畧而彌可信，亦何以多爲哉？

公七代孫濟默、秉默從我遊，因謁公墓銘。辭不獲已，援筆而書之者，以公之陷虜不汚，養親盡誠，其所以有裨世教，無讓於死義云爾。銘曰：

遇難俱全，卽古江革。
潔身遠害，用盡子職。
惜其生晩，不載《小學》。
述紫陽義，庸闡徽躅。
于以勸孝，永詔南服。

承文院校理金公墓碣銘【幷序○辛亥】

咸從府東二十里烏山下杭卯之原，卽承文院校理金公諱鼎衣履之藏也，公字凝之。

初祖諱大猷，高麗侍中，封淸風府院君，子孫仍貫焉。入本朝有諱勵，翰林、安東府使，寔公五代祖也。高祖諱支東，文科蔚珍縣監，始卜居于咸從安國洞。曾祖諱興敏，効力副尉。祖諱義遵，修義副尉。考諱宗砥，務功郎。務功公娶竹山宋氏緻之女擧公。

公聰慧絶人，文藝夙就。九歲作“冶工”詩，十一歲戲作獵夫輓，人皆傳誦稱奇童。

嘉靖壬午中進士，甲申擢文科，歷官全羅都事，谷山府使，承文院校理，未忍離違，投簪而歸，養志物俱備。

洛中舊僚以書勸起，則答云：“牟酒一杯，不換三公。”親沒不復進取，以詩酒自娛。作戒酒詩曰

醒時却悔醉時情，醉後還忘醒後盟。

若使醒心持醉後，此身何事困人評。

其所托物吟詠皆類此。

原配瑞興金氏，孝源之女，繼配海州吳氏，起亨之女，前後配幷祔公墓。參奉世淵，原配出。宣務郎泰浩、進士金德祐、牧使金台佐妻，繼配出。世淵男德潤，崇仁殿參奉。泰浩男，觀海禮賓副正、觀水崇仁殿參奉、觀浚、觀澤。德潤男，周南通政、國南。觀海男，鈒。觀水男，錞，德川訓導。觀浚男，興龍僉正、振龍、成龍、海龍。周南男，熊祥、麟祥、麒祥、龜祥、龍祥。國南男，鸞祥訓鍊主簿。內外雲仍累千人，天道報施，其在斯歟！

公後孫正洙謁文于不佞。噫！以公雋才，必當有爲於斯世，而永辭簪笏，用自存身。

時經己卯士禍，士皆遵晦遠害，公爲養親謝事，遯世不悔，是謂“明哲，默足以容者”歟！不佞耄荒不能修辭，而竊感正洙苦誠，力疾而爲銘。銘曰：

吁嗟金公，砥行立名。

時值陽九，用晦而明。

風流弘長，觴詠泓崢。

報在不食，于後遺贏。

鬱鬱烏岡，衈衈玄扃。

凡百西士，視我揭銘。

梅山集

卷三十六

墓碣銘

墓碣銘

司饔院副正遯軒李公墓謁銘【幷序○己酉】

莊、光之際，多秉義自靖之士，如金東峯，南秋江是已。

又有遯軒李公諱緝，妙年大闡，文宗朝特拜司饔院副正、太學訓導，逮端廟遜位，與其再從祖胡戻公念義偕隱仁王山下，號中和堂，含眞葆彩，用自遵晦。及聞端廟昇遐，痛哭終日，挈家眷遐擧于鳳山，岊嶺山中，改號曰"遯軒"，此其志也。

雅言必稱忠孝，或有問字者，必手寫忠孝二字，循循敎誨。鳳俗勁悍，不知四維，觀感于公，民風丕變，指所居曰"訓導洞"。

幷時諸賢金佔畢、金乖厓、姜晉山，同調偕唱，號公以白雲洞主人。風流儒雅，至今流傳，傑句偉篇，可備熙朝大雅之選，然在公爲餘事。公所樹立卓異，高風、峻節，是亦金、南之流亞也。

公系出慶州，麗朝刑部尙書，贈司空諱周佐，以勳績封牙州伯，子孫仍貫于牙山。入我朝有諱邕，以前朝大臣，甄拔爲左議政，累徵不就，屛居牙山，與牧、冶兩賢，嘯咏漁釣，人稱以釣隱。曾祖諱節進士。祖諱雲生縣監。考諱達孫，及第。

妣金海金氏，郡守濂女，擧公于英陵甲寅，卒于宣陵十三年壬寅十月十五日，享年四十九。墓于岊嶺壬坐。

配全州李氏，澹其考也，生先公四年，歿後公三十四年，墓在楊州天寶山東麓子坐，以國陵火巢失傳。

有四男，啓英迪順副尉、啓芳、啓棠、啓郁。啓英四男：元宗通德郎；元臣；元隣；元弼通政，贈戶參。元弼五男：曰琦；曰璉廣興奉事；曰珷，壬辰死於節，贈兵曹參判；曰珪，以孝薦除齊陵參奉；曰珍，武科，宣威功臣。珷男先發，又死於丁卯胡亂。珍男先仁，武科，振威功臣。

公後孫時彩，謁銘于不佞，癃病垂死，倚閣筆硯久矣。每誦公詩有云：

木因直伐不嫌直，蘭以香燒尚守香。
人有時難如改節，比諸物理亦何當。

是爲言志也。

充其志，可與六臣同歸，而公旣沉淪而自晦，人亦莫克闡揚，姱節、懿蹟，閟而不章，惜哉！

然公之畢義守身，天理當然，吾不得不然者，何有於後世之名哉？余平生樂道人之善，而服公之烈，無所爲而爲，爲之銘曰：

崔崔岊嶺，鎭玆西垠。
遯世長往，曰有其人。
其人維何，莊陵忠臣。

不易乃心，靖獻其身。
苟充其操，夷齊之倫。
無所爲爲，厥德乃眞。
大化爲徒，名蹟俱湮。
我旌厥墓，昭揭千春。
課忠責孝，用警衿紳。

東溪崔公墓碣銘【幷序○己酉】

湖南古稱多氣節之士。有再擧義旅，竟死於忠者，東溪崔公應立是已。公字柱極，性於孝，倜儻慷慨，好善嫉惡，有食牛氣，好武藝，人擬諸干城之材。

當天啓甲子，賊臣李适擧兵叛，國步南遷，公聞變號泣，誓不與賊俱生，倡募鄕兵。恐未見孚於徒衆，率家僮及募兵三百人，赴白公咸生軍，幷力勤王。

及鞍峴之戰，賈勇先登，短兵相接，斬獲甚多，發謀出奇，一軍賴而增氣，遂得報捷。朝家嘉其忠勇，遂褒錄振武原從勳，退居泰仁之東溪，常習韎韐，思殉國家之急。

及崇禎丙子，建虜東搶襲京城，大駕幸南漢，下哀詔徵四方兵入援。

公又與白公，召募數千人，修器械裒芻粮。仗釖行師，軍伍整肅，士氣益銳。白公爲先鋒，公爲後殿，及到江都，城已陷。直馳入賊陣接戰，公中丸，裹瘡手格，氣不少挫，矢盡力竭，遂與白公同時立慬，丁丑二月某日也。距其生己亥爲三十九歲，葬于本縣東村面大谷艮坐，追配于慕忠祠。

公系出朔寧，領議政寧城府院君諱恒；左贊成諱永灝；吏曹判書諱秀彦，三世繼顯。累傳至諱鑽，成均生員；諱罕國通政，卽公祖、禰也。妣礪山宋氏，主簿勉植其考也。

公配密陽朴氏，明湜女，祔公墓。有九子：延壽、慶壽、耆壽、占壽、丙壽、卞壽、善壽、九壽、士壽。孫、曾甚衆，亦多科名，不盡記。

噫！公以遐鄕下士，生不識君面，而徒以忠義相感激，取捨熊魚，拚得頭顱，惟知死於君父之爲急，赴白刃如鶩。其風節卓越，可暴於天下後世，於乎休哉！

當時死義者，雖賤如李士龍、姜孝元，咸蒙尤庵宋先生表章，而獨公名不見，抑事蹟寢晦，無能以告者歟！若公死綏之忠，卽天理所當然，名湮滅而不稱，於我何有哉？公六世孫源抱狀謁銘，其誠懇篤。竊附宋先生發潛闡幽之義，力疾而爲銘。銘曰：

嗟嗟崔公，挺生南國。
一死報君，素所蓄積。
荐興義旅，忠出其性。
臨難忘身，見危授命。
無所爲爲，是乃成仁。
苟求得正，尠與擬倫。
侐侐幽堂，崔崔大麓。

丹心碧血，不磨不泐。
我歌大招，用旌牲石。
風烈振世，永垂無極。

聽澗堂李公墓碣銘【幷序○己酉】

夢窩 金忠獻公被建儲禍，遜于南荒，受後命于星州。時虐焰燔穹，人莫敢嚮邇，李公諱志完冒危難臨弔，哀傷如親懿。

有勸止者，公笑曰："死生有命，何用怵爲?" 躬自庀喪，備盡儀文。發奴雇丁，運輤至開寧，開寧倅督軍校塞路伐喪。公挺身撕撥，得以踰嶺。

嶺中異類，耽耽視公，至削名儒案，罰目云"弔逆屍護逆喪，三手餘孽，四兇遺醜"，公夷然自況以暮年光華。

貞庵閔文簡公贊之曰："乃兄脫屣郎官，乃弟自投禍網，李氏一門，何其義也?" 盖公從兄志尹以金吾郎，當北亭尹公志述獄，不仕自靖，被禁錮，三從兄志逵，爲文祭尹公，有"求仁得仁"語，被遠竄故云。

始公嗣守祖考遐躅，居星州之仙鈴山下，同井多異趣者，舍舊而從之。公懼其混善利而失趣向，創尤菴先生影堂於老江，倡髦士肄業。及辛壬禍作，眞幀幾不免腰膂之患，公捨命衛護，卒得無事。

以喬木世裔，不忍見忠賢駢首，宗社將亡，忽忽欲無生。時丹巖閔文忠公居謫是邑，公與論忠逆、邪正，失聲流涕。

及乙巳丹巖薦公，拜繕工監役，公以英宗初元，義理大伸，黽勉膺命，歷義禁府都事，司憲府監察，永禧殿令。丁未出監和順縣，律身淸簡，莅民慈惠。

戊申亂起，湖嶺，懷章握符者望風逃竄，公兼管四邑，繕戎、聚軍，諭以親上死長之義，威望攸暨，兵民亦樂爲用。馳書遠近，激以忠勇。公從姪世琓時宰知禮，立斬陜川賊傳檄者，人謂得公擩染之力云。

亂已，竭心勞來，俾之安堵，丕闡儒化，賁然可觀，道臣擧公治行，請借陞秩。及賦歸，或云："棄廩餘無義。"，公曰："欲以此累我耶?" 罄槖而歸。縣人勒金石頌惠，山僧閣以蔭之。

晩與門生子姪，討論經史，絶口不言世事。貞庵嘗命駕，浹旬講劘，公請名所居室，閔公遂書聽澗堂三字，盖取考槃之義，因以爲號焉。

用優老恩陞嘉善階，家人請設酌獻壽，公不許，只告榮禰廟，是爲公行治大略也

公字仲全，系出碧珍，碧珍將軍忩言爲始祖。世襲圭組，入本朝有左參贊平靖公諱約東，兼文武才，錄淸白享俎豆，生諱翰林紹元。再傳至諱碩明郡守，諱敏善縣令，寔公高、曾兩世，幷著廉謹，俱贈亞卿。

龍蛇之變，聖廟灰燼，縣令公掌議太學，叫閽重建，士論推重。祖諱尙逸觀察使，與兩宋先生結道義契，爲寧陵名臣。考諱垛義禁府都事，用公推恩贈吏曹參判。參判公娶淸州韓氏，郡守必大女，擧三男，公其仲也。

生稟聰悟，氣貌秀潔，被參判公鍾愛，嘗稱："吾家千里駒。"參判公不勝喪卒，公年十二，居瘠守制若成人，墓隔宿舂，而朔望必展省，哭諱如袒括，有終身慕。

嘗恨早孤失學，及成童自奮曰"人不可以不學，學不可以不博"，始從兩漢諸家，施功不數年淹貫，旣而曰："讀史而不本以經，如無星之稱，將安所準則哉?"反求四子、六經，潛心體究，幷治博士業，辭極雅典，而旋謝功令，專以教授後進爲務。

謙卑自牧，不立標榜，因心制行，動中禮度，接人必要感化，故處官居家，不施箠楚，有罪者自戢，信順休洽，鄕隣貴賤，咸得其歡心。

收恤宗族，無間親疎，通有無共飢飽。自奉儉約，煖帛、重味，不近於身口，所居不蔽風雨，而若無覩也。姻戚之宰近邑者，請爲之葺屋，公辭曰："吾老矣，一枝鷦棲，何可累人?"

尹公陽來，鄭公益河按嶺節，憫公窮窶，周以數百斛，公曰："故人情厚，不敢不受。"卽分散親戚隣里，其酌辭受而篤天倫者如此。

性好急難，有素不識者遘癘死隣店，里正將編藁掩骼，公曰："治士喪，不可以無禮。"出歲制深衣衣之，人以爲難。

在湖邑，李公顯應患癘，歿於南平任所，公聞卽哭臨，用庀終事。雖婢僕老而有勩者，必莅慟，其至誠惻怛，人無不愛敬。

以乙亥九月二十五日卒，去其生戊申爲八十八歲。臨終著遺訓，勉以持身正家，睦親戚和鄕黨，且以學問、功令分賓主，條理不紊。葬于本州狐嶺子坐之原，執紼者亘數里，過墓者式焉。

配順天朴氏，崇煥女，忠正公彭年其先祖也。生先公六年，歿先公六十年，祔葬善山廣坪縣令公兆下酉坐。繼配忠州朴氏墊女，生後公九年，歿先公九年，墓在本州管石里壬坐，咸有婦德，閫儀无缺。

一男世琢，出后伯氏，繼配无育，取再從姪世矆爲嗣。挺觀；及縣令金敏材；宋鳳相妻，世琢出也。挺謙，世矆出。挺謙男，壽普進士；女成最杰。進士二男，克聲都事、克聞，女牧使申在順。都事男，敎峻、孝峻、敬峻，女宋欽晉。克聞無子，子孝峻，女沈肯澤。敎峻子女，俱幼。

公歿後一鄕章甫，齊聲發文曰"聽澗公當日秉義，卽其未受命之夢窩，異時流芳，可爲不就謫之丹巖"，將以幷侑于兩賢之祠。爲本家所挽，其事雖已，而亦可驗公議之有定也。

不佞夙服公風節，雅言："《中庸》之四强矯，《鄒經》之三不能，公庶幾有焉。"公五代孫敎峻從余遊，述家狀謁幽堂之銘。不佞癃病垂死，未敢爲不朽圖，而亦不忍辭者，卽公樹立使然也。遂力疾而爲之銘。銘曰：

忠孝丹衷，剛方素履。
一誠攸立，百度咸備。
溫柔之敎，賢愚受賜。
善利之辨，死生不貳。

値百六運，尋一箇是。
三賢幷門，一何好義。
先立其大，餘皆推類。
身全名完，是爲君子。
原始要終，浩然无愧。
躋九耋壽，班貳卿位。
後承好學，克紹先懿。
天道報善，詎不在此。
公自不朽，何用文字。
我庸作銘，永詔南紀。

渭原郡守贈禮曹參判尹公墓碣銘【幷序○己酉】

元陵四年，安義賊鄭希亮舉兵叛，全嶺震蕩，懷章、握符之臣，舉皆鳥獸竄，無敢彀一矢向賊者

時則尹公東郊以山陰縣監，慷慨奮義曰："吾受命百里，敢不以身殉國?"遂移檄興師，述詩矢誓，號令明肅，籌策深密。犒軍登高，俯臨屯賊，大呼曰："脅從者逭，否者且盡劉。" 縱擊大破之，邑以再造。

賊平賚功，退讓不居，秖錄原從勳。及回再戊申，一方章甫，籲公忠節卓異，特贈嘉善大夫禮曹參判，兼同知經筵，義禁府事春秋成均館事，五衛都摠府副摠管，可驗公議之定，彌久而彌眞也。

公字命汝，系出漆原，鼻祖曰始榮，新羅太師，至麗季簪組相禪。至諱子良，入本朝尹京兆，封漆堤君，謚忠簡。累傳至諱大僩，主簿贈戶曹參判。生諱浗，贈司僕寺正。生諱斯殷，贈左承旨。生諱世樞，贈戶曹參判，卽公高、曾、祖、禰也。妣贈貞夫人驪興閔氏，學生倓其考也。

公生質端秀，肌膚如玉，性於孝，居喪廬墓，哀毁幾滅性。戊子登明經科，旋遭承重內艱。服闋除保安丞，陞泮職春曹郎，庚子出監長淵縣，爲政淸愼，淵人樹石頌其惠。丙午拜文兼宣傳官，冬出宰山陰。

戊申亂定，歸寶城鄕里，構亭竹林中，顔其軒曰"此君"，優游自適，以爲終焉計。

庚戌有北憂，廟堂謂公有禦侮材，拜渭原郡守，公冒危難赴任，是歲十二月四日，卒于官，去其生丙辰，爲五十五。朝野多嗟惜，窆于本郡獐項向巳之原，從先兆也。

配淑夫人礪山宋氏，生員來松女，吏曹判書世亨，其五代祖也。閫範甚懿，六親稱之，生先公二歲，歿後公二十三歲，祔公墓左。

二男，鶴齡、鳳齡，俱通德郎，從公于亂，多勞勩。鳳齡過房，二女，適通德郎朴思益、僉樞任鏡泰。孫，陽復、陽昇典籍、陽暹、陽晉，鶴齡出。朴壻子，春吉。任壻子，長源承旨、五源、學源、興源贈注書、浩源。餘不盡記。

公居家而孝，處官而廉，且有志節，匹美前修。而値涒灘之變，凶徒布列中外，謂君可讎，謂國可射，藩鎭爲其聲援，廊廟觀厥成敗，宗社之存，僅一髮耳。公乃能挺身勵氣，敵王所愾，勦蕩兇賊，用著封疆之功，激勸忠勇之士，是豈無所本而然哉？

公嘗篤志問學，從陶庵李先生遊，觀感眞而造詣正，故見諸行事者乃爾，於乎休哉！

公後孫心鉉、弼鉉，以心齋宋文敬公之狀，謁銘於余。余老病垂死，倚閣鉛槧久矣，獨於公義不可辭。以明順逆之分，善惡之辨，庸告于兩南髦譽。銘曰：

有美尹公，惟孝爲政。
輔以師友，其本則正。
薄試三符，治尙簡靜。
値歲戊申，變起湖嶺。
舍順從逆，擧懷觀望。
公自奮義，矢心殉國。
乃整其旅，乃馳其檄。
乃礪鋒鏑，乃峙餱糧。
一擧掃蕩，安我封壃。
一方民物，生死存亡。
推以國恬，公與有勳。
斂却不伐，婆娑林樊。
連雲翠竹，猗猗臨軒。
跡公平生，无愧此君。
崔嵂章原，儼若斧堂。
聖朝褒贈，榮賁石章。

形公于辭，用替紀常。

吏曹判書謚文簡李公墓碣銘【并序○己酉】

文正公陶菴李先生盛德、大業，表準斯文，而身教所推，用成家範，門庭詩禮，克紹先休，故冢宰小華公諱光文，乃其一也。

公字景博，小華其號也，系出牛峯，以高麗侍中公靖爲初祖。入本朝珪組蟬嫣，至參議贈領議政諱有謙，以儒學顯；是生右議政忠憲公諱翻，爲明陵名臣；有子諱晩昌，進士贈吏曹判書；有孫諱縡，左參贊、大提學，是爲陶庵先生，卽公曾祖也。祖諱濟遠，大司諫，贈吏曹參判；考諱釆號華泉，戶曹參判，贈吏曹判書，用公貴也。華泉公文學、聲望，矜式士林。

妣楊州趙氏，吏曹參判榮順女，忠翼公泰采其曾祖也，孝友貞淑。公承藉前光，以正宗二年戊戌生，生稟絶異，無疾遽色。纔受史，已成誦，寫字自具體裁。

旣長以外氏罹丹書不應擧。或勸赴泮試，而亦不從，關門劬書，若將終身，及外氏幽寃畢伸，始入試圍，辛酉中司馬，丙寅魁柑製。及放榜純廟賜樂以寵之。

己巳薦授承政院注書、藝文館檢閱，因注僚汰拿，疏引徑出。嚴批還差注書，尋還史職。冬除奎章閣待敎，例兼弘文、校書正字。公以參下名官有四，而一時遍擧爲難安，引華泉公在嶺邑，專書爲戒，再疏辭不許。用牙牌促召公，猶逡巡不進，命拿勘。旣罷旋仍，館錄日又違召罷。

辛未還付檢閱，因下僚徑陞，援例陞六品，付別兼春秋。自是歷敭淸顯，內閣則檢校、待教、直閣，春坊則兼文學、兼弼善、兼輔德、世孫右副賓客， 臺省則獻納、執義、大司諫、大司憲， 論思則修撰、副修撰、校理、副校理、應教、副應教、副提學，間拜訓局郞、文兼宣傳官、西學·中學教授、議政府檢詳、成均館司成、司僕寺正、書狀官。

甲戌以御製監印敍勞陞通政， 拜同副承旨， 屢拜至七十餘度。又以堂品特除知申，異數也。歷拜刑·禮·戶·吏四曹參議、大司成， 庚辰以產室廳藥房副提調， 陞嘉善， 拜禮·刑·吏·兵·工五曹參判、同知春秋經筵官義禁府事、都摠府副摠管，差備堂句管湖南。

己丑睿旨添書擢漢城府判尹， 尋差進賀使。 以刑曹判書，差墓所都監提調，又拜工曹判書，兼差冊儲都監提調，差伴送使、都摠管、知春秋經筵義禁府事、知實錄事、吏曹判書、兩館提學、右參贊、知中樞。 又以兩朝御製印進勞，陞正憲，提擧承文院、惠民署、觀象監、司饔院，春川府使、全羅監司、水原留守，玆爲公內外官閥也。

壬申西寇未平，公以館職陳疏言，曰："昨傳教，可以感豚魚化龍蛇， 豈止驕將、悍卒投戈泣下已矣哉？ 然彼反側者，尙懷疑懼，聚首傾耳，考殿下所行之事，驗殿下所宣之言。 言與事符則遷善之心漸固，事與言背則思亂之心復興，故古人云：'動人以言者，其感不深，動人以行者，其應必速。'"

仍請選良吏得民心，救饑餓禁竊發，又曰："畿甸四方之本，京師，畿甸之本。而强劫椎剽，肆行坊曲，其憂非細，而畿邑饑饉尤甚，民情倒懸，而催科不止，乍散還集之民，不堪鞭扑。人心一去，不可復收，民勢旣窮，靡所不至。竊恐國家之憂，不在關西而在根本之地。克恢通變，大施拯濟，俾草竊、奸宄，無敢有滋蔓難圖之患。"

又請："敕西征將臣，廣寫綸音數百本，揭旗竿約飛矢，遍示城中之賊，則自應背逆歸順。申嚴海防，伺察非常，預簡舟師，以絶亂本。"

終言："益加兢惕，雖在獻馘奏凱之後，無忘羽書旁午之日，則太平萬世，自今伊始，苟或謂賊平無憂，不念悔禍之實，則國之安危，未可保。"

首尾累百言，切中當世之急務，上嘉納。

甲申以諫長因雷異陳勉， 槩言"上下不交， 在易爲否，否則陰陽不和，灾沴屢興"，仍請輔導東宮，審理寃獄，優批體念。

丙戌以玉署長行館錄，丁亥觀察湖南，値歲飢，捐廩營賑，民不知灾，勸農課士，不循恒例。

及秉銓，注擬循格，不被時議所撓。當宁初服，以閣臣曾經賓僚，輪進勸講，進講前日，披卷端坐，心語口釋，必盡究賾，無疑於心，然後始登筵。

處邇密三十年，隨事規諷。時有掖隸犯死罪特貸者，公奏曰："此輩急於自脫，冒犯罔赦，必自知其當律之不可逭。旣知其虧損國綱，則何爲此屈法乎？"

又有大僚以非罪削黜者，而文廟酌獻之命猝下，公又奏曰："大臣設有可罪之端，原情而恕之，優禮而待之，有光於含弘廣大之德，而乃以適然不審之失，遽使之迸出門外，氣象愁沮。命令雖係於一時，瞻聆有關於八方，過計之憂，不但在於今日。且文廟酌獻，何等盛擧，而深夜發令，猝地行禮，有違重祀典之義。"

京兆郎有以慢忽被罪者，公奏曰："知委坊曲，招致耆民，此非常時待令，而又就其中抄出貧窮者，則易致遲滯。刑章貴乎得中，而流三千里，編配中重典，處分恐涉過當。"上可其奏命釋之，其斷斷忠款，言無不盡者如此。

戊戌春示𢟮，閏四月十八日考終，適以所降之甲而月未周。衿紳咸稱"賢宰相逝矣"，上遣閣屬官，弔孤致侑如禮。七月葬于陽智縣西墨街艮坐。

乙巳用勤學好問，一德不懈二法，賜謚文簡。

配貞夫人昌原黃氏，縣監載鼎女，文敏公愼其先祖也。擧五男三女：𡎺今府使；㻕進士，出后尸文正公嗣、埈，幷夭；垿前大司成；𡏊前參奉。女適參判韓正教、洪用周、進士金寅根。𡏊女朴顯陽。餘幷幼。

公天資和厚，儀度端凝，寡言笑，謙愼自牧。孝友天植，生極愉婉，沒盡著存。每朝率諸子謁廟，朔望必拜宗祠。承祭齋潔，務殫誠禮，哭諱如袒括。或遇先公所嗜，輒泣不忍進用。誠先事彌遠而彌盡其力，上世羣位，幷燔誌埋壙，用備陵谷，其苦心慮患，靡極不至者類此。

文正公所著《禮覽》未及塗洗者，刻意修潤，竟底成書。

敦睦宗族疎遠者，咸曰“於我乎歸”，布褐滿座而不倦應接，是皆孝之推也。

居家不問産業，口不道貨財，不受非義之饋。再赴燕，凡係珍貝，一物無所隨。衣不過布帛，食不厭蔬糲，左右經籍，不雜稗書。凝塵滿室晏如也，教子姪御奴僕以義方，未嘗叱咤，待人悃愊無華，雖蓬蓽之士，不加以爵位。而絶口不及世事，冲襟曠韻，自令人機心淨盡也。

晩又用工經禮，鑽研名理，詩好陶寫性靈，文取辭達理勝，讀其稿可知其人。然自謂不能，牢謝文苑之任，彌可驗操履安素也。

平生與物無競，澹若古井之不波，虛舟之自泛。以故極華顯之位而人不猜，閱平陂之會而世無訾。然苟關名義，必正言不諱，確而無撓，能人之所難能，原始要終，卓然爲一代完人。而後承繁衍，福祿未艾，歷選世胄，尠與爲京。玆乃公之留有餘不盡者，於乎休哉!

不佞拜華泉公于泉上，公時以韋布侍坐，訥訥若不能言。及公崇貴，屢訪我岳麓，而不改舊度。名論雅識，粹然是法拂規矱，所以爲文正公肖孫也。

方公之居留華城，不佞勸公納節，而遂初泉上，用修文正公志業，公頷可。固未忍便訣，而意未嘗一日忘也，惜哉!

大成君齎公季氏尙書公所述狀文，謁銘于不佞曰:“斯世知吾先人者，惟子在耳，願有述焉。”不佞老閣筆硯，而有未敢辭者，塞後死責也，遂力疾而爲銘。銘曰:

奕奕世胄，有屹牛峯。
忠憲忠肅，蹇蹇匪躬。
文正挺生，爲世儒宗。
華泉踐述，名實俱隆。
肧胎前光，公又繼聲。
維德溫恭，維性醇貞。
孝悌爲本，行備家庭。
釋褐策名，颺于明廷。
翰院奎華，文苑銓衡。
整笏納約，君違必爭。
痛陳時務，要殫眞誠。
有濯斯庸，有璐斯鳴。
不激不隨，受知聖明。
胡不黃耉，而究厥成。
瑚璉淸瑩，芝蘭幽馨。
是乃輿誦，疇敢改評。
世無耆德，用作典刑。
魚鬚滿堂，垂裕遺贏。
崔崔墨岡，䀌䀌佳城。
我辭非諛，昭垂千齡。

成均進士東湖鄭公墓碣銘【幷序○己酉】

景廟壬寅，兇徒竊國秉，誣殺建儲諸臣，與己巳餘孼合勢，表裏和應。泮儒金範甲發通三南，俾搜罰善類，而逆臣趙德隣繼設兇疏，將以誣逼不敢言之地，收一路名帖。

于時鄭公諱相詹，毅然不撓，戒勅子侄朋友，俾不相關，羣醜恚甚，因加公逆名，而刊籍停擧，公一門无免者。公嘻曰"吾輩豈逆也？百世之公議森嚴，恣爾輩所爲"，遂停身藏修。

及元陵乙巳中進士，出入泮宮名節自勵，與再從兄萍軒公相說，倡議抗疏，請兩宋先生腏享聖廡。再疏略曰："今日國賊之得罪於殿下者，皆得罪於兩賢者也。殿下之討賊，惟以明義理正倫常爲先，討之以不討，欲使懷二心者愧服，則是固天地之仁，而竊恐明義正倫之方，猶不得其本也。擧兩賢從祀，示萬世標準，則倫常自正，義理自明，詖淫邪遁，不敢蝃蝀於太陽。"

時朝廷以辨君誣爲第一義，雖不汲汲於斯文事，而向後準請，公疏啓端云。及一鏡就誅，而疏下六賊，尙未伏法。公與同志，將疏請誅六賊，兇徒構毁欲殺，道伯兪公拓基辨其誣，事遂已。

未幾安陰賊鄭希亮叛，一路靡然從逆。公嘆曰："是不可居。"決意歸洛，未及逾嶺，被賊黨劫略，間路還京。

已而賊平，士論颺公徽躅。將擬奬用，而被凶徒沮敗。公荐哭二子，不樂城闉，挈家南歸。擇勝而築，扁以東湖草堂，率羣子姪講學述詩勉戒，佳辰令節，邀致親戚，爲花樹會，更不以世事經心焉。

公字汝良，海州人，以高麗侍中諱肅爲初祖。至貞度公諱易，入本朝主文衡贊新化，爲國名臣。再傳至直提學諱忱，値魯陵禍罔顯。有二孫，諱希良號虛菴；諱希儉進士，贈吏曹判書。燕山政荒，伯氏逃世，公亦遯于桂陽山中。又再傳至忠毅公諱文孚，以北評事掃清北關，有大勳勞，當昏朝有扶倫大節，是爲公高祖。曾祖諱大榮，生員，贈執義，痛忠毅公詩禍，避世晉州，子孫遂世居焉。祖諱有祺，恪守先訓，隱德不耀。考諱桓，司僕寺正。妣晉陽姜氏，將仕郎墺女。

公受學于從叔父贈大憲公，大憲公愛公殊絶，教以《小學》、四書，有所成就。侍僕正公疾，夜不解帶，及喪持制甚嚴，事母忠養備至。

致力追遠，宿齊預戒，用盡如在之誠。友弟妹篤摯，撫孤姪如己出。再從叔露頂公陷非辜，圽於客土，公專力庀喪葬。

隣友遘癘，公躬親救治。其人辭謝，公曰："死生命也。"竟无恙。雅有藻鑑，一見輒辨邪正，後皆不忒。

病革托子孫於切友，呼羣從羣姪，勉以家聲，且曰："士大夫當先見識，無識則理義不明，雖讀書千卷，不免爲庸人。"

遂以丙辰正月十四日卒，距其生庚申爲五十七。葬于州東琴山里栢谷甲坐之原。

配安東權氏，牧使宇亨女，閫範卓越，莅饋三十年，不以産業累公，訓子課僕，家法克正。生先公【缺】年，歿先公五年，合祔公墓。

有二男，學臣通德郎、樂臣生員。通德子，光毅參奉。生員子，采毅進士。參奉子，養善亦進士，女參判權丕應、洪秉穆、李廷秀。庶女，權任中。進士子，允善，女李▣、尹▣。養善系子，可人，女承旨姜泰重。庶女，柳淵行。允善子，可信，女李奎斗。可人子，奎元、基元，女武科權永祜。可信二子，幼。奎元三子，基元二女，幷幼。

公風儀峻潔，規度謹嚴，日用常行，靡所處而不當，固已爲末路偉人，而最是明義理扶斯文，爲先立其大者，餘皆可略也。

噫！以公抱負，沉屈厄窮，不少槩見，是爲忘士之所齎恨者。然出而需世則難免乎辛壬之禍，而優游邱壑，遵養時晦者，非不幸而幸也。公圽後著述及事行，俱就湮滅，惜哉！

奎元嘗從余遊，具狀謁銘，不佞服公風節雅矣，遂力疾而爲之銘，銘曰：

德可以仁民，才足以需世，是爲公行治之義諦。
而衛道闢邪之苦心，如日星之昭揭者，乃其扶世敎之大體。
斂藏持養，如輝山之韞玉，幽谷之轉蕙，无忝忠毅公家法之正大。
奮筆爲辭，托曠世之神契，詔南服之來裔。

可庵崔君墓碣銘【幷序○己酉】

剛齋宋文簡公講道於鼇村，崔君濟默擔笭請學，先生叩其所存，驚歎曰："君是操戈入室者。" 教以經傳名理及爲學之要，君彌加策勵。先生期許綦重，語嶺士曰："崔某識博，以問於我者問之。"

君服師喪三月曰："服之於身，未若喪之於心，以盡其情。" 不赴擧不與宴樂，用盡心制。

雅言 "尤翁朱子後一人，復雪之計，雖不幸不成，而天壤間不可一日無此義"，取朱宋兩先生所傳授一直字，揭座右而顧諟，是可以知君之爲君也。

君字可言，學者稱可庵處士。系出朔寧，以高麗平章事諱天老爲初祖。入本朝有大司諫諱卜麟；有子諱道源，以遺逸拜持平。至諱潑、諱振寧，兩世俱官參奉。參奉有子，僉中樞諱斗南，以孝聞給復。曾孫，諱彦謙贈參判，嘗抗章伸尤庵宋先生冤，又請兩宋先生腏享文廟，是爲君高祖也。有二子，同中樞諱昌郁、通德郎諱昌義。昌義以兄子通德郎諱尙奎爲嗣。又無嗣，嗣以兄諱尙元子諱光馨。光馨娶晉州河氏浩之女擧君。

君生稟聰慧，纔學《曾史》，已辨字訛，通德公贊以必大門戶。及就傅，篤志勵業。愛看儒先文字，長者以妨時文禁之而不已。

嘗赴擧于洛，有時宰請見，君謝曰："臨場而訪達官，非士也。" 其志氣骯髒如此。赴南省不利，見士習乖悖，歎曰："尙可以求進取耶？"遂廢擧，專精爲學。

端坐對案，俯讀仰思，凡理藪精奧，彝倫常行，要會心而驗身。因就正于有道，折衷于朱子。

患學者樂混淪而惡分析曰："義理有間架條理，苟欠辨別，何以爲學？"

治家以禮，主《文公家禮》，亦有圖式儀節，可備家訓。性於孝，重侍具慶，大耋無恙，君志物俱養，其樂融泄。嘗侍王母，吮乳作嬰兒戲，鄕隣傳頌。

及喪居瘠盡禮，積毁病革，聞襟溪李公鳳秀歿，貽書士友曰"惜吾有志而不克問業"，盖絶筆也。以丁未四月二十日歿，去其生丁巳爲五十一歲，過通德公練祀纔一旬也。遠近士友皆相弔，哭聲連巷，葬于縣東聖子洞未坐。

配海州鄭氏敎善女，忠毅公文孚其先祖也，事君子無違。擧二男俱殀，取弟現默子孝淑爲嗣。四女，適鄭奎元、權宜井、鄭煥壽，一未笄。

君質厚而才穎，志正而識通，篤於倫理。設壇祀先墓之失位，竪碣章先烈之垂泯，蒐輯文獻，用闡先徽。事世父母處兄弟，各盡其道，待庶叔有恩，恤其子幼失母，視護有加，用底孚感。

推及疎屬，靡極不至，待以擧火者數十家，誡兒少不妄殺一物，其恩及肖蝡又如此。被服尙儉，家人欲衣以洋布，君責之曰："洋人無父無君，豈可服其布乎？"

性愛山水，選勝湖嶺，翛然有出塵之想，嘗築臥龍庵于先壟曰："旣不諧俗，又絶嗣續，將以家業付弟，抱書藏修，以畢吾生。”未及就而遽沒，惜哉！所著有《質疑錄》、《四書疑義》、《女誡》及詩文雜著，藏于家。

噫！君奮起南服，能自得師，篤信好學，守死善道，乃所矢願，而厄於短造，罔充志業，是爲吾黨之所悼惜也。

君愛余殊絶，余亦愛君負性帶氣，卓犖不羣，可以大受。托以歲寒心期，謂我死而累君，詎料俾我抱殘生無涯之慟乎？

君弟現默，以南履穆、趙漥兩高士所狀德者，謁余以麗牲之辭。兩賢非苟譽人者，其言宜可信。況所深契者，存乎狀文之外者哉？遂力疾而爲銘，銘曰：

有美一士，氣豪才良。
不扶而直，無風而翔。
本之問學，何用不臧。
篤于孝悌，惠于宗族。
肅于家室，準以矩矱。
不出成敎，施及鄉陌。
苟其永年，用克展拓。
庶幾步趨，五賢徽躅。
有始无終，視天茫茫。
有鬱尼岡，有侐幽堂。
秋柏不死，志士攸藏。
載圖不朽，昭揭石章。
用紀南國，永垂无疆。

耻庵李先生墓碣銘【幷序○庚戌】

世敎衰，士以梔蠟相高，趨細行而激浮譽，由是俗益薄而僞益滋。若古恥庵李先生，求道而不求名，隱約以沒世，庶幾所謂眞學問。而歷世旣遠，尙德者鮮，嗚呼！可勝恨哉。

先生諱之濂，字養而，系出咸豐。以高麗神武大將軍諱彦爲初祖。入本朝有莊襄公諱從生，平李施愛亂，封咸城君。高祖諱允宇縣監，贈左承旨。曾祖諱瑒，贈左贊成。祖諱弼元，九畹公春元弟也。考諱楚玉展力副尉。妣全州李氏，縣監球女。

先生生六日而李夫人捐背，鞠於外氏寓忠原，時伯舅同異堂惕然，以本道亞使來覲。先生時纔五歲，見其入門下馬，愕然語舅氏曰："親在堂，敢如是乎?" 其天性方嚴，自髫齔已然。

北渚金公，卽外王母從弟也，要共其孫同學，先生嫌其貴不許。未幾幷喪王考及繼妣，哀毁幾滅性。八年中凡四服三年之制，幷不肯苟受人匍匐，必誠必潔，一準禮則。

稍長閱《擊蒙要訣》，至"非學問無以爲人"，茫然自失曰"幾誤我一生"，遂一遵讀書次第，專心致精曰："栗谷我師也。"

謁愼獨齋金先生，講禮而歸，自此學益進名益聞。同春、老峯兩賢上先生行誼於朝，及南溪朴公秉銓，除童蒙敎官，不就。

肅廟將冊儲，命極選宮僚，先生拜副率，以世祿之臣，義不敢不膺命，出謝三日而遞。後拜光陵參奉，亦暫就而去之。壬子老峯兄弟又薦先生經行，時朋比漸盛，知士禍將作，遁于海西。

甲寅因別薦陞六品拜金吾郎，又不就，而時事大變，人始服先見之明。自海西移居堤川曰："愈恐入山不深。"

壬戌除青山縣監，上特賜引見。值歲大侵，發糶移粟，施設有方，一境賴以全活。勤於勸農，別儲堅碩，而備播種，簡民貧富，計田產多寡，賑貸其最無業者。

凡興利除害，蘇殘剔瘼，一依朱夫子南康故事，聚邑子于縣庠，臨講經禮及《小學》、《擊蒙要訣》，爲文遍喻坊曲，在官八月而歸。

丁卯又以別薦除歙谷縣令，時嶺東饑疫，賑濟如青山時。且縣處僻陋，民俗蚩貿，先生教以五倫、四禮，且廪村秀勸學，鄉俗丕變，未幾而遞。

享年六十四，而卒于辛未正月二十三日，衿紳相弔曰："仁人亡矣。"始葬于龍仁，後遷于水原古等村乾坐。配平昌李氏，佐郎琓其考也。溫潤慈和，配德無違，歿後先生十六年，祔墓左。

三男二女，勛相、華相、夏相，勛相縣監，華相過房。沈世綸、閔鎭魯，二婿也。燾；謙；讜；金致甲；崔恒進士；宋命源婦；勛相出。烋、燮、兪廣基都正、宋河源、金命重婦，華相出。夏相一子，𤇢。外孫，閔興洙縣監。曾、玄并不記。

先生氣宇淸秀，孝友天植。雅言"先妣以劬勞短折，卽天地間一罪人"，居恒慘怛，若終身之喪。

闔門端居，身世兩忘，而於世教人物，辨認精覈。每聞朝廷興作，生民疾苦，輒憂形於色，因執友在朝者，極言竭論，裨益弘多。

莅數邑，雖不滿考，而規模設施，略可見平日抱負。每見薦目，輒歎曰："浮譽所累，屢玷剡章，將何以稱塞輿望乎？"時儕友俱躋崇顯，推先生爲先輩長德，莫不折輩行稱引倚重，而先生自持甚嚴。

當尤翁造朝，往省值暮，尤翁要同宿，先生援馬涑水、劉元城故事，不留而還。每與人論辨義理，窮極到底，不少饒假，南溪以不顧人情事勢戒之，先生援朱子說曰："着箇道理二字，便隨衆不得。"

盖其所養純粹，表裏洞徹，雖世運嬗變，淵膝頃刻，而茹吐既不隨物，緇磷亦不加身，禍福利害，不一動其心。常論尤翁大節曰："志氣過剛，而不離正大。明尊攘之義，而免我左袵，禁同姓之昏，而變我夷俗，復貞陵之號，而彝倫復敍，是其建天地而質鬼神者也。"

及尤翁殉道，禍網彌天，一言脫口，觸忤不測，而以奠以誄，無少忌疑。

甲寅大喪在哭班，尹鑴送子要相見，辭不往。鑴自來訪，先生責以理義不少屈。不受趙威明之饋，不答許穆之問，其嚴於淑慝者如此。

先生養深積厚，其發於辭令者，不蹈襲前言，而橫竪當理。嘗言："學者要好詞章，本領已非。"

爲詩韻高格淸，筆法亦奇勁。有文集行于世。應旨萬言疏，天德、王道，靡所不該，可作永世章程，而罔克施措，文佚不傳，惜哉！

嗚呼！先生高才妙齡，發軔正路，不沮不撓，所造就者非一善之成名。雖謙恭自牧，而所志未嘗不大，富有其具，而其道未嘗或枉。

可爲儒門之高蹈，熙朝之完人，名位崇卑，曷足爲先生輕重？而世代寖邈，將不知有恥庵先生，此吾黨尙論者之耻也。

三淵金文康公有云："恥庵介特故不顯。"不顯何傷？先生生而爵祿不入於心，況顧身後之名乎？然德如先生而不傳，則世之爲善者怠矣。先生後孫副摠管應緖，將竪碣幽墟，謁文于不佞。不佞誦慕有素，靡敢以癃病辭，援筆而叙之，以見不苟合于時者，乃所以合乎後世也。然合與不合，亦何有於先生哉？銘曰：

於赫咸豐，鍾毓先生。
涵而俾澤，植而俾成。
濯其光晶，有爗厥明。
履道坦坦，幽人之貞。
鑑別賢邪，擇精語詳。
悅服大老，江漢羹墻。
安時處順，獨懷耿介。
道積于躬，用見于世。
薄試絃歌，不辭下位。

理無精粗，崇卑一致。
化民成俗，以身爲教。
廷臣咸言，其道可斅。
使陟而升，厥施可大。
世方仰止，曷爲不待。
不顯者身，道則彌光。
糟粕在書，微言不喪。
我庸勒辭，鐫諸貞石。
昭揭千億，與山無極。

贈持平林公墓碣銘【幷序】

皇明摠兵、本朝節度使林公慶業，危忠卓節，與日星爭光，爲華夷所誦慕，而公兄諱亨業，亦有忠孝大節，無愧爲二難，於乎懿哉！

公字繼榮，平澤人，以高麗禁侍衛諱得雨爲初祖。屢傳至寶文閣大提學諱梓；司僕寺尹諱台順。是生諱整，入本朝禮曹判書，選淸白吏諡恭惠。生諱命山吏曹判書，是爲公七世祖也。曾祖諱有名司憲府監察，贈戶曹參判。祖諱德胤贈戶曹參判。考諱篁折衝將軍，贈領中樞府事。領樞公娶坡平尹氏，縣監興智女，擧八男，公其第三也。

生稟異質，誠孝根天，竭力供甘旨。丙子之亂，仲兄承業爲孟山守，領兵赴戰，公獨奉母夫人在衙。母夫人素善病，而憂諸子從軍疾尤谻，公夙夜扶將，再斷指出血和藥，幾絶復蘇。

翌年丁丑遭憂，居孟山，虜騎百餘突至，吏驚駭鳥鼠散。公守廬獨不去，抱柩號慟，血淚迸出，虜嘖嘖稱歎。遂斫木爲牌，書“孝人不可害”五字，標其門而去。旣而歸葬先壟，守墓啜粥，三年如一日。

忠愍公嘗奮大義搉虜，虜怒，壬午拘致其全家，公亦在拘中。虜脅令拜跪，擬刃者屢，公抗聲叱責，披腹以示曰“剖吾腹觀吾心，豈屈於爾者乎？”左右莫不變色，虜亦義之不加害。

是時昭顯世子在瀋館，從官皆目擊稱賞。李貞翼公浣記其事，閔忠文公鎭厚狀忠愍，亦載是語。公自甲申後，忍痛含寃，因廢擧子業。丙午八月十一日卒，距其生辛卯，爲七十六歲。墓于忠州永平洞丑坐。

有二配，漢陽趙氏通政信男女，寧越申氏，晟女，幷祔公墓。有二男，重蔓、重宣宣傳官。澤、沃、沆、金允恭妻、庶子淡，長房出。宣傳繼子，沆。沃子，廷瑞、廷煥、廷璋，女李鐵萬、金夢翊、尹海錫。沆女柳溥、許烈。淡子，廷圭、廷瑕。餘不盡記。

肅宗庚戌，道臣以公壬午瀋庭事聞，命贈司憲府持平，正宗甲辰命旌其閭曰“忠臣孝子之門”。

嗚呼！忠孝本無二致，傳曰“求忠必於孝”，然世教衰，人之成就一節，亦難矣，公以忠愍爲弟，又自樹立，入則養生、送死，誠敬備至，俾亂兵感義，出則臨不測之虜，罵不絶口，不撓不逃，爲皇朝全節。

噫！林氏之門，何其多賢也？親親之恩，莫重于孝，尊尊之義，莫大於忠，而公之兄弟，能自盡分，庶幾兩節幷弘，二理同極，盛矣哉！

公後孫基寅從不佞遊，謁以牲石之銘，不佞不敢辭，遂力疾振筆而爲銘曰：

忠愍之門，又有忠愍。
是兄是弟，篤倫天顯。
惟厥行治，孝悌爲本。
誠孚異類，保護遠櫬。
廬墓泣血，幾致毀殉。
擧族拘虜，頭顱自判。
知死不撓，求仁不遠。
苟遂厥志，無愧卞壼。
死生雖殊，各盡其分。
聖朝褒旌，忠烈孝純。
肅肅紫誥，煌煌丹門。
達川祠廟，長與近隣。
棣萼聯輝，流芳千春。
名與月岳，同其嶙峋。
昭揭石章，永世不磷。

月谷柳公墓碣銘【幷序】

故副提學醉吃柳公諱潚，當昏朝金墉之變，抗疏請誅李爾瞻等五賊，以扶植彝倫。至公曾孫諱宗興，值明陵己巳仁顯王后遜位，陽谷、定齋二公諫而死，公起布衣，倡率多士，瀝血陳章，冀回天心。阻禁不克徹，公痛哭入山，仍鏟迹公車，以廢中權，君子以爲："是祖是孫，其揆一也。"

公字振甫，高興人也，遠祖諱濯，麗朝侍中，死於直。入本朝司諫諱忠寬，有高才盛名。二傳至義貞公諱夢寅，爲舊君全節，世稱夷齊之倫。義貞公兄子諱洸兵曹參議；卽公曾祖也。祖諱之豪陽城縣監。考諱贇，以副學公後孫，爲縣監公嗣，隱德不仕。娶光山金氏別座自鍵女，擧公于孝宗三年壬辰。某年月日考終，墓于高山月谷卯坐，從先兆也。

配恩津宋氏，縣監國士女，無育，繼配廣州安氏，參奉始泰女，配德無違。男，譐、謐、謂，女適李之昇、鄭夢良。庶子，諴；諗僉使，以諗原從勳，贈公左承旨。庶女適金天俊、沈恭賢、朴鐙。孫，明漢；晶漢進士；李普學妻，長房出。經漢；緯漢；金薰郡守；李普中；金賚；李在貞妻，仲房出。奎漢；軫漢；星漢；雲漢；金宗海妻，季房出。曾玄以下幷不載。

公生稟絶異，敦孝悌尙義氣。及長從寬谷崔公瑞琳學，學就、行茂，士友咸期以遠大，逮聖母幽辱，泣辭離宮，闔門晦身。至甲戌更化，坤極復正，公述詩志喜曰

玉自無瑕志自堅，翟褘靡主六經年。

瑤絃更續南薰柱，依舊中天月再圓。
泣闕當年不死身，不言今日更陽春。
天恩忽許迎慈母，再乳吾東億萬人。
其忠愛天植，於是焉可見也。

時羣陰掃盡，賢路大闢，而公已老，兩忘身世，惟塞兌息影，玩心研理，著喪·祭禮、家訓等書，教誨子孫。羣行焯焯多可述，而撮其大者，餘可略也。一路誦公名節，呼以月谷處士，後追配于泰仁之龍溪祠，是可驗公議有定也。

噫！人臣事國母，當如事君，所在致死，而踐斯義者寥寥。至吳、朴兩賢死而大義始明，如公之爲者，與兩賢何異哉？

時天怒震疊，設刀鉅以待言者，公疏若徹則禍必不測。而意氣奮發，置死生於度外者，豈不誠强哉矯乎？是無愧爲醉吃公肖孫，於戲休哉！

公玄孫承旨榮輔，請誌公牲石，竊感公表臣道扶人紀，不朽於永世，不辭而爲之銘。銘曰：

人亦有言，先觀大節。
猗公樹立，賁育莫奪。
瑤華將閉，矢死奮筆。
師襄入海，自靖以義。
用晦而明，君子之以。
不悔不慍，克安素履。
好學崇禮，有本如是。

我闡幽光，用賁泉隧。
非直述公，用勖髦士。

梧潭權公墓碣銘【幷序】

嗚呼，自國朝用人，分文武爲二塗，而靺韋之中，鮮有自重有耻，如古之說禮敦詩焉者。而世從以低外之，是豈眞法制之俾然哉？抑其人之有以自取，而國家邊閫之寄，往往有凜然而寒心者。

若故節度梧潭權公，其志節、行治，固足表見永世，而若其培植獎進於門墻之間，得以成就偉器，則金渼湖、宋櫟泉兩先生薰沐之功，爲不可誣。

公諱必稱字子平，系出安東，始祖諱幸，有功勝國初，以炳幾達權，賜姓權氏，錫胙土安東府，爵太師，錄壁上勳。自後世有名碩，載史乘，至五世祖諱濤號東溪，歷舍檢玉署至大司諫，贈吏曹判書、大提學，謚忠康，享浣溪書院。高祖諱克㱀。曾祖諱斗瞻。祖諱是亨。考諱壽武。妣昌寧曺氏相夏女，繼妣亦曺氏，遇祥女，寔育公。

公自少魁偉有器度。從事詞賦、明經，已而自奮曰："人顧所樹立如何耳，苟得爲國家用，奚間文武。"遂從事弓馬，登英廟庚午武科，試身言書判，得銓長奬拔，薦宣傳官。歷主簿、都事、經歷，出爲清州虞候，讀書勸武之暇，往來華陽水石，因及櫟泉宋文元公之門。

時公已孤，惟母夫人在堂。與諸弟日侍側，泊然無進取意，以親命黽勉赴都下。聞徐公志修有古大臣風，入門納刺，公延款鄭重而遣之。時有一文官在座，求縣甚懇，公顧語其人曰："君能無愧於此武弁耶，一言不及私，可敬也。"

未幾有瑞山之除，乃徐公所擧也。未幾以灾年因任，繼有長鬐之除。奉母夫人到衙曰："縣雖殘薄，便養則足矣。"撫字剸斷，仁明兩至，値歲大侵，捐俸以賑之，治聲藉甚。

謝紱定居于三山之丈村。及丁憂哀毁踰節，蔬食、衰絰，三年如袒括之初。服闋，追孝于廟，每遇節日，設饌行茶禮，凡兄弟、叔姪、內外婢僕，會一處，序列堂上下，飮食以永夕。

距舍十里，有梧潭水石之勝，構茅廬往處焉，手寫《周易》、《魯論》、《庸》、《學》等書，誦讀不輟，遠近人士往來叩問，殊不知爲舊時將軍也。

辛卯九月，相臣元公仁孫、徐公志修登筵奏曰："武臣權必稱讀書林下，躬踐實地，當以山林儒臣例擢用矣。"未幾有固城之除。

於是人或勸處而不出，公又不敢以儒自處，發行到中路，聞銓官因他事遭臺章，喜曰："人言雖不干我事，處義有說矣。"自此守靜潭舍，使受業冠童，日行相揖禮，坐杏壇命酒，逍遙而歸。

壬辰拜渼湖金文敬公於永同，先生因其質問，而歎其所見者大，以今之朴松堂目之。七月除海南縣監，百度俱擧，而以興行儒化爲先務。癸巳十二月，以善治陞資，乙未六月拜光陽縣監，治規如海南時，士民立碑頌之。

丙申春渼湖先生行鄉飮酒，使公處賓席，或疑之曰："年德章甫，在此多矣，何取韎韐中人？"先生曰："鄉飮酒大禮也，當以知禮者爲賓，奚論於文武哉？"其見重於斯文如此。

後拜朔州府使，依陳先生仙居敎條，頒示邑民，必整帽帶，招致父老，親自解釋以諭之。又以邊徼重地，武備爲重，修堞賞射，汲汲如不及曰："後來者或以爲不關，誰知創設之人，莫非爲國赤心乎？"

庚子除坡州防禦使，以見忤大官不赴任。辛丑除昌城防禦使，威望所推，不令而行。晝七邑山川，晝宵靜對，盖有深長之慮，人不敢測也。

癸卯拜慶尙左水使，營在東萊府，館倭待變重地也。凡於修戰備飭船具，勞心殫力，靡不用極，而未幾忽遘疾，捐館於營邸，時甲辰三月十四日也。奔走呼號，如蜀人之於武侯。

淑夫人平山申氏，其考通德郞炾也。賢明淑哲，克配公德，咸稱女士，先公五年生，後公十三年歿。公始葬芚基，至是與夫人合窆于三嘉縣南紫霞洞壬坐。

擧一男熀，庶子烜，庶女適鄭經毅。熀子，正玄，女虞候鄭善毅、張時新、朴民濟。正玄子，泰成、午成，女李龜永。午成子，宜周。正純及李仁範，烜子女。

公長身豐下，風儀儼然。平居簡而坦，溫而淡，日用事爲，無非儒素家法，而當大事執大體，凜然有不可犯者。竊嘗謂："子路好勇，尙爲聖門高弟，而至其論三德之勇，則必以南方之强，擬之於君子。"盖君子之德，剛而能柔，乃爲成德故也。

不佞自童稺誦慕公不已，公從曾孫友成嘗從余遊，謁牲石之文，至心悃款。有未忍辭者，力疾而爲之銘。銘曰：

東漢諸將，儒雅循循。
及後名儒，有如荀陳。
吾東絶學，倡自陶山。
環嶺以南，家墠戶壇。
公挺其間，奮以投筆。
何必呻佔，眩名遺實。
湖符嶺鉞，騰踔非樂。
樂我故邱，泉石澗壑。
于渼于泉，歸宿師門。
杏壇絃誦，乃舊將軍。
泂彼梧潭，水月長照。
抽關啓鍵，默契道妙。
隨思一編，嘉惠後人。
我筆無諛，刻示貞珉。

孝子文化縣令兪公墓碣銘【幷序】

萬善百行，咸源於孝，孝子與造化酬酢，如呼吸桴鼓，故曰"惟德動天"，言孝也，非孝無本，不謂德也，感應之理，於乎異哉!

歡城有兪孝子諱彦謙。生甫數歲而孤，及長追服居廬如始喪，事偏母志物俱養。母嘗病渴思梨，公聞華山寺有梨，挺身獨往，夜黑路險。忽有猛虎出火，若指引然。叩禪扉，得數顆而歸，虎又隨後，及門而止。出懷中而進之，母渴乃瘳。

疾革割指嘗糞，靡極不至。居憂哀與禮盡，廬墓三年，一不跡家門，毁瘠幾滅性，而躬具奠需。常有兩虎相守，朝夕撤奠，與虎共食。

有病僧乞宿公廬，兩虎吼逐，又有强盜，入公田攫稻，虎啐奪。嘗躬汲供祀，而嫌井路遠，有無源之水，自湧廬側，恒思生時所樂，哭拜之間，盃酒自乾，是所云"以心感心，以誠感誠"者也。及服闋，虎逝泉涸。

有毁公于道伯曰："水則古之源泉，虎則家之畜猪，酒乾者漏盃。"伯躬造公所，則虎護廬自若，泉出旱土，隨汲隨逸，奠酒自乾，若有釂者。伯驚異之，聞于朝，命旌閭復戶，仍轉聞于皇朝，又命除官。

時爲靖陵丙戌歲，而公年三十一。由社稷署參奉，歷奉事、直長，陞主簿，轉監察，刑曹佐郎、正郎，戶曹正郎，出外典麟蹄、龍潭、新溪、文化，以嘉靖三十七年戊午十一月一日卒于官，享年六十三。葬于天安貢士洞桂樹峯下寅坐。

公字謙之，昌原人，以高麗版圖判書演爲初祖。入本朝有諱輔鼎，寔公之考也，妣延安李氏，愣軒石亨其先祖也。

公有惇德、至性，而又好讀書，行有餘力，則輒從師友講學。公旅宦京邸，將卜姓，聞其絶美，却之曰："色能伐性，君子攸戒也。"

麟蹄有陳復昌庄，奴抵罪當死，公斷不容貸，爲復昌所螫，坎壈者久，而不少介懷也。典四邑，一芥不取，解紱之日，不能擧火。

配晉州姜氏，承源之女，祔公墓。擧三男二女，敦仁奉事，亦薦以孝；大仁；德仁。女適金慶祥、李天柱。奉事子名立，又以孝薦拜參奉。

噫！公通神明之孝，勵冰檗之操，事載《三綱行實》。郡守孫汝誠爲公立傳，郡守鄭之經圖公行治于屛，書之者楊蓬萊萬里也。土亭李文康公拜公旌閭，花潭徐文康公狀公德行，打愚李文穆公亦爲歌謠，述公徽蹟。

文化人士，不忘公遺愛，立忠孝祠以祀之，天安章甫，創五賢祠以公配，華泉李公采題其額曰"六賢祠"，淵泉洪公奭周述贊曰："馴虎湧泉，雪笋冰鯉，古人所難，公實兼美。"性潭宋文敬公許其孝以隣於曾、閔。聖朝之褒奬，士林之稱述，所以歆動斯民，型範一世者，亦至矣。

嗚呼！擧一州、一鄕而求一人之孝，尙或寡矣，一家之內，以孝廉擧於鄕者，祖、子、孫三世，亦東華所未有。又有奉巾櫛者殉身下從，亦驗其動化閨庭。於乎休哉！

公後孫學善謁公墓銘于不佞，不佞素服公懿行，致天地協應鬼神効靈，有所不敢辭者，遂爲之銘。銘曰：

曰惟孝弟，本於爲仁。
卓乎兪公，無競伊人。
其德克明，惟懿惟醇。
南陔采蘭，白華粲粲。
至誠上格，明祇下贊。
僞不可加，神不可誣。
君子之光，貞吉有孚。
丕闡身敎，垂裕子孫。
孰謂芝醴，而無根源。
四邑絃歌，粗跡循良。
有蔚桂岡，有侐幽堂。
過者必式，孝子之藏。
勖哉髦士，惟公儀刑。
銘言載珉，用詔千齡。

僉中樞松庵兪公墓碣銘【幷序】

穆陵龍蛇之變，乘輿播遷，國步蒼黃，昌原兪公瀣，以宗廟署直長，奉太廟十室神主、列聖傳國御寶，間關跋涉，達于平壤行在所，扈駕龍灣。

癸巳陪廟主至海州，奉安于栢林亭，十月還京師，陞拜軍資監正。

後宗伯及相臣，俱言："公臨難盡忠之狀，人所共覩，別施褒錄之典，以奬後人，恐不容已。”公旣參光國原從，又以扈聖勞錄勳，後加通政階，授僉知中樞府事，是爲公立朝大略也。

公字淑夫。祖諱炯，贈副提學。考諱必成參奉。參奉公娶白川趙氏縣令琯女，擧公。萬曆丙子中司馬，荐登薦剡，除箕子殿參奉、齊陵參奉，幷不就。拜厚陵參奉，轉濟用監副奉事、宗廟署直長，盡忠於壬辰，享年八十九，而卒于己巳，葬于海州茄佐金山亥坐原，從先兆也。配坡平尹氏，校尉瑋女，祔公墓雙墳。

公性於孝，養親盡志物，居憂嚴禮防。及遭內艱，喪在安岳，距海鄕二百里。窮不克反祔，權厝外氏先塋，公就而廬墓終制。

公與栗谷李先生，共生於臨瀛，少先生六歲。及長師事先生，至心服勤。先生居坡州，公挈家以從之，又從于海州居梨村，距石潭數十里。往來受業，篤志力學，退而沉潛闡繹。最好《小學》、《近思錄》，未嘗去手，被先生稱賞，及先生易簀，心喪三年。

先生弟玉山公瑀，與公同庚，情契最密，同門如沙溪、重峯、守夢諸賢，莫不推重。

公以微官出萬死一生之力，保守廟祏於倉卒顚覆之中，竭身徇國。夷險一節，所以勸忠義而警頑鈍者大矣，是乃師教所致，於乎懿哉!

公後孫炳屢抱狀而至，謁余以不朽之圖。篤老垂死，倚閣鉛槧，而竊感公行治眞正，强病而叙之，用附微顯闡幽之

義焉。銘曰:

生養死享，終身弗辱。
乃臨患難，矢不忘國。
惟孝惟忠，出自悃愊。
石潭施敎，因材而篤。
嗟公踐述，淑世善俗。
卲齡勵業，慥慥炳燭。
歸拜九京，庶無愧色。
人或致憾，位不稱德。
公無怨尤，天命是樂。
菀彼金岳，有拱墓栢。
君子攸藏，過者宜式。

白川郡守贈工曹參議張公墓碣銘【幷序】

我昭敬王二十五年，倭奴傾國入寇。時昇平日久，民不知兵，未旬月而三京失守，國步西遷。

握節、腰符者，擧皆望風奔潰，無敢向賊發一矢，時則有張公應祺，不階一伍之衆，不假一節之權，感肅義旅，躬嬰鋒刃，卒能獲全海防，通問行朝，君子謂“當時保障之功，無讓於張、許之守江淮”，信哉!

公少有大志，膂力過人，射必命中。癸未登武科，丙戌捷重試，歷幾官而拜安城郡守昌寧縣監，解紱居家。

猝聞倭賊甲斐豐臣長政攻陷海西十三邑，　屯兵江陰，斷三南之路，與平壤賊相應。公與生員趙光庭、僉使宋德潤等百餘人，會盟曰："生長禮義之邦，涵泳列聖休養之澤，不幸值今日，卽奮義効忠之秋也。" 圖所以倡義守城。

時前吏曹參議李公廷馣，有遺愛于延安，而見寓白川，迎爲主將。又送公從姪揀于松禾等邑，招募勇士五百人，繕器械峙糧餉，用備戰守。

事聞王世子行在，拜李公海西招討使，公亦拜白川郡守。時倭酋長政聚屯兵犯延城，猘鋒甚鋭。李公命公往探賊勢，公匹馬單刀，馳至楓川橋，大喝一聲，賊驚疑退軍。

公緩轡而回，賊踵公至，圍城三匝。魁酋負白旗環城，旗忽爲風所倒，公一射殪之，卽跳過城，斬其馘。賊衆蝟集，刺公左腮，腮膚下垂，公扶腮搏戰，殺數十人，羣賊駭散。

時有出城亡者，公拔劒叱曰："食君之祿，而見危逃走，是逆也，有效此者，當用司馬法。"一軍股栗。

受圍七晝夜，賊百道攻城，放鳥銃數千，烟焰漲天，丸下如雨。公俟賊攀城，矢無虛發，撤門扉爲檻，縛積草爲炬，列釜煮湯，令男女老弱供役。

賊堆柴塡塹，則擲炬以焚之，賊又用長梯負板，則碎以木石，注以熱湯，無不立斃。賊起飛樓北山，穴板壁臨射，則障以土墻，賊乘夜霧襲城，則以炬圍燒盡，賊遂焚積屍，撤圍而逃。

公與諸勇士分道幷出，厮殺斬獲甚夥。追至反支橋，長政以輕騎向前，公與諸勇士斷其後，橫戈而叱曰：“長政，長政！胡不早降？吾且碎汝萬段。”長政驚曰：“此漢之樊、張。”

是夜長政潛師款城門曰：“吾知城中無兵器，若有可以服我心者，明日當載書請成。”公應聲大罵曰：“幺麽島夷，恃其强暴，敢圖射天，肆虐隣邦，恨不啗肉寢皮。”卽取角弓滿弦一彎，便投城下曰：“汝若能用則用。”長政挽彎不能，羣賊幷力，俱不得開弦，還弓于城上曰：“吾始知孤城有人。”斂衆而退。

李公贊歎曰：“奚羡睢陽之南、雷？”朝日長政持一櫃來獻曰：“約以今日請成，書在櫃中。”左右喜欲開視，公曰：“賊謀難測。”李公命鑿穴下視，則有二賊挾利刀，引鉅斬之。

遂以一刀賜公曰：“若非景受之言，幾陷不測。”景受公字也。

長政知其計敗，遁至青石鎭，忿恚而斃，餘賊悉散。報捷于行在，但言“某日圍城，某日解去”，無他語，朝廷皆言：“戰勝不易，不伐功尤難。”此非直李公不要功之義而已。

甲午除訓鍊院正，乙巳錄宣武原從一等勳，後贈通政大夫工曹參議。享年六十五，而卒于庚午十月五日，墓在法甑山申坐。後與李忠穆廷馣諸賢，幷享于顯忠祠，宣額致侑，所褒奬者至矣。

公初祖大司馬源，出自浙江，値亂浮海而抵江陵，復返于華。有子貞弼，又以吏部尙書被誣放東國，與金、權兩太師，贊麗祖統合三韓。官至進賢殿直提學，贈謚忠獻，合享太師廟。入我朝有諱績，禮曹判書，生諱孝智，以節孝聞，賜田而復之，爰宅延安，子孫仍世居焉，寔公高祖也。曾祖諱順。祖諱潤琛。考諱世綱，贈右尹。妣贈貞夫人淸州李氏。

公配延安李氏，男，擢秉節校尉。女適進士李慶長。孫男，義道縣監、信道將仕郎，女進士李枝白。

公生稟魁傑，纔成童，已通經史。䟽韋進身，而實心好學，家居講性理羣書，成就其聲威勳庸者，豈無所本而然哉？

噫！倡論守城，權輿於公，且邀李公主盟，如許遠之納張巡，運籌、謀畫，固出於李公，而臨機殲賊，公之功居多，盖無公則無李公，無李公則無延城，無延城則無海西，遮蔽海路，通行朝命令于湖、嶺，用成匡復之業者，伊誰之力哉？公名與李公，雙垂于無垠，於乎懿哉！

不佞夙服公偉績，公後孫景煥、景周謁麗牲之文，老不任筆硯，而有不敢終辭。銘曰：

崔崔延城，積高氣靈。
靈氣亭毓，名將乃生。
在昔龍蛇，蠻寇來洶。
孰敵王愾，有赫張公。
初奮厥武，雄略縱橫。
制勝如神，出奇無窮。
賈勇先登，殄滅猘鋒。
狡酋宵遁，不敢肆凶。
全保關防，海路自通。
賴此一着，用收全功。

何以致之，曰義與忠。
本之則存，說禮敦書。
有鬱甋岡，光氣上噓。
我銘貞珉，用闡功德。
風聲攸感，永世不泐。

孝子崔公墓碣銘【幷序】

王祥以後，世之言冰魚多矣，今崔公光漢之事，亦可異焉。其狀曰：

公蚤歲以幹蠱失學，而性於孝，親療閱月不寐，兩眦濃眵不少懈。考通德郎公諱尙元有疾，公呑聲飮泣，趣辦月制曰："他日病革糞甚苦，今症不甚危而味乃恬滑。"及遭艱，哀毁踰禮。

祖考同樞公諱昌郁，卲齡食重蒸飯，公具小鍋躬爨，思其所嗜，備網罟求臂鷹，擊鮮獲禽，未或有乏。寢疾嘗思鮒魚，公問藥到渴馬巖，時値隆冬，忽聞冰下有聲如裂帛。扛石以投，四鮒躍出。歸而供之，遂引食已疾。

祖妣張氏失明，每食飮手匙筯以先之，大小便必親負抱，未嘗倩人，躬滌溷具，人不得見穢，十年如一日。事繼妣柳氏盡誠，人不知不出於其腹。

祭致其敬，每四日食素，晬日不聽子弟飾喜。因心之友，靡極不至，弟三歲失乳，乳於隣婦，公甚德之，終身厚遇，其人死，爲營葬祭。憫弟善病，必欲分痛，嫁諸妹厚其資裝。接人不設城府，人亦不忍欺，是皆孝之推也。

原始要終，“雖曰未學，吾必謂之學”焉者，公其庶幾乎！至於冰魚之感，則在古王祥一人，而在今則不勝其多，故人或有疑之者。然父母寢疾思魚，人子思供其親，誠、孝到底，神明感應，無古今之異，則冰魚之異，雖家有焉可也。

況公嗣師默孝子也，不應誣其親，南上舍履穆賢士也，不應實其誣，是其稱述，豈不足據以爲信也哉？

公字允明，朔寧人，高麗平章事天老、門下侍郎瑜價，其遠祖也。入本朝有諱卜麟長諫院。道源蔭持平，行治見宋剛齋所撰墓文。僉樞諱斗南，以孝蒙給復之典，余嘗銘其碣。高祖，贈左承旨諱壽嶂。曾祖，贈參判諱彦謙，嘗與同志，直尤齋宋先生之誣。妣晉州姜氏，震甲女。

公以辛巳十月二十四日卒，距其生戊子，爲五十四。窆于泗川治南洗巖甲坐。

齊靈光柳氏，配公无違，正倫篤恩，生先公七年，歿後公廿三年，墓祔。一男，卽師默，三女，咸安趙善孝、綾城具錫胤、星州李佑甲。孫，孝一、孝兢。外裔若干人。

天地間感應，莫神於孝行，與造化酬酢，如呼吸桴鼓。《書》曰“惟德動天”，非孝無本，不謂德也。順其德者，天必報施，是可以執券而責償者也。銘曰：

循彼南陔，言采其蘭。
眷戀庭幃，心不遑安。

白華朱萼，被于【缺】薄。
終【缺缺】省，匪懈其恪。
有屹四尺，孝子之宅。
昭揭石章，過者必式。

處士愼公墓碣銘【幷序】

嗚呼！居昌愼氏之門，世有賢德君子，而至樂水公益復，垂仁裕德，令聞不已。有諱復亨、諱謐，俱以經禮自修，爲嶠南之望，而拜寢郎不起。

近又有處士諱性烈，以純孝篤學，著聞於儒林，豈非所謂“根深源遠，紹先啓後，爲一方觀法之賢也”歟？

公生於英廟己卯，甫六歲丁母夫人憂，已能致哀盡禮，無異成人。事繼妣如所生，怡愉誠慤，無食息間然，奉侍大人養拙公，嚴敬不懈，隔扃而寢，不敢以趾向親，伺候氣息，夜無交睫。

時鷄鳴起視寒煖，仍適母夫人所亦如之。朝夕甘旨，使夫人親執，刀匕不以委人，推至從叔父母，亦不廢昕夕省謁，宗族鄕黨，皆薰而化之。

以其暇從事問學，《論語》、《小學》、《家禮》，視如家常茶飯，未嘗一日不讀。以親老故不赴公車，教二弟出入師門，兼習明經曰：“以此榮悅，與吾自爲無異也。”

有貲産輒施與賑貸，待以擧火者甚多。嶺人罕經痘疹，時行輒避以免之。歲庚申隣里有痘，而憚於離側不敢也，竟以三月二十七日，染痘而卒，壽僅四十二。

遠近士友聞者，皆失聲傷薥曰："斯人乃至是耶。"再踰月干支，葬于虎音洞坐癸之原。

配晉陽姜氏，㦗女，手檢襲具，視終事惟謹，入室自刎，矢心下從，賴傍人救甦。

舅姑泣而詔之曰"下從固義也，然爾夫棄我而死，吾夫妻依爾爲命，今又棄我而死，則爾夫亦不瞑目於地下矣"，孺人慨然曰"當死而死，不死亦命也，上舅姑下男女，賴余而生，夫子之所屬托"，呑米泔而下之，强起執中饋，竟以後三年月日終焉，於乎亦烈矣哉!

四男，必祖、必瓚、必鈺、必璜。女適，鄭塧。孫，在翰、在殷，必祖出。在翼、在奭、在巘、在弘，必瓚出。在東，必鈺出。而必璜無育，以在巘爲之子。曾玄以下多不錄。

公躬修有積，壽止中身，而孫曾繁衍，有方興未艾之象，天道報施，其在斯乎!

愼氏上祖諱修，自中國來仕高麗文宗時，官至司徒左僕射。後有右贊成諱以衷、戶曹參判諱幾、集慶殿直學士諱後庚。逍遙齋諱榮壽、樂水亭諱權，二世以學行享松陽、龜淵二祠。高祖諱景曄；曾祖諱梯；祖諱守沉，以孝，贈教官。養拙公諱復明，以學行聞，妣河濱李氏，師協女，此乃公世德之積累者也，銘曰：

井渫不食，爲我心惻。

氏居昌愼，有是世德。

德厚流光，垂裕式穀。

公修于身，殀壽不惑。

子孫繩繩，于後必赫。

崔崔虎岡，有封如屋。

我述銘詞，用示千億。

梅山集

卷三十七

墓碣銘

墓表

墓誌銘

墓碣銘

尙州牧使兪公墓碣銘【幷序】

水原府南馬耳之山負坤之原，松栝啓茂，望之翳然者，故牧使兪公衣履之藏也。公諱秉柱，字德汝，始祖諱義臣，新羅末遜于慶州杞溪縣，子孫遂爲杞溪人。

在中宗世，有諱汝霖，坐己卯士禍免官，後至禮曹判書謚景安。景安子戶曹判書諱絳，以直道忤尹元衡，幾不免。歷三世監役諱棨，與兄文忠公棨，名節幷峙。崇禎丁丑，我及淸人平，文忠公以大義爭之，而監役恥之，遂不仕，寔爲公五世祖。

高祖諱命一，義州府尹，贈吏曹判書；曾祖諱復基，進士，贈左參贊；祖諱彥述，大司憲靖憲公；考諱漢紀，錦山郡守。配全州李氏無育，繼配淑人韓氏，右議政諱應寅其先祖也。

正廟戊戌八月十三日生公，公生而卓犖，齠齡游戲，輒壓倒里中兒。郡守公受學渼湖金先生門，禮義自律，公旣長，循循以郡守公爲法。

甲子中進士，辛未補崇陵參奉，時韓淑人在堂。公曰："此可以悅親。"不復應擧，士友咸惜其不由大闈。陸濟用監奉事、義盈庫直長， 乙亥調世子侍直、掌樂院主簿、刑曹佐郎，丙子遷宗廟署令、漢城府判官。

出爲甑山縣令，時甑山軍餉，頻年不收，倉庾枵然。公言於道伯，以便宜從事，不煩民力，而倉庾復其初。

丁丑陞平壤府庶尹，除府庫緡錢不當屬官者二十萬，歸之胥徒，削俸三十萬，予大小坊里，以防書版籍者雇直，吏民皆歡喜。

平壤關西之都會也，物繁務殷，公星出而星入，不吳不擾，百度修擧。廣傳舍，大修箕子廟，倡率邑中賢豪，行鄉飮酒禮。

己卯夏秩滿，願留者日訴監司，監司將啓請于朝，或尼之未果。復拜漢城府判官，遷庶尹、繕工監副正，尋除砥平縣監，以親病不赴。

辛巳孝懿王后昇遐，差山陵都監郎。會大疫，旬日間山陵郎死者及以病去官者甚衆。 摠護使度代者不可及出， 謂公曰:“事急矣，非公莫可。”煩公一切攝其事。公左酬右應，事無不立就，梓宮如期下方中，摠護使大悅。

壬午拜社稷署令、掌樂院僉正， 冬差徽慶園都監郎。 丙戌除廣興倉守，丁亥辟宣惠郎，旋除利川府使，爲政一如箕城。

壬辰陞尙州牧使，捐廩錢修學校濬川渠。夏大水，洛東江決，夾江數百家昏墊蕩析，出俸以周之，民得安堵如故。

州北有大陂，洛東以西數十里，皆仰其漑灌，州治舊多蜈蚣，毒往往中人，卽治之南，種栗爲林而除之。至是廟堂議穿陂伐林以墾田，公以去就爭之事得已，州人至今賴之。

明年以課殿罷歸，自是絶意進取，惟書史是娛，或晦身漁樵，與野老爭席，人不知爲舊牧伯也。

庚子六月十七日，卒于果川下北村第，壽六十三。八月祔窆于村南郡守公墓，壬寅四月，穿其配淑人李氏墓合葬焉。淑人世宗別子密城君琛之後，校理晦祥其考也。有女士風，公醇德惇行，多賴內助。生二男一女：男長，永煥縣監；次，敬煥教官；女適李秉元。永煥男致庠，女適金哲根，一女及敬煥男幷幼。

公爲人豐下，腰大八九圍，聲如洪鍾。外和而內剛，臨事能斷，氣魄過人，飮酒不至十數杯不醉，醉不失言，每日鷄三號起，郡守公有疾，夜不解帶。

及喪哭泣不絶聲，哀毁幾滅性。及丁內艱，公年垂五十矣，居憂如前喪，饋奠未或倩人。事姊氏如母，事無大小，咨而後行。

於同堂諸親，財無物我，取之者視如外府，中表宗族待而婚者三十餘人，庀喪亦然。

人有過失，輒面折不少借，而忠厚和平之意，行於其中，故人亦信其爲愛己也。故舊死，恤孤而嫁娶之。有流竄海島，人不敢顧恤者，公豐其饋而亟問焉。

或謂公："財有限，而好施不已，獨不爲子孫地乎？"公曰："財之聚散，仁與不仁之所由分也，人而不仁，焉用財爲？乃若子孫衣食，亦各自謀，非吾所當知也。"以故公之在世，家無長物，其歿也，惟舊田廬存焉。

公重禮法識大體，嫻於國乘、野史，於賢邪、是非，辨明而守確也。嗚呼！求觀公平生者，卽此數事而可見其槩也。

以公才識，棲遲蔭塗，不克展布所蘊，人以是惜之。然決科而得伸其志者少，與其節次推排，致位隆顯，而不得有所施設，曷若隨分效力於字牧之任，猶有實效之及民者哉？

不佞以世好，夙從公遊，相得甚驩也。記昔公與老洲吳文元公暨不佞，泛舟月波亭下，風流弘長，襟懷爽朗，傾倒淋漓，竟夕以爲樂，轉眄之頃，邈若山河。

不佞比卜江居，去公舊第密邇，益不禁山陽聞笛之感。今敎官君以公從姪莘煥所爲狀，謁銘于不佞，不佞義不可辭，遂力疾饔次而爲之銘。銘曰：

杞溪華閥，世有賢傑。
景安靖憲，相禪名節。
公胚前光，有德有行。
需世之材，容物之量。
胡不公卿，牛刀是試。
惟箕有學，籩豆乃備。
惟尙有陂，禾穮騈騈。
士蔚民蘇，遺韻藹然。
未老歸田，于洌之干。
亭臺風月，爲世聳觀。
左右琴書，載詠載彈。
恤孤篤舊，如性之欲。
箱不餘帛，廩無貯粟。

眞心寬厚，庶幾化俗。

我以久要，熟諳本末。

摛辭鑽石，後人之咀。

敦寧府都正金公墓碣銘【幷序○丙午】

慕齋、思齋兩金先生，世居龍岡，遷于京洛，宗族仍不移鄕，爲關西名閥。有諱佐國，隱居求志，拜中部參奉不就，於兩先生爲從行，而與之齊名。

至十世孫諱樂澧，字績汝，純廟甲戌中生員試，乙亥大闡，卽本道別科而居魁。補典籍移溫陵令，轉禮曹佐郎、戶曹，兵曹正郎，俱兼春秋館記事官。壬午薦拜司憲府掌令，冬陞宗簿正兼編修官。

癸未因璿源譜簒修勞擢通政階，除兵曹參議，賦歸田園，諸僚飮餞于郊，無不惜去。公曰："以余不才，榮達逾分，且一日就養，非三公可換，是可以已乎？"

甲申除敦寧府都正，上章辭，遂不復出，時公年未强仕。金道伯敎根贊歎曰："金某進退得中。"

甲午五月八日卒，去其生丙午，爲四十九歲。一路衿紳，莫不悼慟，下及輿儓，咸曰："賢大夫喪矣。"八月窆于牛耳島艮坐，從先兆也。

公鼻祖諱錫，封義城君，子孫仍貫焉。簪組相襲，至諱啓址兵曹佐郎；諱弼聖成均生員；兩世以儒學名。生員公子曰鼎佐，孫曰涉，曾孫曰彪老參奉，玄孫曰城僉樞，卽公四世也。

僉樞公娶結城張氏學浩女擧公，生稟異質，穎悟殊絶。七歲通《小學》，兼工筆藝，稍長受業于外舅安公正純，安公師三山齋金先生，學有淵源。公傳習有素，未弱冠聲聞藉甚。

逮釋褐，居官盡職，爲寢郞殫誠守護，陵隷久益頌譽。以史官登筵，累蒙恩眷，爲同朝榮。承命傳諭于老洲吳文元公，仍問經義及治道，吳公歎其有學術，每贊頌不已。

公孝悌天植，及受祿俸，先供庭闈，未老歸養，恒致怡悅，與二兄湛翕。教子姪詩、禮，扁其齋曰"三樂"。居喪盡禮，壹遵沙溪禮教，毁瘠幾不全。及病革，猶下氣柔聲，恐傷慈心，是可見終身慕也。

素性寬和，色辭無疾遽，及貴持躬彌恭，待人彌厚，爲宗黨所依歸，吉凶、憂樂，悉仰于公。

或行眞率會，遵涑水故事，御奴僕以恩而不以扑。嘗誨胤子曰："余佩不拭唾之訓以遺汝，汝其念哉!"

愛書籍，手謄義理文字，勉子劬業，俾勿墜家聲。所著詩文，藻思淸遒，藏于家。

配順興安氏，閨範咸備。生二男一女：男勉恒出繼伯父；溫恒；女適金錫袞。勉恒子，寧周、吉周。溫恒子，惠周。金壻子，鶴九。

噫！擧世滔滔，以官爲家，知進而不知退，其不畢生於鍾漏者幾希，而公能停身不惑之年，用自樹立，可但爲一路矜式哉? 信能多享年壽, 擴充志業, 則庶幾趾美慕、思兩公, 不徒恬退一節可以扶植世教也。

勉恒嘗從吾游, 克紹先休, 謁余以牲石之文。辭以癃病, 而申懇不休, 遂力疾而爲之。銘曰:

展如之人, 挺生西服。
孝友忠信, 稱於宗族。
施及鄉鄙, 用惇風俗。
濟之文藝, 克充其識。
黑頭休官, 永謝名場。
追躡少尹, 去歸其鄉。
舍朝夕養, 詎若歐陽。
入廚上堂, 忻忻在傍。
孰謂林下, 不見一人。
天霽雲藏, 以自存身。
我揭石章, 象厥冲眞。
非直昭公, 用警簪紳。

敬陵參奉默齋鄭公墓碣銘【幷序】

若稽我健陵盛際, 士大夫槩以風稜、道義自勵, 學不必爲仕, 仕不必求進, 恬退潛修。彬彬多可觀, 若故寢郎默齋鄭公, 亦其一也。

公諱光毅，字遠卿，貫海州，以高麗侍中諱肅爲始祖。入本朝有諱易，左贊成貞度公，自是簪組蟬聯。至忠毅公諱文孚，豐功偉節，爲國名臣，於公爲六世祖。曾祖諱桓司僕寺正。祖諱相詹進士，上疏請尤、春兩宋先生腏享聖廡。考諱學臣通德郎。妣南陽洪氏，奉事得壽女，貞靜有女士風。

英廟己酉八月二十七日，擧公于漢師，生稟異質，凝重寡戲。甫六歲，通德公病革，涕泣不離側，血指灌口。及喪食素哀毁，儼若成人。家人蒸鷄子給饋曰："此無鱗羽，盍食諸？" 公泣曰："雖無鱗羽，鷄之所生，非肉而何？" 長者咸驚歎。

既長就叔祖畸庵公學，畸庵公學問醇正。公日受鉗鎚，及通羣經，有志爲己之學，講究踐履，夙宵靡懈，不屑爲功令業。

事洪夫人至孝，愉色忠養，先意承順。夫人性嚴，不以慈愛弛敎，有過必責曰："古人云'非有見焉，不與爲友'，可不懼乎？" 公哽咽聽受，益勉淬礪。

夫人患脹危篤，公殫誠合藥，夜帶不脫，積四年如一日。執喪致哀盡禮，遂奉櫬歸晉陽鄕第。

服闋以榮養不洎，無意進取。季父生員公强之曰："立身顯揚，非孝之終乎？" 乃隨生員公入洛，戊子中司馬。

癸巳公之子與公從弟幷登上庠，公曰："是足以畢吾願。" 遂退居藏修，溫繹舊書，一時名碩如黃公景源、金公履翼，相友善。

丁酉薦授敬陵參奉，李公得一以"一命之士，存心愛物"，勸公供職，時有一宰臣銜公直言其失，以微眚遞之。

公畧無幾微色，浩然南歸，謝絶人事，扁所居曰“默齋”，作詩自警。又於東湖築對月樓，庤書千卷，蒔花種竹，日邀親戚朋儕，彈琴賦詩，翛然有出塵想。

癸卯十月二十三日，考終于正寢，享年五十七。葬于州東之琴山栢洞枕甲原，從先兆也。配仁同張氏，進士克紹女，生先公二年，歿後公二十八年，祔于公墓後岡庚坐。

男養善進士，女參判權丕應、洪秉穆、李廷秀。適權任中者，庶女。養善系子，可人。女，大司諫姜泰重。庶女，柳淵行。權丕應系子，中和校理。李廷秀二男，儁愚、正愚。權任中男，思勗。可人男，奎元、基元，女權永祜。內外孫曾摠三十餘人。

公內行淳篤，而本之問學。才可需世，而卷懷无悶。以早孤爲至痛，語及先考，輒嗚咽霑襟，每値夫日，必明燭徹曉，擧哀如袒括。

在家則手畫祭規，在墓則各置祭田。季父長於公三歲，而事之如嚴父，出入必下，坐立唯命，撫育羣從，靡間同氣。節儉存餘，用濟睦婣，施及于鄕黨。

嘗夜分將寢，均俵斗穀於貧族曰：“梏於朝晝，鄙吝易萌，可就夜氣淸明，擴充吾仁端。”其勇於爲善如此。

爲學朴實頭用工夫，俯讀仰思，靜坐體認，常曰：“知而便行，乃可爲聖爲賢，只患行之不力。”又誦許魯齋“常知有己”之語，時自警策。盖其篤信力行，固得於天分，而家學之正有不可誣。

晩年以性理書一帙，授再從弟主靜齋承毅，後主靜公爲世名儒。平生不事著述，隨疑箚記，有《補聰良方》，集詩、文、雜著，爲《默齋遺稿》，藏于家。

公夙抱才諝，雖澤而不川。自其施於家政者而推之，亦可以出爲世用，而霽潦隨時，滅景巇巖，苟非有素定者存，曷能乃爾？

奎元克趾先美。嘗從余遊，托以牲石之文，曠感風藻，未忍以癃病辭，遂爲之。銘曰：

嗟嗟鄭公，世濟厥美。
厥美維何，克闡名理。
爲政一家，由孝悌始。
高揖辭世，邱園賁趾。
不獲滋垢，乃見淸士。
原始要終，南國之紀。
鬱鬱琴岡，過者敬止。
我揭銘章，昭垂千祀。

吏曹參判贈左贊成尹公墓碣銘【幷序】

景廟辛壬，士禍滔天，兇徒以誣案聞于淸人，淸人載其所謂《文獻通攷》，語絶悖。

侍郎尹公抗章請辨曰："辛壬之禍，尙忍言哉？倘非四大臣精忠、大節贊成建儲之大策，三宗血脉，將不知保托之所矣。

當時兇徒必欲甘心於四臣者，其意實在沮戲建儲也。四臣之死，由於建儲之請，英廟之作，由於四臣之死，今以建儲之人爲逆，則畢竟凶誣及於何地？

屠戮肆於外，誣逼行於中，忠賢盡椓，儲位幾傾，鍛鍊羅織，以成誣案。逆鏡主論，賊輝撰奏，必欲播天下而欺後世。

然兇徒之跳踉，實由景廟有疾而不省也。以景廟之聖，若初無疾，則時事豈至於此哉？英廟踐阼之後，義理始明，幽寃伸白，則誣奏辨正之議，亟發於廷，而聖祖以含忍爲德，拒而不許，置而不辨。當日聖慮，若及於彼中之有此書，亦安得不許其辨之也？

兩朝授受之光明，而因此一書之謬，黕昧於天下後世，則腐心鑠骨，豈獨四臣之受誣而已哉？伏乞特馳一介之使，悉陳辛壬事情，請其刊改。"

上亟從公言，使事竣還，告太廟賜侑四大臣。賴公一言，快伸百年之誣筆，於戲懿哉！

公諱命烈，字彦國，號石囿，海平人。初祖曰"君正"，高麗右僕射。入本朝文靖公諱斗壽、文翼公諱昉，繼世爲元輔。文靖公爲中興元勳，封海原府院君。文翼公有二子，判敦寧靖孝公諱履之、海嵩尉文穆公諱新之。文穆公子，吏曹正郎贈直提學諱垣，取靖孝公孫。監察贈吏曹參議諱世休，爲嗣，寔公高祖也。曾祖諱商明，縣監贈吏曹參判。祖諱得一，贈吏曹參議。考諱冕東、號娛軒，童蒙教官贈吏曹參判，抱道隱求，表準士林。妣南陽洪氏，學生致協女也。

贈司僕寺正諱溥、郡守贈吏曹參議諱得重、贈吏曹參判諱紀東，卽公本生三世也。參判公有二配，淸州韓氏，通德郞百增女，廣州李氏，僉中樞靖夏女。李夫人以英宗三十八年壬午四月八日擧公，教官公取而爲嗣。

蚤襲庭訓，詩禮褆躬，己酉魁三日製，命直赴殿試，賜對誦奏句義，相臣蔡濟恭以不嫺製述，持公太急。因進退表未遑就，至請削科，命官李性源亦請拔榜，上難之，重大臣言許之，每語筵臣曰："尹某事，殆近齷齪。"嗟嘆久之。

翌年特命應製，上意實在公，以居憂未赴，又敎曰："尹某之父，讀書端潔之士，其子無文之譏可異也。"

乙卯被選應製，上曰："欲更試而因遭故未果。"特命與直赴人來待，賜坐親試。公承命製進，題試券曰"面試之作刮目"，命復公科，居丙科第十名。擢堂后分隷槐院。

上屢命仍察廳任，異數也。及薦拜注書不就。盖以己酉科事爲嫌，不欲處文職也，上飭命出肅曰："所辭過矣。"

特書司果於肅單，仍除司憲府監察。被瀛選，累除校理、修撰、獻納、持平，皆不拜命。歷兵曹正郞，差迎接都監郞廳，辟爲國子直講、御營從事，兼東學敎授，文臣兼宣傳官。

以親老辭北評事，差纂輯郞廳，修正宗行錄，以訓局從事官，出爲京畿都事，訓將啓請仍任。辛酉除安邊府使，奉板輿，不旋日丁母夫人憂，以罔終榮養，爲沒身慟。制除荐歷三司，至東壁亞長、司成、通禮、宗簿·司僕兩寺正。

乙丑以副應教，差貞純王后國葬都監都廳，敍勞陞通政階，累入銀臺至左承旨。

時倭譯崔珦等，通倭人刻僞章，潛謀竊貨事覺，特差公按覈使。承命至萊海，覈得其情實，誅崔珦等四人。反命歷陳其交通賣國之罪曰："雖已正法，而究厥情節，則倭人源暢明亦有罪，而不使對質，乃反掩護。堂堂千乘之國，不可示弱，故狀辭所陳，正欲詳覈彼此眞贓。諸譯自我用律，彼人俾彼正罪，所以尊國體、杜後弊也。廟啓寢格臣奏，徑施重律，獨使暢明不損一髮，未知其可也。"且請渡海時勿專屬象舌，用絶潛通之路，廷議莫不多之。

歷兵曹參知，尋出牧光州，戊辰辭遞。御史徐有望褒以廉潔愛民，左道御史李勉昇受嗾肆螫。上曰："右道言其治，左道言不治，何所論之不同?"命道臣行查，事竟無實。勘以流逋未徵，收告身。

公遂無當世念，塞兌養靜，以書籍自娛。及叙荐拜兵曹、刑曹參議，陳情不就。累除承旨，公黽勉一謝，亦不欲久於職，違牌坐罷。癸酉除刑曹參議，承命審理寃獄，多平反。

以不安於朝，力求出外，且陳章乞養，甲戌除楊州牧使，未赴改授江陵府使。

邑有鏡浦臺，爲嶺東勝觀而久燬。時値大饑，公依范希文故事，捐廩重葺，資飢民就食。功告訖，以湖山詩酒，成吏隱之趣。

乙亥丁內艱，居廬盡制，服闋三拜承旨，至被騈召而不就。秋爲靈光郡守，承數遞流逋累萬。公威惠幷行，賞罰得宜，不數月積逋充完，歲貢無欠。

公謂“吏逋源於尙侈，欲圖矯革，莫如躬儉以率之”，行數歲，吏民向化。庚辰以大司諫召還，移左承旨、禮曹參議。

辛巳孝懿聖母舟梁六十年稱慶，公以禮房承旨，進資嘉善，拜都摠府副摠管，疏陳辛壬事。除禮曹參判，差特進官，尋除戶曹參判。

充副价如燕，持躬謹嚴，不事游覽，非公事不出玉館一步，一行整肅，莫敢干以非理，彼人亦敬重焉。

壬午除兵曹參判、同知經筵事、提擧承文院，歷同知敦寧府·春秋館·義禁府事。

癸未觀察關東，以宣化革瘼爲務，蠲軍米減結役，罷疊役補蔘錢，重修東海廟，仁風善政，藹然被嶺海之間，民竪石頌之。

秩滿入拜同中樞，復入銀臺。丙戌湖西賊金致奎等，投兇書極誣悖。其黨逮京獄，亦出怨懟語。公疏陳鞫事踈虞，訛言不息，議者韙之。

辛卯以第三胤侍從，推恩嘉義階。公雅言：“吾受國厚恩，所報答者不過筋力奔走，而年躋致政，無以服勞。”自此多在告，拜吏曹·戶曹參判、漢城府左尹皆辭遞。

壬寅四月考終，享年七十一。六月戊寅，葬于長湍金溪之亥坐，從先兆也。

夫人慶州金氏，正郎元柱之女，閫範純備，克配公德。生後公一年，沒先公五月，始窆金溪，遷祔公墓左。以孫男宜善貴，贈公左贊成，夫人從贈貞敬。

有四男，致承判官贈領議政，致膺通政牧使，致羲過房吏曹參判，致英承旨。議政男，宗善教官；宜善南寧尉，尙德溫公主。女李益永、李邁、金在鴻、李寅鳳、李容進。牧使系子，弦善，女李秀岳、李徹宰注書。參判男，定善檢閱、容善生員。

公器量寬厚，濟以聰悟，循理任眞，而不設畦畛，綜事經物，而不屑細瑣。孝悌天植，十歲遭本生外艱，而持禮如成人。事親有深愛，志物之養，靡極不至，風樹永感，而追遠盡誠。居室若承謦咳，處事如不自專。

敦睦宗黨，施及疏屬，貧交窮戚，咸得歡心，是皆孝之推也。教誨諸子，嚴而有法，閨庭之內，肅若朝典。日用常行，裁之以義，尋得一箇是。御僮僕以嚴，而悉焚歲久奴券。

素性澹泊，釋褐四十年，踐歷中外，而家業不長尺寸。節約自守，隨遇而安，終不改蔬筍氣味，勢利紛華，視之恬如也。

純誠體國，以事君不欺爲度，兢兢畏愼，奉公守法。故位顯而跡孤，譽至而毁隨。遇事不嫌出位，而秉執彌確，處世不事矯激，而明哲自保。

迍邅半生，以義處命，晚試藩邑，聲績茂著，而亦不以自多焉。每云："人苦不知足，須留有餘。" 銘座右曰 "恭儉載福之車，審愼安身之本"，以自警，世皆推公以忠厚長德。爲文不務雕飾，渾金、璞玉，自有古意，零稿藏于家。

噫！娛軒先生默而成之，存乎德行，終身隱約，不少槩見，公克紹先休，篤享年位，子孫昌熾，門闌崇顯。歷選世胄，莫之與京，玆豈非爲善之報哉？凡嗇于躬者，取贏于後。

猶人與天，交手而責平，於乎休哉！

公與我先子，契好肫摯，公諸胤方樹牲石，命直弼爲文。感念知愛，未敢以癃朽辭，力疾而爲之銘。銘曰：

孔門四教，忠信爲本。
惟公以之，繇積內進。
孝悌爲政，興一家仁。
知遇聖明，揚廷垂紳。
持斧鋤奸，蜒酋悸慄。
披腹叫閽，邦誣乃雪。
爰及專對，淸愼自律。
英蕩不動，華夷聳瞻。
憂國如家，皓首丹心。
歷典藩州，振民育德。
承弊易變，仁化溥博。
苟究厥施，何用不臧。
衆趨靡靡，斂却名韁。
本之則存，奉敎義方。
宜其食報，德厚流光。
子孫振振，垂裕無疆。
金溪之麓，有侐幽堂。
從以女士，合德齊芳。
夙夜儆戒，死穀偕藏。
我用作銘，昭揭石章。

有來千億，其永勿傷。

天安郡守金公墓碣銘【幷序】

松湖處士金公，有肖子曰"克善" 用趾先美，將闡家聲，而厄於短造，罔充其志業，惜哉!

公字元世，系出新羅，貫于清風。遠祖諱大猷，爲高麗侍中。 入本朝文毅公諱湜、文貞公諱堉， 以道德事功顯。忠翼公諱佑明、貞僖公諱錫衍，以忠藎廉勤顯，不須譜也。

高祖諱道浹，以貞僖公子，出繼季父判官諱錫達後。曾祖諱聖梓，清州牧使，贈吏曹參議。祖諱安默，瑞興縣監，贈吏曹參判，仁厚世家。考諱基弘，篤學修行，隱居求志，娶延安李氏，命祥女，擧公於瑞興官衙。祖考妣未有姓孫，得公而鍾愛。

公清羸善病，性慧悟，醫藥調治，惟長者是聽，遊戲有常度。稍長受書，潛玩究解，爲學業，雅馴無浮華口氣。屢發解不利南省，而亦不肯出入泮庠，博聲譽務進取，知公者惜其蹇屯。

乙酉筮仕爲繕工監監役，以提擧親嫌，換健元陵參奉。以是年爲太祖還都漢陽之舊甲， 上親祭本陵， 特命陞六品付司果。

丁亥除典設司別提，戊子陞南部令，己丑出監鎭安縣，癸巳陞守天安郡。憲宗乙未五月二十一日，卒于官，距其生癸卯爲五十三歲。閏六月，葬于楊州金村，丙申三月初吉，遷于驪州近南面朝村子坐。

配德水李氏，考魯點，畏齋文忠公端夏其先祖也。祔公墓左，別有誌。有子，益章、益亮。益章，殀。有二女，長適進士洪大鍾，次女及益亮子幷幼。

公沉靜寡慾，精神內蘊，性於孝，事親以養志爲先。慈癠當寒輒劇，公夜不解帶，躬親扶將，糜粥藥餌，皆手自調進，未或替人。疾革斫指進血，前後喪，執禮甚嚴，毁瘠幾不全。制除晨謁家廟，晚典郡邑，每以不洎爲悲。

時節祀享，亦遵先戒，不得豐腆，以故自奉菲薄，非直以素性儉約也。事伯、仲父，有至誠深愛，施及於同堂昆季，情摯義篤，無間同氣。仲父下世，三孤俱幼，處士公躬親敎養，未朞又捐背。公克軆先志，眷顧懃念，靡極不至。

制節其家產，籍記其贏縮，及其長而有室，擧而畀之。推至宗黨姻親，恩意周洽。分殘廩濟急，而常患不贍焉。

居官盡職，聽訟立判曲直，吏無所容奸。鎭安邑隣巡營，俗尤儇薄喜訛，公臨之以誠信。値歲大侵，捐廩賑濟，民無捐瘠。

民有失火，一村延燒，躬往慰撫，出餼廩苫盖，又勸隣里鳩財借力，俾皆不日安堵，秋糧當納者，許退來歲，民大悅。

或倖其軫恤，而幷丐免其身庸者，公諭曰："情固慽矣，此難容自官操縱。且爾所得已多，不知足而復有望乎？吾又以穀物捐助，隨力辦納，俾無愆期，爾所不者，罰不貸。"民皆感泣，及期輸納，其所孚格者如此。

吏隷有過失，痛繩不少饒，而亦察其自新，久必甄收，俾不失業。

天安介於畿、湖，公私行旅皆道焉，而供億中規。貢稅米、豆之出於田結者，官代戶首收錢販納，卽所謂“官結”也。前任加斂於民，公亟蠲其數，而償之以廩餘，承弊革謬，邑以再造。

秋大饑，豫辦穀物，及時賙賑，民忘其灾。有重囚謫戍者，過邑而逸，法當對吏，罪抵鐫任，吏隷竭力跟捕，事得已，可驗其愛戴猶恐或失也。

爲政恬約，不沽衒不矜持，不以苛察爲明，嚴猛立威，而吏、民感服誦慕。爲上官者始疑其寬縱廢事，察其所爲，罔不推心相待，惟其言是從，是皆誠壹之所致也。

公身不踰中人，言若不出口，而有操執，確乎難移。辨明陰陽、淑慝，而亦不立論以自標致。居恒整衣冠，闢門却掃，兀然手一卷也。動止咸有常度，於得喪、寵辱，不惟不動心，亦未嘗掛齒。

不喜與人徵逐，生長京華，而足跡罕出里閈。以故識公名面者鮮，是蓋擩染於庭訓，而卽其素性然也。

不佞與公有通家之誼，夙服公爲當世之修士，公外兄襟溪李公每艶稱公內美。及弔公于湖廬，見其孺泣嬰哭，有不勝感悅。

益亮齎其從叔父判書公所撰狀文，謁隧銘苦切。讀其狀，以天倫至情，象平生志節，境眞語到，有足以不朽。復何須於不佞哉？

益亮曰："墓不可以無誌，願有述焉。"有不忍牢讓，遂力疾而爲銘。銘曰：

有美一士，懷瑾握瑜。
韞櫝自珍，非求善沽。
晩成祿隱，不激不渝。
薄試牛刀，百里交孚。
如驥能展，如雨能施。
粗跡循良，龔黃可追。
苟充志業，何用不宜。
脩程短筭，時命俱隨。
疇秉化權，俾止於斯。
不羸于躬，貽厥後昆。
碩果不食，徵在子孫。
黃驪之麓，松栢丸丸。
兆基井椁，孔固且安。
淵邱雖易，幽宅永完。
我綴銘辭，昭揭玄關。

芝山趙公墓碣銘【幷序】

金文敬先生講道渼湖之上，蘿山趙公，與其弟諱有憲首先服事，與聞性道之要，世稱渼門雙璧，於乎休哉！

公字季式，學者稱芝山先生。鼻祖百濟功臣稷山伯諱成。麗季有兵部郎中諱元慶。高祖諱必亨生員、曾祖諱翼周，兩世皆有經行。祖諱昌愈僉樞、考諱聖躋，俱稱長德。妣慶州全氏，其考尙斗也。以元陵丙辰十一月二十一日，擧公于西京之蘿山第。

生稟聰慧，稍長刻意劬書，默契言外之旨，被先進奇獎。十四上書文菴李公宜哲，問事親之方，未弱冠盡通經史。

遂慨然有求道之志，甲戌東脩于渼上。義・理、常・變，靡不講質，究極歸趣，不肯苟爲唯諾。先生期許綦重，嘗曰："趙某之篤實，可愛。"

公從遊日久，所得不貲。退與蘿山公聯棣和篪，磨礱上下，及讀朱子書至"親年日高，生事益寥落"之語，因嗚咽太息，戊子就西郊，躬執農務，竭力於甘脆。先生聞之，手書誡辭于扇，詩以申之曰"田間揮鋤時，幸勿忘此言"，公常目服膺。

依重峯先生壟頭念書事，每東作就田壟，橫木爲架，置性理書，整衣冠端坐誦讀，十年如一日。

丁酉慈癠革，進指血。是冬荐罹外艱，哀毀逾禮。仍廬墓側，晝夜號擗，餘力讀禮。兆域有後逕，每晨往以待行人，據理哀懇，皆相戒勿復行。

憂吉未忍遽歸，修葺墳庵，扁曰"芝山草屋"，又申三載，授徒於其中，至今行路指點講學之所，名其洞曰"趙草堂"。

丙辰守臣薦公行義於朝，辛酉除顯陵參奉不就。仁陵乙亥八月七日，考終于正寢，享年八十，門人加麻者累十人。

公以溫粹、英秀之資，發軔正路，及其得師眞儒，悉聞緖餘，則遂以居敬、窮理、力行三者，爲爲學章程。

最用功於《小學》、《近思錄》，斂華就實，循序上進。嘗曰“爲人而不至聖人，是謂忝生，爲學而不志兼善，是非眞學”，又曰：“不知不可行，知而不行，又非眞知。”

眞積力久，心口相應，足目俱臻，隱顯表裏，粹然一出於正，無不可對人言者。事親日必冠帶，定省以禮，生事葬祭，情文罔缺。

及喪師服朞年之制，喪餘必往參，雖潦水漲溢不廢也。事蘿山公如父，愛敬備至，切磋相成，爲兄弟間知己。

學徒坌集，講授不倦，閒居瞑目端坐，以驗未發時氣像，時或游泳泉石，暢叙精神。尤惓惓於節義，爲圃隱先生錄事，竪殉義碑于成仁碑傍，崇節祠三忠錄，蒐輯成編，付諸剞劂，皆公所倡也。

始公負笭渼上，同門諸賢，莫不以遠大期之，及其學造高明，靡不折節下了。中洲李公直輔稱“其純粹篤志，卓然自拔”，府使金公履中稱“其發前未發，樂育英才”。

人有遊朴淵者，歸見松園金公履度，金公問曰：“君見趙某耶?”曰：“未也。”曰：“然則不足爲壯遊也。”

柯汀趙公鎭寬留守西京，依尹月汀邀徐花潭故事，會諸章甫，邀公而禮之，設句題，題曰“拜梅花”。盖文敬先生素愛梅。一日公往渼上，先生出而有盆梅盛開。公以先生所愛遂拜之，時人傳爲美談，故乃爾也。

國舅永安金公祖淳悶其貧窶，畫庄以資，公不肯受，金公以書解之曰:“生雖鹵下，慕義樂善，不讓於古，雖不欲受人一芥，邵堯夫之安於潞公所待者，顧亦不可效耶?”

公病末學溺於文辭，嘗曰:“後世載籍甚繁，書愈多而理愈晦。”故不事著述，有應旨疏策文集僅若干卷。其疏以人主之正心，爲弭灾之本，而墾陳田察民隱，爲時務之要，其策以明教化正風俗，爲之本，可見其識務之學也。惜其隱淪巖巖，罔克展布於世也，然林居講學，潛導諸生，用壽斯道之一脉，其功亦偉，則利澤之及於一時者，未知其孰爲多少也。

己卯府儒陳章請褒，特贈戶曹參議，己酉躋享蘿山祠，於乎！爲善者可無怠矣。

配密陽朴氏，昌宗女，生先公四年，歿先公二十年。墓同壙，在芝山先兆左麓枕酉之原。男，胄溫，有至行。孫男，德休、志休、謙休，德休取再從弟教官第四子熙祿爲后。

不佞猥述蘿山公隧銘，而尸居視蔭，筆與心朽，不足以闡揚德懿。然公之爲學，專用心於內，故銖累寸積，德盛行尊，無媿爲渼門之高弟也。蘿山公孫鼎休以不佞慕悅公有素，謁麗牲之文，已積歲年，義不可以終辭，遂力疾而爲之。銘曰:

崧高松嶽，鍾毓精神。
維河南氏，世篤儒珍。
芝翁朅朅，絶類離羣。
宮商齊唱，以篪以塤。
考槃在渼，有大宗師。

坐春立雪，江漢羹墻。
叩鍾皷篋，庶幾升堂。
忠信孝悌，研理居敬。
好我黨類，以聽帝命。
常棣有華，曷不韡韡。
是曰雙璧，難兄及弟。
以贈以祠，孔嘉俎豆。
匪公之以，惟以勸後。
鬱鬱芝岡，伷伷玄隧。
載詞石章，用詔千祺。

學生鄭公墓碣銘【幷序】

興德縣西十里龍頭村，有枕癸之原，卽延日鄭公諱壽國之墓也。公孫瑩達齎遺事，謁余爲銘。

余曰："公行義自不朽，何資于腐筆？且人之爲善，卽天理當然，何必發潛德幽光，反損其無所爲而爲者哉？"瑩達曰："唯唯否否。實寓於文，無文何以記實？願有述焉。"感其悃誠而叙之。

公字士安，鄭氏以諫議大夫諱宗殷爲初祖。閱羅、麗入本朝，名德輩出。至恭簡公諱洪、貞肅公諱淵，父子繼顯。屢傳至贈左承旨諱汝溫、贈參判諱濰、僉樞諱始顯，寔公高曾祖三世也。考諱寬賓，妣江陵金氏，稜其考也。

自幼戲嬉，爲識者所許，及長容莊氣厚，施措出人意表。性於孝，蚤孤居瘠，常恨不克終養，養偏母以甘毳，有餘輒分病兄，用安親心。常作嬰兒戲，怡愉順志，然當其所當諫，亦不苟順。生朝俗節置酒獻壽，和氣融泄。

及遭艱，不與兄弟分力，擔夯庀喪，情文俱備，哀毁幾不全，孺慕終身。廟事壹遵《朱文公家禮》，推誠追遠，樹碣于先塋，又置祭田、祭器，幷施於外祖、外舅。

家勢淸貧，五兄一弟，俱無以自活。伯氏罹貞疾，不省家務，一切幹蠱，皆依公爲重，公力治産業，與兄弟共之，撫養諸姪，昏嫁擇對，無間己出，而均其分田，許其近者曰：“躬耕者不宜遠。”訓子姪以義方，所居商賈輻湊，以紛華稱，俾不交接。

設家塾施教，有村秀子弟貧不能爲力者，俾與子姪同業，周衣食助科需，俾底成立。每値窮乏，出穀以賙鄕黨，及甲寅、己巳、甲戌三歲告歉，餓殍載路，而惟公所居四里，賴公之日粥月賑，用奠厥居。有揭榜通衢者曰“邑號興德，人有興德”云。

邑濱海，貢獻悉責浦民，民經大侵，勢莫支吾。公爲創保民禊，民以無斂，久益方便。鄕校明倫堂弊墊，力詘擧贏，羣疑衆難，公歎曰“孔夫子爲萬世開太平，不於此用力，亦復何爲？”遂幹當修繕，不少勞力，凡百施爲皆類此。

純廟辛巳九月二十二日卒，距其生甲戌，爲六十八。遠近、親疎，莫不嗟悼。及葬地逼於村，村父老願以償宿恩，赴役如親戚，數郡畢至送喪曰：“仁人之恩，其利惟博。”

配高靈辛氏，考景澮，歸來亭末舟其先祖也。以和爲度，事姑孝，承夫敬，親黨、婢僕皆得其歡。哭長子理遣，仲子願攝養，則義不可，終老於長孫家。誡諸孫曰："家道升進由敦厚，產業持守在勤儉，用此爲謨，毋忝爾先君。"歲製亦禁止奢泰，咸頌克配公德云。後公廿五年乙巳歿，壽八十七。墓在本縣二東轎巖乙坐。

三男二女：男翼良有文行而殀；棟良；憲良，爲伯父後。女適李匡善、金聖鉉。翼良子，允達，女，申澈求、蘇輝民、李基煥。棟良子，馨達，女，李鳳燮、金贊休。憲良子，彥達，亦有學行早殀，其妻李氏下從；次，瑩達，女適奇弘衍、金堯莢、黃在學。海瑢、海碩、朴源衡妻，允達出。李匡善子，壃、堉、埰、奎，女，黃仁源、柳仁興。金聖鉉子，錫觀，曾玄不盡記。

孝、友、睦、婣、任、恤，是謂六行，得於心之理，而見於日用常行，公於六行，庶幾無愧，急人之難，甚於己私，以己之初年貧窶，設以體人之情也。鄉人士擧公行治于營邑，公力挽而止，是見公之不疚內省也。子孫蕃昌，充衍堂宇，天道報善，其在斯歟！銘曰：

生使人懷，歿使人思。
何以致此，篤行好施。
功見言信，無所爲爲。
玄源孰啓，視厥祖曾。
遺澤孰承，後昆是徵。

赫赫其先，詵詵其傳。
凡厥爲善，眡此幽阡。

孝子尹君墓碣銘【幷序】

安州南四十五里登龍山下枕坤之原，　卽孝子尹君之藏也。其仲子穉維，以其狀屬余爲銘。穉維從余遊者有年，非以私而溢美其親者也。夫樂道人之善，以告來者，固君子之心，而況穉維之言可信，余又何辭。

君諱文瑋，字士弘，初諱文約。坡平人，高麗開國功臣諱莘達爲初祖，至文肅公諱瓘。入本朝有諱巖，佐翊功臣封坡平君，尙淑慶翁主。又累傳至諱鳳儀、諱泰、諱德諧、諱聖著，寔君高、曾、祖、禰也。妣崔氏無育，繼妣慶州金氏，重夏女，擧君。

天資淸明樂愷，不好遊戲。性於孝，未弱冠遭艱，哀毁幾不全，每哭諱哀慕如袒括。

養母以志，四壁徒立，而便身之物，罔不畢給，或慮甘旨匱乏，越重江入城市，典衣貿致。出入必告，還期及日歸覲。每雞鳴而起，入省起居，及明供親滋味，未或少闕，一鄕咸稱尹孝子焉。

少好學，不讀非聖之書，書揭格言、至論，終身服膺，與族兄之範，契好篤厚，每約日會講，揚扢經義，以“沈潛默會”許君。

君常誡子姪以求仁、爲己之道，被服儉素，爲一家法。雅性狷潔，一毫不苟取。嘗騎馬而出，馬逸齧民穀，歸而計給其田主，田主所不知也。

辛未土賊猖獗，奉親避亂于博川德安村，土豪金達成乘古城僉使上京，自立爲鎭將，殺牛犒軍。君居隔鎭一嶺，賊致牛肉爲餌，誘脅君不已，君嚴斥。及達成伏誅，安州牧使趙公鍾永贊君以義士，賜肉十斤。

純廟辛巳八月二十二日歿，距其生辛丑爲四十一。配平山申氏，永哲女。擧三男一女，男稜維早歿，次穉維，次瑞維，女適崔鎭泓。申氏各葬于州南五里權擘山巽坐原，別有碣。

噫！君生稟至行，愛重髮膚，凜乎淵冰，以至沒身者，非有得於天植之厚，何能與此？且當冠亂斥逆竪，所樹立卓爾，如君者豈不誠一鄕之善士哉？厄於短造，罔充其志業，惜哉！穉維樂善、好學，其進未可量，不食之報，其在斯歟！銘曰：

薩水之上，有尹孝子。
居百行源，爲一方紀。
惇孝攸推，自具衆美。
洞辨逆順，賊竪心死。
本之則存，劬書研理。
苟假年壽，靡遠不致。
我銘斯懿，昭揭百禩。

墓表

工曹判書金公墓表【己亥】

純廟三十年庚寅十一月某甲，淸風金宅善，合葬其皇考工曹判書諱基厚，皇妣貞夫人恩津宋氏于楊州文谷里先兆坐壬之原，屬直弼記其世，著其德行資歷，以識其葬。

其世曰：文毅公諱湜，以道學顯。文貞公諱堉，以事功顯。忠翼公諱佑明、貞信公諱錫衍、孝靖公諱聖應、判敦寧諱持默，以忠藎顯。公，判敦公之冡嗣也。

其德行曰：公有至行，生事死葬，孝敬備至，薦誠蘋藻，終身采篤，調護病弟，分田宅立螟嗣，克成家道。

教子女以義方，視遇宗姪，有踰己子，躬庀終事，靡有遺憾。語及輒掩涕，撫育其孤，俾底成立。治家如治朝，人不敢干以非義。

戚聯王室，奕世隆赫，常懷淵冰，杜門守身。斷意徵逐，口未嘗出雌黃，出入禁闥六十年，對家人不及宮禁事。正廟知公謹愼，故眷遇甚重。

及先公管內營，時營制新刱，戎務繁氄。正廟下札勉公以爲老人替勞，又曰："不直爲老人省力，有如習禮。來頭箕裘之業，有若挈領。"公所被戎垣除命，卽正廟遺意也。

公以三世將兵，居恒悚惕，且以濯龍之戒爲辭。雅言“平世將臣，靡所猷爲，惟典守爲急務”，秋毫不妄費，所莅兩營，庾廏充牣，一心盡職，不以威利怵疚。

與州郡爲政，終始一揆，爲報國、承家之義諦焉。丁亥被徐萬修讒誣，公名登白簡，屛跡荒郊，含冤忍痛，如不欲生。

嘗誦孝懿聖母訓辭曰：“貞純聖后本親之禍，兆於垂簾，垂簾當爲至戒。”仍擧明聖聖后每飭外親不得赴擧，公早廢公車，卽有所受。而晩暮遭罹罔測，尤以貽累慈德爲至恨，自謂“無面目歸拜聖母”。

及乙未五月，明敬大妃遵純廟遺旨，特命停啓，恩言渙宣，昭晣無餘，公抱冤泉塗者，於是焉克伸矣。

公字士重，英宗二十三年丁卯十一月十九日生。中甲午生員，拜寧陵參奉、翊衛司洗馬、禮賓·平市主簿、戶曹·工曹佐郎、正郎、義禁府都事、司僕寺判官、中部令、廣興倉守、繕工監副正、惠局郎。

丁卯特除同副承旨，序陞至左副，間爲工曹參議。辛未又特除摠戎使，間拜戶·工·刑三曹參判、副摠管、漢城左右尹、同敦寧。己卯除禁衛大將，辛巳孝懿王后昇遐，以銘旌書寫官進嘉義。

壬午復除摠戎使，以孝禧殿享官勞進資憲，除工曹判書、知敦寧、都摠管、漢城判尹。丙戌以準八耋進階正憲。亦嘗典咸悅、載寧、瑞興、谷山、黃州、光州、平壤、豐川、驪州九邑，此爲內外踐歷也。

妣贈貞敬夫人韓山李氏，縣令奎煥其考也。配宋氏，肅欽之女，同春文正公五世孫也，擧一女。繼子宅善前牧使，女適府使沈應奎。牧使繼子益相。府使繼子正植，女，縣監金在晉。

公晩築安巖別業，每興至獨往，課桑麻藝花竹，澹然忘反。逮夫遯荒其中，塞兌息影五年而卒，卽庚寅九月八日也。

公儀容魁偉，氣度莊嚴，忠孝由性，不待修飭。且愛慕儒士，拜渼湖、櫟泉諸賢，亦嘗待直弼綦重。候公于林居，問大耋視蔭，而猶竟日危坐，非所以自安也。

公曰“少學於李處士龜祥，處士櫟泉高弟也。吾立心行己，得於此公者爲多”云。公平生謹畏，兢兢如奉盈、執玉者，豈無所以而然哉?

公家再結天姻，世篤忠貞，至公而慘罹橫逆，讐言罔極，竟致天日回光，幽明無憾，永有辭于後世。是可驗天定孔固。援筆而書之，用告于九京，且以慰胤子之孝思焉。

判敦寧朴公墓表【壬子】

判敦寧，贈領議政錦石朴忠獻公諱準源，以貞德、邃學，有大勳勞於王室。長子，諱宗輔戶曹判書忠翼公。次子，諱宗慶吏曹判書文肅公。以忠翼公子爲文肅公嗣者，判敦寧諱岐壽是也。

公字鳳來，潘南人，奕世隆顯，不須譜也。忠翼公配大邱徐氏，郡守廣修女，文肅公配德水李氏，郡守述模女。公以正廟壬子八月十六日生，幼有異質，凝重寬厚，屹如巨人，忠獻公以宰輔器目之。

庚午中司馬兩場，甲戌李夫人寢疾，公不解衣，夜必禱天，百餘日不懈。及丁憂水漿不入口，哀動傍人，朝晡之暇，潛心研禮。於伯祖近齋先生，有羹墻之慕，取其遺稿，編成《禮說》，爲有家日用之常禮。

丙子服闋，魁相製，直赴殿試，屢擷堂后。丁丑遭文肅公喪，制除由侍講院說書，陞司諫院正言、司憲府持平·掌令，特除弘文館副校理，進應教。拜同副承旨，輔德，禮·刑·吏曹參議、成均館大司成，陞嘉善刑·吏曹參判、同知經筵義禁春秋，陞資憲工·禮·兵·吏曹判書、知經筵、都摠管、判義禁、左參贊，屢陞至輔國階判，敦寧府事，兼漢城府判尹。於外則成川府使、慶尙·咸鏡·京畿道觀察使、廣州留守，此其踐歷也。

公恪勤奉公，忠愛根天。翼宗代理初載，差進饌都監堂上，參酌時宜，情文得中，有稍涉豐豫，從容稟裁，多蒙睿奬。

庚寅鶴馭賓天，公以受知特深，至恫在心，如不欲生。秋殯宮告灾，鬱攸勢熾，上下軍民，環視頓足，公奮然直入曰“臣子當今日之變，尙可爲身計耶?”涕泣奔走，不恤自焚，竟撤幄攀舁而出，衛士咸稱“眞赴湯火，於公親見”云。

其判兩銓，振拔淹滯，物議允協。爲政子諒廉幹，要以宣上恩、察民隱爲務。在成川斷斷吏事，勸課農桑，戢束奸猾，威惠并行。

嶺藩時取道內年久獄案，躬自審理，多傳生議，俸祿不少利己，惟祛弊蘇瘼是事。別具錢穀，庤爲不虞備，以千萬計，列邑立石頌之。

及按畿甸，連歲大侵，營儲枵然，凜乎若不能朝夕，公講究荒政，請移兩西小米幾千石，航海轉運，量分諸邑，俾得以賑濟之。都下流丐載路，公又設幕於天然亭邊，日三饋粥，恒數百口。

營有巡羅兩庫支放米，以本色責納，爲畿民痼弊。公特許貸錢，以惠廳受來儲置米換給。且有殖債於外邑者，年久逋積，徒存虛帳，責償不已，怨讟胥興。公并燒券蠲蕩。

逮按北臬，前伯歿于任所，債負近萬數，公捐廩充報無難色。是歲南關大饑，民皆濱死，公屢請籌司，移北關穀數萬石，排分救急，於是關以南無捐瘠仳儺之患，較諸富弼青州活民而無損焉。

式年設監試試士，北土僻遠，習俗頑悍，冠章甫者每與營屬滾成一團，鑽刺私逕，靡所不有。公嚴束明察，上下肅然，試事公明，不中者自以爲無冤，其不矯不隨，悉心辦職類如此。

丙午冬拜判金吾，以議讞諫臣金鏴配所從輕罷職，退處楊州村舍，因念"鍾鳴、漏盡，夜行不休"，古人誡也，欲歸敦巖舊墅，逍遙山水，以終餘景。

未幾蒙恩敘，丁未除兵判，上審公忠勤，可屬大事，眷注逾隆。公惶感不敢言私，竭力趨膺，未數月而疾作，竟以是年九月，考終于正寢，享年五十六。葬于忠州雲橋里坐子原。

配貞敬夫人林川趙氏，生員學彬其考也。子齊元早歿無嗣，取堂兄齊憲子頤陽爲後。女長適進士徐相弼，次適洪淳膺。

公天賦寬洪，孝悌成性。事繼妣申夫人以誠，居憂盡禮，以早孤未及終養，爲沒身慟，愼終追遠，靡極不至。

逮忠翼、文肅兩公言行，并蒙節惠之典，公感泣曰："不肖猥藉先庥，致位崇顯，常恐不克闡揚先美，今焉志願已畢，死且無憾。"甫兩歲而長逝，其言讖也。

常願祔葬，求同局兩穴，爲遷文肅公宅兆，仍爲身後計。術人皆云"難便"，公曰："穴只要安穩，葬當用聚骨，禍福不足言。"及占山亟治緬具，而未及就，將成公遺志云。

事伯氏如事父，伯氏遘疾涉疑。公時按畿輔，賑務方張，而曉入暮出，守側扶護，伯氏勸公避休，而終始不渝。

有妹適東峽，公挈全眷處比閈，與共飢飽。妹夙抱貞疾，公躬煎蔘朮，有燃鬚之愛。季父參判公癃病無子，性又卞急，公將順其志，立其後嗣，豫備歲制，并及於從叔母。

六代祖祧位將遷于海鄕，公憫長房家貧，捐俸立別廟以祭，愛從子齊寅，無間己出，接屋而居，教以義方，周其衣食。

敦睦宗族，佽助昏喪，有疎族死殯嶺外，而不克返葬，公爲辦數百金，移緬故土，是皆孝之推也。戒飭子姪，謹飭守拙，勿妄求榮利，爲姻戚故舊汲引甄拔者甚多。

御奴傔恩威互濟，有舊傔貧不聊生者，公畀以文肅公廩餘米千包，有過於范純仁麥舟。時公年甫弱冠，而其施予博厚如此。

律己端肅，終日無散容，好禮答問常、變，靡不中窾，不信巫卜、讖緯。及番舶出沒，騷訛胥動，有勸公置峽庄，公曰"吾家與國同休戚，設有事變，曷可苟免？若或先倡，焉用宰相爲哉?"言者媿服。

公妙齡蜚英，出而旬宣，入而參贊，用副朝廷心膂之寄，以承家世忠孝之傳，委委休休，爲時名臣，嗚呼懿哉！孟子曰"所謂故國者，非謂有喬木之謂也，有世臣之謂也"，觀於公三世勤勞，公而忘私，益信國家之不可無世臣乃爾也。

不佞與公有累世之好，夙諳公家學之純、內行之備，盖有人所未易及者，而淹病窮湖，聲塵敻絶。今讀其家傳，立朝行治，又井井有可觀，信乎有本者如是夫。

噫！斯可以垂之金石而不泐也。頤陽冲藐，克述先誼，謁麗牲之文，厥誠眞篤，未忍以耄癃辭，遂力疾而書之。俾鐫諸石陰云爾，

墓誌銘

孤隱李公墓誌銘【幷序○癸未】

國朝莊、光之世，盖多節義之士，死者湛宗而不悔，生者遯世而無悶，雖所値之地不同，而其所以成仁一也。

當時事爲國大諱，士之特立獨行，自靖其身者，擧自晦其迹，久而後名始彰，世所謂“生六臣”者是已。又有孤隱李公智活，幷世而作，畢義靖獻，與生六臣同歸而跡愈晦，人鮮有稱焉，君子悲之。

公字忘紀，以永樂甲寅生，生稟絶異，不須師教，已自志學。丁酉中司馬，英聲藉甚，薦授雲峯縣監務，旣而聞端廟遜位，卽日解印綬去，時公年二十二。遂隱于居昌之朴儒山，朴儒者新羅人，羅亡而滅景玆山，故名焉。

公爲文而祭之曰：“娥林之東，有山縹緲，故老傳說‘主人高標，殷之西山，晉之柴桑。’邈矣高風，留彼崇岡，丹崖、翠壁，彷彿遺塵。噫！微斯人，吾誰與隣?”卽公自道也。

仍倚山而亭，榜以望月，月與越叶音，用寓望美之思也。昕夕登亭，北向瞻拜，壹鬱不平之鳴，發諸歌詩，聲調哀絶，有《楚·騷》遺韻。

逮端廟昇遐于越，公益忽忽忘生，每携酒山頂，竟日痛哭。如是者終身，仍卒于亭，而葬于山，背癸而面丁者其兆也。後三百餘年，京外章甫聞其事于朝，當宁壬申旌其閭曰“忠臣之門”，丁丑又贈吏曹參議，是爲公始卒顯晦之大畧也。

公星州人，鼻祖諱純由，當新羅屋社，義不事二姓，廢徙京山而貫焉。五世祖諱長庚，仕高麗封隴西郡公。生諱萬年，中軍祗候，贈都僉議政丞星山府院君；生諱台鼎星山君；生諱得芳，入本朝禮曹判書；生諱棐吏曹判書大提學，卽公四世也。妣曰金氏，其考判書忠秀也。

公娶柳氏，府院君元儉之女，祔葬公墓。擧四男二女，文賢縣監，文粹郡守，文美、文通，皆正郎。縣監劉潭、李從魯，其二婿也。孫男十三人，之培、之蕃郡守、之茂進士，長房出。命山生員、命壽、命崇、命崙，次房出。養根翰林、培根主簿、繼根贈參判、植根生員，三房出。孟健、孟强、孟張，四房出。曾玄以下幷不載。

嗚呼！當乙亥、丁丑之役，荷知遇受顧托者，擧多賣國媒榮，販君賭利，自視以爲得計，而如公者妙齡英才，宜無往不遇，且官不過一縣吏耳，眞所謂不識何狀，而遂乃不終日而作，竄身於窮山巉巖，木石鹿豕之羣，以沒其世，而泯然無跡。其所以矢死盡分者，惟可徵於零金、片羽之中。恩楔、榮貤，竟在於百歲論定之後，天之報施，於是焉可見矣。

嗚呼！其委命遵晦於桑海貿遷之際，不中道而改度，不毁志以徇時，其所自致者，比諸慷慨殉國，又加難矣。以故余嘗服公義至高，以擬諸六臣之烈。

公之雲孫光烈，千里入京師，請誌公墓，夫發揮幽潛，鑽辭陵谷，所以圖不朽，吾豈敢焉？且若公之爲，要盡君臣之倫，以全其心之德而已，應不以不見知而爲悔，何有於死後之名哉？

栗谷先生嘗評梅月 金公曰：“使後世不復知有金時習，抑何悶焉？”推此義也，復何悲磨滅而不記乎？光烈申懇不休，竊感其苦心，謹爲之銘。銘曰：

允矣六臣，大東伯夷。
一生一死，義與時宜。
聞風而興，亦百世師。
以是銘公，庶無愧辭。
勖哉後人，其無射思。

副正贈兵曹參判諸公墓誌銘【幷序○壬辰】

萬曆龍蛇之役，副正諸公弘祿，從其叔父忠壯公沬，倡義剋賊。又後先殉國，亂定錄宣武勳，逮正宗壬子，褒奬忠壯公，併贈公兵曹參判。仍敎曰：“金德齡兄弟生長之村，旣命以牲繫代烏頭，獨於諸沬與其姪宣武功臣弘祿，其可不一視乎？就其成仁之地，特書曰‘贈兵曹判書忠壯公諸沬，宣武功臣贈兵曹參判諸弘祿，叔姪雙忠之址。’”命詞臣記實。鐫雙碑竪星州賓館之前，及晉州矗石樓傍。

始公將擧義，佩譜牒帒中，誓一死報國，謂從弟弘禎曰："忠孝不可雙全，君護吾母大芚山中，吾當專心討賊。"

於是忠壯公屢破倭酋于熊川、金海、鼎巖，又大捷于茂溪，復高靈、星州諸邑，軍聲大振，而公每戰必賈勇先登。以寡敵衆，故尤爲賊所畏。

及忠壯公戰歿，公號絶不欲獨生，返葬而謀再擧。統制使李公舜臣稔聞公智勇，貽書願見，及至李公大喜，仍處幕中，參贊籌策。

丁酉倭奴再逞，元均代李公，於是公赴晉陽，協力守城。一日覲母大芚而歸，到晉州城下猝遇賊。搏戰殪渠魁，復單身衝突，殺傷過當，竟中流丸而歿，丁酉六月二十二日也。弘禎求公屍于戰地，時方溽暑，積屍腐爛，而獨公顔貌如生。斂葬于固城尺谷之子坐，是爲公始終大略也。

公字景行，漆原人。以高麗平章龜山君文儒爲鼻祖，其先出自諸葛忠武侯云。奉事諱哲孫、僉中樞諱祖謙、贈參判諱灝，卽公三世也。

參判公娶晉陽鄭氏，參奉千齡女，以嘉靖戊午擧公，天性剛介，內行甚備。早孤事母惟勤，頃暫不離側。辛巳擢武科，以親老亦不求進取，鄕黨咸稱孝子。

配朔寧崔氏，无育，取弘禎男軍資監正汝亮爲嗣。汝亮生命圭；命瑞。命圭生夏森。命瑞生夏輔、夏英、夏一。其餘不盡錄。

嗚呼，君臣大義，性於天植，其所以致命遂志者，非有所爲而爲。然世之偸生苟活，忘君負國者，踵相接也，惟公不識君面，又無官守，而徒以忠義相感激，見危授命，如赴樂地，公可謂不負皇降之衷矣。且若叔若姪，相繼立慬，用扶人紀，致聖朝曠感，爲萬世臣子勸，嗚呼偉哉！

忠壯公後孫安國，謁公墓銘，愈辭而愈懇，若是者詎但爲不朽公哉？銘曰：

白刃可蹈，金革不厭。
雖强者事，人孰能敢。
嗟嗟諸公，倡義南服。
意氣相感，是姪是叔。
敵愾除兇，素所蓄積。
奮挺討賊，蔑有不克。
以一當千，衆寡不敵。
熊魚取舍，惟我所欲。
千秋晉陽，事雲水白。
生爲勇士，死作鬼雄。
江流不絶，矗石磨穹。
烈烈其氣，蟠結爲虹。
幷時殉國，一門雙忠。
聖朝褒嘉，酬死綏功。
發潛闡幽，桓楹載崇。
我述斯事，納銘斧封。
聊以勸忠，永詔無窮。

滄村處士金公墓誌銘【幷序○癸巳】

金生洛龜，以閔侍郎昌𣟰所爲狀，來謁其曾祖滄村公玄隧之銘。余於公，雖無一日之雅，洛龜旣從余遊，又不遂其願而死。余固慚賢而文者，不忍負洛龜，謹掇而敍之。

公諱仁垕，字子厚，滄村其號也，系出彦陽。高麗侍中威烈公諱就礪，其鼻祖也。入我朝有左贊成諱瓘，錄敵愾勳封彦陽君謚恭襄公。曾祖進士諱承績與其弟參奉諱承緖，以孝祭于鄕。祖諱應三。考諱洽，娶公州李氏某之女，擧公于金溝之巨野。

性醇而容肅，髫齡已見端序。九歲遭外艱，執禮如成人，哀毁幾不全。事母盡誠，嘗夜强盜搶突，手勢甚猘。公號泣願毋傷吾親，盜感其言，相顧曰："此眞孝子。"麾其徒而散。

時公年十歲，母泣曰"汝年長不學，恐無以紹先，盍就外傅？"公受命請業于族父枏巖處士天瑞學。旣就發歎曰："凡資學業而媒進取者，非榮親則顯名也，幼而失怙，偏親又老，何立揚之是圖？"

遂謝功令，不離庭闈，極志物之養者積四十年。及母歿守廬終喪，仍畢命於松楸。

杜門却掃，對案端拱，惟專精性理書。訓子弟敎鄕人，必以孝悌忠信，存心愛物，趨人之急而厚施薄望。嘗出弔主人不在，値昏暮，止宿外舍，後其人以書問其壁中藏錢有無，公卽貸三千錢送準其數。其人納之，語其妻，妻大驚，指室中而曰:“錢在斯, 金公不校, 眞賢士。” 其人持錢來謝, 公終不受曰:“是賻也。” 聞者欽服謂 “配美於直不疑”云。

公以英宗乙未七月三日卒, 距其生壬辰十月二十日, 爲六十四歲。墓于禾利洞某坐。將營窆, 慮其地逼閭閻, 村民來言:“熏德罔間幽明。” 因所願而葬焉, 其爲人所歆感如此。

公元配全州李氏, 震爽女, 生致默。繼配長淵邊氏, 鑰女, 男致澤, 女適李亨一。

公性好施與, 常恐不及。歲飢私賑, 惠而必周, 亦以殖貨爲耻, 一鄕向化, 而公爲善益力, 常願囿一方於懷仁、興孝之域焉。

邑倅尹侯心緯, 屛溪先生子也。造公廬, 扣所存, 歎曰:“君子人也。” 仍贈《小學》一部。御史洪允五亦款扉, 察公行義而曰:“南來得一士, 當聞于朝。” 道歿未果云。苟非公實心好仁, 亦何以與此哉?

古有名言 “名不足以得異人, 可以得常士, 常士畏敎慕善, 然後有名”, 以故循名而責實焉, 如公者可謂行浮於名者歟! 是爲無所爲而爲者耶! 遂爲之。銘曰:

金肇威烈, 丕顯恭襄。
煌煌成蹟, 載勳旂常。
亦粤文烈, 身扶天綱。
雙孝祭祉, 克嗣其芳。
有美肖孫, 肧胎前光。
晦身林坰, 遠世自臧。

本之則存，有闇其章。

庶幾觀感，熏德一鄉。

禾山岧嶢，良士攸藏。

其存不朽，其后彌長。

我庸作銘，用昭幽堂。

杞園魚先生墓誌銘【幷序○甲午】

農巖金先生講道白雲山中，時新經大禍，門絶步趨。而獨杞園魚先生負笈而從之，扣發名理，盡聞性道之蘊，金先生稱之曰："舜瑞純粹。"遂許以師生間知己。

始尤庵宋先生釋《朱子大全》全部，屬金先生訂定成書。金先生又以問目草本，悉付諸先生，先生盡精梳櫛，總厥條貫，用卒師門遺志。俾兩先生微言、大義，賴以闡明，卽其滿腔苦血，効忠于朱子者，前後一揆。猗歟休哉！

先生諱有鳳，舜瑞其字也，學者稱杞園先生，系出咸從。鼻祖諱化仁，至集賢提學諱變甲、文孝公諱孝瞻、襄肅公諱世恭、左參贊諱季瑄，四世大顯于本朝。高祖諱夢麟，童蒙教官，贈左承旨。曾祖諱漢明，水運判官，贈左參贊忠景公。祖諱震翼，江原道觀察使，贈左贊成。考諱史衡，漢城府右尹，贈領議政。妣全州柳氏，左承旨諱梠之女。

先生生于漢師栢谷里第，甫踰十歲，謁尤庵宋先生，先生異其器度曰："必爲大儒，魚氏之福未艾。"及宋先生受後命，先生廢功令。

己卯莊陵復位，始以親命應擧，首魁司馬，又對策魁文科覆試，被潛易封彌，及坼名乃別人也。先生不以語人，而知其事者發焉，竟獄成。先生亦經對質，自是誓不復赴圍。

金先生慮其親在不敢自專，謂先生曰“習矣其志，然勿遽語人”，先生竟矢心不移，人皆爲公朝惜之。

拜內侍教官不就，復授健元陵參奉，始膺命，順父師志，而乃所樂不存焉。歷翊衛司副率、冰庫別提、義禁府都事、翊衛司翊贊、工曹正郎，爲衿川縣監三歲而遞，由活人署別提，出守天安郡，又因宗簿寺主簿、掌樂院僉正，爲富平府使。戊戌被儒選，授司憲府掌令，上書辭，復拜者三。

己亥陞執義，庚子景廟新卽位，別諭敦召。辛丑又被申召，間拜楊州牧使幷不就。自是除命不復下矣。

時景廟寢疾，無繼嗣，金忠獻公昌集與諸大臣，請建儲。及英廟正位貳極，羣兇乘時逞憾，沮戲代理，又興大獄，赤士類，金忠獻首及於禍。

有金弘錫者，以農巖先生爲忠獻弟也，疏請追奪，幷及尤庵先生，醜辱罔極。先生倡同門諸子，上章痛辨曰：“扶植吾道，莫如宋時烈，羽翼斯文，莫如金昌協。而不幸世道乖裂，詖淫肆行。此輩視時烈有若血讎，又以臣師尊慕時烈之故，移鋒而攻之，其亦巧且憯矣。”

於是兇黨趙趾彬發啓罷先生職。 及金先生父子幷撤院享，先生哭告石室書院。時士禍彌天，宗國垂亡，先生憂傷痛惋，如不欲生。

常嫌所處近京，欲遯世自靖，卜築于嘉陵之金塘，將盡室入山，而難於將老，未忍長注，爲歿身恨焉。

癸卯、戊申，荐丁內外艱。丁未除執義，庚戌復拜。英宗初服，首賜金先生諡，復院享，先生猶以情事未盡暴，上章辭遞。

六月宣懿王后昇遐，先生承命入臨，以后世父也。特賜引見，因冬雷別諭求言。時上欲消融朋比，混忠逆，而命之曰"建極"，先生上章言："眞能本乎《洪範》所謂建極，而建極之道，又必深體朱子《皇極辨》明訓，斯可以消灾爲祥。"

辛亥上講《聖學輯要》，特命召先生，先生疏云："殿下於是書，苟能深體力行，由是而端本出治，興衰撥亂，使朝著淸明，民生樂業，則先正之道未盡展於當日者，庶可畢行於今日。如或未然，訓釋雖詳，誦說雖精，只做一場好說話，何補治理？"兼辭執義。

壬子拜司僕寺正，癸丑復拜執義，尋擢同副承旨。甲寅拜戶曹參議，乙卯拜承旨，又以元子諭善召再辭。丁巳上講《周易》，先生辭經筵官召命，因進朱子所定古易。

戊午拜世子贊善，己未疏辭，因請取文靖公李植所輯《初學字訓》及《爾雅》中明白切近者，用備胄筵講習。又請畫農畝溝洫、播種、耕饁之狀，朝夕指示，俾知王道之本。

辛酉陞秩嘉善，拜漢城府右尹。壬戌春世子將入學，荐遣史官敦召曰："卿雖在野，喬木之臣也。今不欲見我元良耶？"先生再疏乞免不許，進都門外陳章請譴，亦不許。

遂參齒學禮，又賜對熙政堂。先生進曰："堯、舜、三王之所以爲聖，以其舍己取人，從諫不咈也。紂之惡何所不有，而語其大則拒諫飾非。今殿下於言者，不惟不從，摧折詬罵，甚則迫之以威禍。訑訑之聲音顏色，猶拒人於千里之外，況不獨訑訑者乎！爲人上而樂人不違己，乃喪邦之道。”

上曰：“是予頂門一針也。近來私意橫流，人皆曰‘彼枉我直’，如欲擧直錯枉，其道何由？”對曰：“是惟在講學明理。聖學工夫，在於七情中節，而七情中易發難制者，惟怒爲甚。今殿下威怒太過，一事之激，輒至震疊。臺言不概聖心則不止譴斥其人，并罪覆逆爭執者，是豈”不遷怒“之義乎？睿籌雖高，視衛武公懿戒之年則不翅少壯。不接臣僚，不開講筵，豈不可惜，然以今日言之，講學猶爲第二件事。”

上曰：“似以否隔爲悶矣。”對曰：“以千乘之尊、萬機之繁，上不許引接，下無所稟命，一日二日，置國事於度外，此豈非危亡之機乎？凡人情有所不平，忽見大歡慶事，必爲之融釋和怡。今元良就學，萬姓歡忭，此痛釋疑鬱之好機會。”是時上以諸臣不遵蕩平之旨，輒有非常之擧，且不視朝，故先生言及之。

上曰：“聞卿言，予頗感悟。”仍欲臨視太學，行三老五更之禮。先生力辭，命世子相見，用師傅禮。

及入對，仰勉以餘力學文，申以堯舜孝悌之道。時上久不御經筵，乃敎曰：“儒臣引經勸勉，不聽其言，是欲入而閉門。”遂行賓對、法講，命先生入參。

先生極言書筵制度之踈略而曰：“閭巷小兒，一時不在父兄之側，必爲外誘所交亂。願殿下先以身敎，淸燕之中，宜令世子侍傍，常以嘉言善行，浸灌耳目，誦讀應對之外，如懷橘扇枕等事，可時時言之。"

上曰："予欲與山林宿德，臨講太學。今將隨卿往遊，亦欲以身教元良。"

對曰："是爲文具無益，且先正未有當斯禮者，臣不敢聞命。一退更無登對之期，惟願以愼獨爲天德、王道之要。不能愼獨則雖曰'祛人慾存天理'，而人慾有未盡，天理有未純，君上一心，或有衰倦怠忍之萌，則朝政世道，日就紊亂。"

又曰："天有陰陽而其德爲淑慝，其類爲黑白、是非之大分已判。故聖人體天，必扶陽而抑陰，取正而祛邪，進君子而退小人，明辨是非，痛察而行必以中。所謂"中"者，卽明別是非，天理自然之中，而陋儒皆以含糊不分明爲中，故得失賢否，顚倒貿亂，國必危亡而後已。"仍請敦召李縡、朴弼周。

上曰："予欲與元良視學，當爲卿裁損彌文，卿爲予留。"先生固辭，上握手勉回遐心。對曰："聖人不奪人志，何必迫隘乃爾。"旣退留疏請諡。仍進六箴于東宮。

冬至因辭疏陳戒曰："積陰之下，陽德昭明，是所謂'復其見天地之心'者也。今毒癘爲灾，勢如燎原，殿下赤子顚隕於烈焰者，不知幾千萬。當此陽長之會，克體天地之心，安靜以養之，擴充以大之，使一德孚感，和氣旁達。"又及教胄，上優批嘉納。

癸亥將行世子冠禮，手書特召，疏請違命之罪，因及早教曰："勿以幼冲自居，奮發大志，卓然以堯、舜、三王爲法。"

時敦迫鄭重，疏四上始收召命。

甲子正月，世子嘉禮成，上本伸賀，因陳戒曰："聖心激惱，閉閤不視朝者累日。殿下此擧，凡幾遭矣，不幾於頻復厲，而上下不交，天下無邦者乎？以'平心和氣'四字，爲學問根本，又以'廓然大公'、'物來順應'二語，爲定性之法。喜怒之發，物各付物，而己不與焉，則方寸之間，虛明洞徹，直與天地上下同流矣。且殿下動靜、語默，無非元良觀感，淬厲蓄發，益孜孜於典學勤政，則元良肖德作聖之本，亶在是矣。"

以《小學》舊註多踈畧，命館閣編輯訓義，令玉堂臨問，多用先生說。上疏謝因辭食物周急。

三月上將親祭私親廟，遣史官問祝式，對曰："帝王家承統爲重，御名之書，不可輕議。私親二字，只出於私家主恩之例稱，稱諸祝辭，非謹嚴之體。恐不如只稱封號。"

五月聞聖候不豫，詣城外乃瘳。遂陳疏言"春秋漸晚，榮衛向衰，聖人所愼，尤不可不加念。以志率氣，兢兢自持，毋忽少愈之戒"，又請世子頻御書筵，上嘉納曰："百章不如一登，卿其上來。"上疏謝，申言靜攝、存養之方，仍陳心學之要。

九月上入耆社，推恩進階嘉義。是歲十二月偶屬疾，二十九日，正終于沙村正寢，距其生壬子十二月二十三日，爲七十三歲。訃聞上震悼弔祭，賜賻庀葬，用一品禮。二月丁卯，葬于舊豐德望浦，從先兆也。

配南陽洪氏，學生諱文度之女，貞靖公諱處亮之曾孫，谷雲金公諱壽增其外祖也，克配懿德，閫範咸備，爲女士標準。擧一男道凝，有異才，才冠而殀，取季氏男錫胤爲子大司憲，二女適判書洪象漢、士人李輔天。大憲二男，用霖判官、用賓參奉，女適郡守韓泰裕。判官二男，在沼郡守、在雲，女適縣監朴弘壽。參奉四男，在象、在璜參奉、在修、在寬，二女適申綜府使、李鼎老。洪判書四男，樂性領議政、樂命吏曹判書、樂三通德郎、樂最贈贊成。李壻男，在誠參奉，二女適府使朴趾源、郡守朴宗敬。

先生純於孝，怡愉洞屬，志物俱備。雙闈俱躋大耋，先生年已高，而左右服勤，有孺子色。愼終追遠，俱盡哀敬，述先德樹墓碑，累世顯刻無闕焉。

與兄弟如師友，處閨門如庠序，子女服習身教，恂恂有士行。待宗黨無賢愚親疎，一以誠篤，篤於故舊，不以死生易心。辛壬之變，存恤禍家，克殫誠力。從遊者居必有講，行必有贈，精觕淺深，咸有所得。

晚被英考殊遇，弓旌相續，而以道去就，不曾一毫苟。然自以休戚與共，有可言輒款款納牖，而尤致意於萬化之原，竟不獲施用，使功烈莫聞於後，惜哉!

先生蚤登金先生之門，盡得其傳，退而進修，壹遵其丈尺。故明誠兩造，動靜交養，而專務內修，及晚年體道純熟，雍容舒泰，而戰兢戒懼之意，未始須臾忘也。

居恒澹泊自守，忘懷於得喪、榮辱。特以地近肺腑，雖積被疑謗，多出於情外，而信心不疚，一切無辨焉。

悟解絶倫，心靈獨造，極深研幾，置水不漏，誦羣經如已言。專治《論語》六年而後，始易他書，所收功於《論語》者爲最。晚而玩《易》，樂而忘老，方其深坐瞑目，人莫測其涯涘，及聞伊吾聲，往往歆動。

常持語默之誡，而事關斯文是非，或恐詖淫亂道，爲諸生授辭疏辨。方朴世堂之毁經也，肅廟命玉堂權尙游取其所謂《思辨錄》以辨之，權公質于農巖，先生代筆駁正《中庸》諸條，辭理明確，允契朱子本旨云。

文章溫醇暢達，連編累牘，其出無窮，皆本之六經，而歸宿於朱書。所著詩文，《經說語錄》摠若干卷，《五子粹言》、《論語詳說》、《語類要略》、《對越帖》、《風雅闔》誦所編纂，而《粹言》、《詳說》，承師命也。

時湖中諸儒論心性同異，各主先入，先生辨之曰："天命之性，以理之本體而言。萬物各一之太極，無一非健順、五常之理也。犬、牛、人三性，以理之乘氣而言，氣之在人、在物，有偏全通塞，故理亦隨其氣而爲人物之性，或五者全備，或僅通一路，或全無一端之可見。然其本體之全則未嘗不自若，徒知本然，而不察乘氣之異，則迷分殊，但言乘氣而不原本然之同，則昧大本。"

又曰："氣質者，通一身形質、查滓而名，心則氣之精爽，其昭昭靈靈、至神至妙之體，自堯舜至塗人一也。未發時，氣不用事，則心之本體，卓然呈露，而鑑空、衡平之妙，鬼神不得窺其際，聖人之所以爲聖人者，亦不過此。此時氣質之不善者，非化而無也，雖有之，而自不干於此心本體。"

又與李正庵顯益辨難屢千言，探賾抉蘊，往往多前哲所未發，惟務講硏，非爲務勝，故與李公交契無替，是爲儒門之軌範者也。

農巖先生洞見大原，發揮道妙，文理密察，殆朱子後所創有，而先生篤信師說，沉潛闡繹，卓然有立於今與後，學農巖者，由先生而入，則應不迷於所趨也。

三淵、圃陰兩公亦折輩行而待之，三淵嘗許以"文質交修，博約兼進"，又歎以"克伐怨欲無一焉"，至許以"由三洲統"，臨歿又屬以遺編刪述。

黎湖朴公亦贊先生以"與道終始，如古井無波，良玉絶類"，君子以爲知言云。

先生旣卒之七十餘年，外玄孫洪公奭周爲之狀，先生曾孫參奉公屬不佞爲幽堂之誌。不佞辭不敢將，未幾參奉公遽歿，胤子命能申懇不已。

嗚呼！先生文章、道學之懿，非顓蒙所能窺測，且緖言久絶，流風寢邈，想像盛美，若不可以攀際，而猥忝累世之好，誦習其言行甚熟，及讀遺集，服造理之克正，命辭之無差，彌恨生晚，不及供灑掃而承眞詮也，謹敍德業大致，俟來者於無窮云。銘曰：

惟聖有訓，學以爲己。
爲己伊何，惟誠之以。
允矣先生，本乎實履。
妙齡發軔，作聖是希。
卓乎得師，早自依歸。

三洲橫經，峒陰摳衣。
抽關啓鍵，剔幽抉玄。
乃觀會通，克紹眞傳。
敬奉弘規，紫陽之篇。
總貫箋釋，丕闡妙詮。
庶幾藉手，告功三賢。
煌煌名理，洞貫天人。
人物五常，厥賦惟均。
氣質敢干，心體至神。
獨造昭曠，靡襲腐陳。
神閒氣平，安定厥辭。
得天下理，是公非私。
微言在書，俟百無疑。
先憂後樂，素志是期。
三邑絃歌，是亦行道。
晩際昌運，恩曠禮卲。
廈旃乞言，如待三老。
天德王道，敷心以告。
六箴陳悃，敎胄及早。
斂焉遂初，含章履貞。
養眞邱園，身道俱亨。
不知不慍，君子是程。
鬼車豕塗，不累心靈。
靖獻先師，感通幽明。

望浦之山，若斧其塋。
郁郁晶光，肅肅蕊丘。
靡敢銘昭，名德永留。

贈司憲府持平高公墓誌銘【幷序○辛丑】

光海初服，羣壬竊柄，芟薙忠良，以牛溪、松江爲阱於國中，太學生高公敬履抗章訟兩賢之冤曰："崔永慶之獄，出於一時流聞，再鞫出於簡辭相連，則永慶之病死囹圄，非鄭澈所爲，成渾何與焉？壬辰大駕過江，渾時年六十。力疾追隨，拜殿下於撫軍之所，又奔問官守，殿下之所明知，而論者云云，亦已甚矣。鄭澈之淸直忠亮，而名在罪籍，抱冤莫暴，幷加憐察，特命伸雪，以振久鬱之士氣焉。"

疏入，兇徒以疏中歷擧前賢，而不及晦齋，謂"是擯斥晦齋"，擬諸皇朝朱季友毁濂、洛羣賢，杖其人火其書之例，請焚疏廢錮終身。

公又上章對辨曰："臣初欲伸救成渾，而渾所就正者李滉，故遽及於李滉，滉之所尊尙者李彦迪，則擯斥之云，以臣反不如兒童、走卒之知司馬光乎？"

公旣自明，一路章甫，又齊聲救公，而竟不能解，公以義處命，沒齒無慍憫焉。天啓己酉四月十一日卒，距其生庚申，爲五十歲。墓于光州盧孔谷亥坐。

歷二百有餘年，至健陵丁巳，士論齊發，享公于光之雲巖祠，及翼廟代理，因後孫籲蹕，特令以扶正斥邪，褒贈司憲府持平，是可驗公議之在人，曠世而必定也。

公字而愓，系出耽羅，至長澤君移貫長興。有諱臣傅，以麗朝兵部侍郞，國亡罔僕自靖，是爲公六世祖也。曾祖諱自儉，訓導，贈戶曹參議。祖諱雲，吏曹佐郞，贈禮曹參判，己卯禍作，遯世自終。考諱季英，進士，以名節見重。妣濟州梁氏，秉節校尉應箕女，校理彭孫其祖也。

配忠州朴氏，監役敏古之女，訥齋祥之孫也，墓在南平靈泉亥坐。三男，允厚、得厚、積厚，皆克趾美。傅諫以孝贈官；傅誨；傅協；女柳昌翊，長房出。傅康；傅建；傅憲；女金益曾；朴鼐鉉；金震光；宋之炯，次房出。積厚無嗣。曾玄以下不盡錄。傅協子斗翼，進士。傅康子可成，疏救尤齋宋文正公。傅憲五世孫廷相、可成五世孫貞鎭，卽戊子請贈者也。

公資醇而志潔，操執端確。早孤，從從父兄霽峯忠烈公學，不屑功令業，博通經史，以遠大自期，未弱冠，已妙契璣衡、太極之旨。

辛卯中司馬，仍丁內艱，毁瘠幾不全。制除，服事沙溪金先生，專心求道，於世間榮利，泊如也。雅愛山水，結廬滄浪之上，因之爲號云。

噫！公以節義世家，而濟以學問，戊申一疏，瀉盡腔血，爲斯文、世教之光焉。以霽峯爲兄，沙溪爲師，宋海狂、權石洲、安牛山、任鳴皐爲友，是所云"道義由師友有之者"也。

論人，必本於父兄、師友，厚之至也。且諸賢，發揮引重，殆無餘蘊，醜正之徒，所以讁公者，乃爲公成就，不如此，亦何以見公哉？

朱子嘗釋明哲保身之義曰"明哲，只是理順而行，自然灾害不及身"，如公之爲者，順理而已，不恤灾害，而灾害自不及身，身否道亨，令名長世，詎不休哉？

公後孫濟元，從余遊，乞公墓隧之銘，辭不獲已，援筆而爲之銘。銘曰：

瑞石之山，靈氣輪囷。
有美一士，用葆厥眞。
扶正斥邪，尺疏叫閽。
殖殖其心，肅肅其筆。
不容何傷，令譽四溢。
本之則存，孝悌經術。
滄浪清泠，想像風節。
不隕義問，克紹先烈。
身與時舛，志共道伸。
我庸述銘，揚于無垠。
夙夜踐述，勖哉後昆。

梅山集

卷三十八

墓誌銘

墓誌銘

刑曹參判鄭公墓誌銘【幷序○乙未】

故侍郎鄭公，既卒之三年，胤子海尙抱公狀，泣謂余曰："先人墓草再宿，而平生言行，將就闇晉。如蒙惠以隧銘，俾垂永世，則不肖庶可以藉手九京。抑先人有知曰'得子文，吾志也'。"余歎曰："吾何忍銘吾友？然吾而不銘，誰當銘者？"遂叙之曰：

公諱瀠，字淸夫，延日人，系出新羅諫議大夫諱宗殷，圭組奕世。至左議政文淸公諱澈，名德冠冕士林，於公九世祖也。曾祖，贈贊成諱棅，以太學生主張士論，疏辨聖誣，爲善類所推重。祖，平壤庶尹贈領議政諱麟煥。考，興恩副尉諱在和，尙莊獻世子女淸璿郡主，擧公于慶幸坊賜第。初諱鎭命，字性汝，正廟賜今名，純廟又賜字而錫以字說，殊渥也。

甲寅命授敦寧府直長，不就，辛酉還授。壬戌陞掌苑署別提，移義禁府都事，換掌樂院主簿，歷司憲府監察。甲子拜繕工監主簿，乙丑陞顯隆園令，換宗親府典簿。

丙寅出監果川縣，戊辰換鴻山。己巳移儀賓府都事，陞尙衣院僉正。庚午守高城郡，未赴，換高陽。辛未陞瑞興府使。甲戌特授水原府判官，丙子陞淸州牧使，尋罷。

辛巳以仁川府使，執事于健陵灤，朝敍勞，陞通政。壬午特除同副承旨，後累拜，序至左。癸未以孝禧殿享官，陞嘉善， 拜漢城府右尹， 轉左尹、同知義禁府事、都摠府副摠管，後屢拜。甲申除刑曹參判，又以景祐宮享官，陞嘉義。丙戌以同知敦寧府事，出守淮陽府。己丑又出牧驪州，再期而賦歸，自是不復起矣。

壬辰九月三日， 考終于園泉本第， 距其生辛丑正月十四日，爲五十一歲。訃聞，賜賻祭如例。越三月戊子，葬于楊州陵谷坐坎之原。 公娶延安金氏學生諱載象女， 僖靖公相紳曾孫也。擧一男一女，俱不育。繼子海尙，前別提，有二女幼。

公生稟絶異，一歲而効語，二歲而誦風騷。三歲受解語方于世父，默識而不錯。議政公授公以扇佩而歿，公敬戢巾衍，久猶寓感焉。 七歲入闕私覲， 進退中度， 見蜘蛛近御榻，以身揮之曰："幺麽裸蟲，敢近香案乎?" 上奇之曰："天生忠誠。"

九歲見畫雪中羊咀傍有植旄者，指曰："此北海上漢中郎蘇武也。" 四座驚服。修葺祠屋，見廳底石函曰："是爲緩急藏主而設"。其警悟夙就如此。

性於孝，庚戌丁外艱，居瘠如成人，戊午服承重內憂，辛酉又丁內艱，情文俱摯。 嘗侍食，驗匙箸多少以爲憂喜，常以早孤含恤終身。事世父，順志居養，喪祭靡極不致。友悌二姊，及老彌篤。愛諸甥如己子，周急恤匱，如恐不及，窮親貧交，歸之如旅。

居家崇四禮，嚴內外，平生不問家人產業，亦不以事物經心。體不御綺羅，口不食兼味，絶無禁欝氣味，非勉强而然也。嚴於辭受，有餽而過者，輒却之曰："與者傷惠，受者傷廉。"

莅官如家，克輸悃愊，抑强杜私，不尙聲譽，信心直行，去就不苟。以故未曾終三年淹也。俸餘不入于室曰："我家脾賦，足以供賓祭之需，安用此爲哉?"每執鞭而歸，其廉介拔俗皆類此。

出入禁闥，兢兢翼翼，常存溫室樹之戒焉。天姿寡慾，樂易昭朗，面如冠玉，符彩襲人。

有神聰，博涉書史，讀不過數遍，終身不忘。爲詩，淸警可誦，筆畫精妙，未成童已然，而不少槪見。嫺習國朝典故，每公家有事，疑難棼錯，輒詳切辨諭，諸僚皆遜聽。

倣邑剸劇，再接訟民，已曙其居住役名，名實未覈，而吏民不敢欺焉。

雅不樂市朝，無官則輒獨往丙舍，瞻依松楸以寓蓼莪之慕。嘗愛原、驪間山水，求田問舍，用擬六一翁歸潁故事，而病未遂。仍僦居駱麓茅茨，隱約蕭然如林廬時，與野老爭席，人不知爲舊侍郞也。

居恒任眞，不設畦畛，而自守甚確。居外絶苞苴，處內戢刺牘，其所以立脚得住者，無媿汲直之不拜、范理之不禮，而老益遵晦，一步不枉，是爲公晚節所樹立卓然者也。

公卽吾姑母子婿，而行委禽之禮于吾家。以故世親之愛，至皓首靡替，常期于東峯泉石。公至自薇山墳菴，觴詠跌宕，風流溢發。仍擬分華卜隣，用追龐、徐故義，而公不少待矣。每臨風把酒，想像其高情遠韻，而林壑有餘悲矣。銘曰：

嗟嗟鄭公，王國之甥。
銀潢滉瀁，玉佩鏘鏗。
紫馬九郡，黑頭貳卿。
繄公所樂，不在顯榮。
富而能儉，貴而不驕。
恭爲德基，令聞孔昭。
有味蔬筍，婆娑林皐。
棲心澹泊，遠世超搖。
若將終身，行歌《反招》。
豈欲長往？秪可自怡。
繁紅嫩綠，屛諸庭墀。
幽篁寒菊，左右相隨。
欣然相托，歲寒心期。
晩晦於身，其大爲守。
詎若世人，威怵利疚？
緇塵昧俗，獨我拂袖。
庶幾無忝，爲文淸後。
維楊州西，華岳巑岏。

公藏居中，睾如之安。
玉樹黃壤，不朽者神。
知德者誰？惟我故人。
靡敢獻諛，用累公眞。

贈吏曹參判蒼坡鄭公墓誌銘【幷序○乙未】

人皆有一死，死得其所難。故曰“非死之難，處死之難也。”君臣之義，靡所逃於天壤之間，則當死而死，詎有薦紳韋布之殊哉？《禮》云“殺其身，有益於君則爲之”，“由是則可以辟患而有不爲也”。

純廟辛未，土寇起西陲，處士鄭公魯爲賊所執，不屈而死之。始公胤子蓍爲嘉山郡守，公率叔子耋，就養于官牙，至是一門幷命，皆死於忠。

事聞，上震悼，比諸卞氏兩世、西原三忠及顔眞卿、宋象賢，而特贈公司憲府執義，後用大臣言，加贈嘉善大夫吏曹參判、兼同知義禁府事、五衛都摠府副摠管。蓍贈兵曹判書，謚忠烈，幷旌兩世之閭曰“忠臣之門”。耋蔽父受創，旣絶而蘇，待闋服收用，遠邇聞者，罔不感歎泣下。

噫！彼小醜卽是萑苻之警耳。國家昇平歲久，民不知兵，闖發豕突，半省影從，未旬日而陷，八郡長吏，或降或逃，京師大震，八路駭動，誠岌岌乎殆哉。

公勉胤子以死於封疆，旣又秉義捐生，以醜王臣苟活之心，而折亂賊方生之氣，不半歲而殄滅，卽公闔門幷死之力，有以致之也。

或有以公無官守謂"無從容而死"者，非也。孔聖勿殤童踦，晦翁褒奬山僧衛士，是豈可死可無死而死者乎？如公之死，當與日月爭光也。

公孫胄錫，以公遺事屬不佞爲隧誌。不佞幷世而不識公面，竊嘗有執鞭之慕，遂爲之敍曰：

公字公勉，號蒼坡。其先淸州人，而世家京山。少時跅弛不羈，隨長者，擕書蕭寺，仍折節向學。及長治博士[1]業，累發解不中，歎曰："窮通，命也，詎可與小兒輩爭得失？"遂廢擧，專心讀書，淨掃一室，几案書籍，位置必整，曰"是亦學問中一事也"。

常閉門靜坐，闃若無人，人不知其所樂也。家徒四壁，不蔽風雨，往往屢空，而裕如。擧宋龜峯《足不足》詩曰："使人胸中快活，志氣骯髒，言論磊落，嘐嘐然尙友千古。"

常云："大丈夫當爲國家死，馬革裹尸若馬文淵者，眞奇男子。"恒誦"士君子立身一敗，萬事瓦裂"，又揭"眞正大英雄，從戰兢臨履做出來"一句于座右，有殉難於龍蛇之役者，爲和岳武穆《滿江紅》詞以弔之。

嘗讀宋文正公《辭貂裘箚》，而擊節曰："大老平生義理，盡在於此，所謂'長使英雄淚滿襟'者也。"又詠金忠獻公受命詩，曰："是可見夢窩居恒所守如此者，可謂從容就死也。"

1 士：저본에는 '土'로 되어있으나, 문맥에 의거하여 수정.

及就養嘉山時，値荐歉，公敎忠烈捐俸濟飢，措畫有方。土賊洪景來等謀反，醞釀已久，民騷日起，忠烈憂無以鎭安。公曰：“設有變故，死王事職耳，勿以我爲念。”

一夕賊勢猋急，忠烈泣告曰：“變已至此，處義旣聞命矣，大人與耋弟，無官守可死，亟避亟避！”公厲聲曰：“何論官職有無？且敎汝死，吾何忍獨生？勿多言！”

賊脅降忠烈，公呼曰：“兒乎兒乎，勿以親故苟活！”忠烈竟不屈而死。公握耋手曰：“三父子闔死於賊鋒，千古所未有，而不克終孝，是爲所至慟耳。”

賊惡公之敎子殉節，大喝曰：“汝亦不降乎？”公叱曰：“逆賊逆賊，速殺我速殺我！”罵不絶口。耋翼蔽而哭曰：“殺我而活父！”賊不聽，鋒刃亂下，公竟遇害。耋氣塞，賊以爲俱死而出之，卽十二月十八日，距其生辛未，甲子一周也。

壬申正月八日，耋奉柩出安州，安州牧使趙公鍾永，承命庀喪，襚賵棺槨咸備。及改斂，顏貌凜凜如生。三月丙申，與忠烈同葬于星州茂溪之戌坐，如序昭穆焉。

公始祖諱克卿，高麗中郎將。至大司憲文穆公諱逑，爲世宗儒，以公父子成就，謂有所受，特命侑祭，是爲公七世祖也。祖諱達濟，邃於儒術。考諱東燮，隱德不仕。二妣，順天朴氏鳳徵女，義城金氏汝𥙷女，公，朴氏出也。

配貞夫人咸陽朴氏，通德郎思禹女也，孝順無違。擧四男，長卽忠烈公耆。次耈。次耋，前參奉，終身自靖，克紹家學。次耉。忠烈一女，適安光達，嗣子肯錫，今果川縣監。耈系子，冀錫。耋男，茂錫、莘錫，女申錫基、李敏厚。著男，岡錫、冀錫，皆出后，餘幼。縣監男，基永。安婿子，必壽。

公性於孝，八歲丁內艱，哭擗如成人，荐罹外艱及承重喪，哀毁幾不全，竭家力，當終事，守制盡禮。事繼妣，愛敬備至，供子職五十年，未嘗見不豫色。日必晨謁家廟，承祭殫誠，雖儉歲艱食，罔或不備。齋日必櫛洗剪爪，灑掃陳設，不許子姪服勞。整攝衣冠，坐候將事，不以衰老而少懈。

及公周甲，忠烈公自京歸覲，將擧壽觴。公愀然曰："劬勞之日，當倍悲慟，何忍設酌爲樂？況吾有異乎人之至慽乎？"却不受。仍言："願從今日，更存赤子心，加以變化之功，如蘧伯玉。"其內行，純至如此。仲尼言"孝者，所以事君"，俟忠而成孝，其所以因心致極者，豈無所本而然哉？

公常訓子姪曰："祖考素庵公，當乙亥群兇跳踉，慨然歎曰：'亂逆之作有自來，根柢于己巳而有辛壬之變，接武于戊申而有今日之逆。黨論是非，其機甚微，而一變而賢邪分，再變而忠逆著，至是日而倫常斁矣。士君子立身持論，何可苟也？惟是之從而已，吾誰歸？其惟尤翁乎。'遂拜尤翁祠，遣二子受業于渼湖金先生，先生，夢窩之孫也。

於是訾謷四起，祖考確然不撓曰：'天地間可畏者義理，苟不得罪於義理，千夫銶鉿，吾何懾焉？'吾祖秉執之嚴，有光於貽謨，而'義理可畏'，爲子孫四字符，受用不盡者也。"嗚呼！有是祖，宜有是孫。公父子所樹立，卽有所受而致然，何其盛哉？

全嶺一路被五賢之化，而不幸爲亂賊所詿誤，至戊申稱兵而極矣。素庵公洞究逆順源委，故立言行事，明白痛快，垂裕後昆，扶植名義，樹風聲於百世，是爲“天理當然，吾不得不爾”者也。然則公之死於忠，豈若烈士之殉名而已哉？嗚呼烈哉！銘曰：

節彼京山，正氣烈烈。
世濟厥美，篤生賢傑。
其人伊何？維蒼坡公。
矯矯潛淵，猶人中龍。
由孝悌行，本立道生。
望雲之思，有室瞻明。
寤寐思賢，以身殉國。
拚得頭顱，[2] 卽公素蓄。
非是襲取，慷慨殺身。
苟可蹈節，何必垂紳？
緊公一死，九鼎千勻。
煌煌紫誥，肅肅丹門。
雖則榮輝，非我思存。
無所爲爲，以成吾仁。
亂子捐軀，卽在眼前。
寧爲玉碎，詎容瓦全？
臣忠子孝，盡我性天。

2 頭顱 : 저본에는 '頭臚'로 되어있으나, 전사 과정의 오류로 보아 수정.

何以致之？ 祖訓是述。
洞究忠逆，自成名節。
摠由知學，見理分明。
凡百君子，是則是程。
茂溪之阡，子父同塋。
奕奕其光，濯濯其靈。
其身雖死，不死者名。
千秋萬歲，人極不傾。
我庸作銘，用愧偸生。

嘉山郡守贈兵曹判書忠烈鄭公墓誌銘【幷序】

純廟在宥之十有一年辛未冬，土寇洪景來等起西陬，先陷嘉山，嘉山郡守鄭公蓍，與其父處士公魯死之。事聞，特贈嘉善大夫兵曹參判、兼同知義禁府事、五衛都摠府副摠管，仍命錄孤致侑，給棺槨賵襚之資，沿路護喪，優助葬具，厚恤其妻孥。

及道臣再啓，教曰："頃以樹風聲之意，雖有褒贈，猶未得立慬事實，日常耿耿，今見狀辭，凜然忠烈如見其人，重爲之惻然傷晝。噫！不識何狀，與顔杲卿何異？從容就死，與國朝宋象賢何異？況其父子兄弟一門遭禍，無愧於卞氏兩世，何其烈也？"加贈資憲大夫兵曹判書、兼知義禁府事、五衛都摠府都摠管，贈處士公司憲府執義，幷施綽楔之典，以弟耋被刃不殊，命待闋服調用。

壬申又因臺臣朴升鉉言，不待狀，贈諡忠烈。是年六月，領議政金公載瓚擧公父子成就之所由，請賜侑文穆公，文穆公諱逑，公八世祖也。金公仍備陳執義公事曰："其高義卓節有父有子，在古亦罕，請加贈亞卿。"又請以公從祖弟埶子胄錫爲後，俾尸其祀，上幷允之。

明年癸酉命築壇定州城南，以破賊日，祀公及同時死事者諸景彧、白慶翰、韓浩運、許沆、林之煥、金大宅，是所云"七義士"也。

定之人爲立祠五峯山下，祀公及六義士，宣額曰"表節"。嘉山人又立祠，幷享公父子，星州章甫亦祀公父子，嗚呼！朝家之褒恤、士林之崇報，於是焉極矣。

蓋公父子天爲生之，而生不能有爲。故死而能礪百世之人，使吾東方有君臣父子之倫者，擧皆知殉國之爲忠、偸生之爲恥者，其功詎不韙哉？

公字德圓，自號伯友，系出淸州。高祖諱復欽，渼湖金先生表其墓。曾祖諱達濟，邃學卓識，矜式一方。祖諱東燮，克世厥美。考諱魯，贈吏曹參判，參判公娶咸陽朴氏通德郎思禹女，以英宗四十四年戊子五月十一日，擧公于善山外氏第。

正宗己未登武擧，甲子拜武兼宣傳官，陞訓鍊院主簿、判官，移都摠府經歷。辛未拜嘉山郡守，奉參判公之官，志物甚備。時關西荐飢，流賊四起，參判公常語曰："汝爲王臣，設有賊變，當死於職，毋以老父爲念!”對曰:“唯命。”

一夕郡中驛騷，役於官者皆應賊，持軍器出迎。首吏勸降以圖生，公大叱曰:“吾當死於賊，汝何敢出此言?”仍與弟耋步巡坊曲，涕泣撫民曰:“吾聞‘民以太守爲父母’，父母在，汝將焉往? 吾生則汝生，吾死則汝死，死生與共，勿之驚動!”於是哭者止，走者返。

然而倉卒急迫，不能爲守禦備。歸坐政堂，整衣冠，待變，泣告參判公曰:“以身殉國，敬聞命矣。大人無官守，請與耋避之!”參判公責曰:“此時奚論官職有無?”辭氣甚嚴，遂不敢更請，顧內舅朴寅陽曰:“吾今死矣，舅氏先避以收吾骨!”

不移時，鼓角喧天，賊徒闌入大叫曰:“郡守速下堂!”公堅坐不動，叱曰:“汝輩雖梟獍，亦我國民耳，曷敢稱兵犯官乎?”

賊手劍脅喝曰:“急上降書，且進印符! 遲則死矣。”公父子同聲大罵曰:“印符受之於君，吾命未盡之前，豈可與賊乎? 速殺我! 速殺我!”

賊向刃以脅之，公罵益厲。賊曳公出房闥，參判公疾呼曰:“毋苟活!”賊大喝跪膝，公厲聲曰:“吾膝豈爲賊屈? 可斷而不可屈。”賊劫迫不得，以劍擊膝，公立隻脚而終不跪。又擊隻脚，卽顚地，罵不絶口。

賊又喝納兵符，公藏印于壁，握符于手，賊以劍擊手，符落。公以右手急取兵符，曰:“吾頭可斫，符不可與。”遂被害，卽十二月十八日也。

參判公又爲賊所執，奮詬不屈，又遇害。耋以身蔽，乞代命，被八創氣絶，賊認其死，曳出官門外。衙奴元采，竊負而逃，匿義妓蓮紅所，賴其至誠調護得不死。

又有所乘馬駿逸，爲賊所掠。松林之役，賊方犇北，馬咆哮走還官軍，跳墮賊將，爲我軍所殺，人謂之"義馬"云。

翌年正月八日，弟壵奉柩出安州改斂，距其歿二十八日，而顔色如生。沿路長吏及庶民，皆奔走庀喪，或爲文以祭。柩過都下，傾城出弔，如悲親戚。入本道，遠近親踈，皆迎哭境上，哀聲動地。

三月二十四日葬于星州茂溪坐戌之原。與參判公同兆，而時日又同，會下者近千人，一路校院亦皆奠酹，是可驗忠義攸感也。

公有至行，事父母，先意承順，晨昏必冠帶，拜門外。從宦在京師，每飯必思曰："菽水屢闕，而獨享五斗之俸者，秪要得一麾養親耳。" 及得邑，養以專城。值參判公周甲，竭一郡之力，盛備服食，飾喜廣慶，必恔孝心而乃已。以未奉慈闈爲恨，曰："何忍享官廚綺饌?"仍減進。

平居與群季同床，未曾私其妻子。夫人衣裳甚弊，公歎曰："諸弟婦皆無衣，吾不能徧及，豈私吾妻乎?"

遊京師十年，不枉一步，或有勸公干謁者，輒云："窮達有時，是不可力致。昏夜乞哀，吾不忍爲也。" 得一官，若將終身，是所謂"有本者如是"歟。

公性厚重，寡言笑，喜慍不形于色，長身有膂力。參判公曰："此子有器局，而短文藝，以武立功，是亦不朽，吾將筮之。" 揲蓍，得履之六三，其辭曰"履虎尾，咥人，凶，武人爲于大君"，參判公曰："初凶，終吉"，遂使之從事韎韋。

武藝絶人，而居官，務興儒化，每課士，輒行相揖，敎以禮讓。有叔姪爭糴而訟者，當食却之，曰"是余之過也"，出官米償之，曰："可無訟乎?"訟者感服。斥邑子之絹，減官田之稅，捐廩補賑，民以賴活。如此者，雖爲大節所掩，亦可書也。

配一善金氏，通德郞養和女，恭執婦道，閫範咸備。有一女，適安光達。嗣子肯錫，今縣監，縣監子，基永。安婿子，必壽。

嗚呼！公殉難之忠，八域之所歆誦，而其功則鮮有知者。蓋辛未之變是不過潢池之弄，而乘天災人饑，煽動民志，淸川以北，幾盡陷賊，中外大震。猘鋒首犯嘉山，公明君臣之大分，立天下之大經，全家授命，蹈白刃如歸，而其決烈之氣、炳耀之節，眞足以褫賊魄。以故不半歲而就殲夷，關西一域永底廓淸，是孰使之然哉？卽公父子之死，俾人心風動，咸懷敵愾而致也。往哲謂："顏常山罵賊之舌，强於百萬雄兵，而匡恢之烈寔本于玆。"愚於公父子亦云，是所謂"死有重於泰山"者歟。

公胤子克類公，志氣伉激，每語古人立慬事而泣，屬不佞以幽堂之銘。屢辭非其人，而其懇彌力，以托名爲榮，奮筆而書之，亦不敢以一言贅者，公自不泐也。銘曰：

維昔宗儒，曰文穆公。
憲憲蒼坡，述乃祖風。

至于公身，習武試弓。
筮得虎啌，終吉非凶。
孰謂赳赳，飭禮褆躬？
孝友爲政，自家而達。
西邑告警，坐鎭騷屑。
父詔子勖，一死已矣。
狂猋劫炎，不可嚮邇。
知止有定，不動如山。
熊魚取舍，在造次間。
指叱膘羯，談笑刀鉅。
不有素養，可能如許？
闔家効命，各得其所。
明白一死，取義成仁。
維天正氣，鍾公一門。
在晉卞壼，有明高陽。
殊世同歸，永扶彝常。
精貫白日，氣肅秋霜。
應有餘烈，化爲風霆。
迅掃妖氛，不日淸寧。
聖朝揭旌，鄕邦建廟。
巨牓煌煌，風勵世敎。
衿紳齊趨，用極崇報。
課忠責孝，彌增愛服。
茂溪之原，有屹四尺。

父子同兆，葬以昭穆。
碧血不變，白光如虹。
我銘納隧，用昭無窮。

近齋朴先生墓誌銘【幷序】

嗚呼！此吾先師近齋朴先生之墓也。嗣孫府使君，以直弼自幼服事，宜知言行大致，托以誌銘。未幾府使君遽歿，其胤子齊近，又申請甚懇。夫先生道德學術之懿，非蒙識所能窺測，而念一世無可屬筆，直弼且癃病垂死，義不可以退讓因循，乃敢序次其終始，用備陵谷之變焉。

先生諱胤源，字永叔，潘南人。遠祖文正公諱尙衷，以文學節義著。麗季，平度公諱訔以勳業顯。本朝，至文康公諱紹，見幾遐遯，爲世名儒，世稱“冶川先生”。生諱應川，司宰監正贈左贊成。三傳至諱世城，左副承旨贈吏曹參判，是爲先生高祖也，斥邪扶正，爲時名臣。曾祖諱泰遠，黃州牧使贈吏曹參判。祖諱弼履，贈吏曹判書。考諱師錫，公州判官贈左贊成。三世世襲文行，克紹先休。妣杞溪兪氏贈貞敬夫人，考處士贈吏曹參判諱受基。大宗伯章肅公諱命弘孫，農巖金先生諱昌協，其外祖也。純靜和柔，婦道咸備，以英宗十年甲寅五月五日擧先生。

生禀絶異，肌膚如玉雪。聰慧絶倫，纔學語，已解文字，談笑皆成文，玩好在前，若無睹也。祖妣李夫人有文識，常口授《小學》及古史，先生已會大義。夫人勤蠶績，先生爲作養蠶歌以悅之。

稍長，治古文，高妙淵雅，透作者神髓。藝苑諸公聞先生盛名，要見著述，先生曰："焉有士子而謁文詞于時宰者？"常以道學節義矢心自期。時復激昂感奮，語及斯文是非、辛壬忠逆、《春秋》大義，輒慷慨流涕，作《北征論》以見志。嘐嘐齋金公用謙賞歎曰"是讀尤翁書而有得者"，先生嘗自謂"興起向學之心，專賴斯集"云。

其遊庠序，儕類皆讓與一頭，而先生以"利欲之場不可濡足"，遂不更赴。每科名不正，輒坐停。發解監試而未經照訖講者，命停擧，人皆彌縫苟免，獨先生首實。及會闈釋停，先生曰："不照訖，誠襲謬，敢以解罰而冒赴乎？"後又發解時，以科場殽亂，使捕校詗覆闈，先生歎曰："昔人有視棘籬而廢擧者，況捕校乎？"折券而出。壬辰見時象孔棘，不樂城闉，僑居廣陵江上，讀書久而後返，及贊成公歿，沒身不復出。

甲辰命薦桂坊可擬人，醇庵吳公載純以先生進。上嘗問先生於夢村金公鍾秀，金公對以"硏經固窮，爲當世第一流"。及純廟將入學，又請任先生以輔導，金公履素、金公憙、尹公蓍東，皆先後薦引。上曰："古人以不相賓廣國謂之私。然豈不難乎？"蓋嘉順宮以先生弟忠獻公女，實誕我純廟故也。

壬子除繕工監監役，不就。戊午設元子講學廳，選僚屬，右相李秉模擧先生，上命先生問安于元子。先生辭以疾，教曰："是不過桂坊一例，豈有難進之端？"先生又對以實病。時上欲必致，荐降責諭，辭旨嚴厲，有人臣所不敢聞者。先生席藁私次，待勘者月餘，天怒轉激，禍將不測。子姪震慄號泣，願一出脚，用活家族，先生終不應命。

上聞先生秉執，始有開釋之教，先生感泣曰："人臣之得此於君父者，能復幾人哉？"猶以職名未遞，引咎自訟，不出戶庭，從遊者請學則辭之。時有以僚屬而匪頒者，亦不受，蓋不欲以見職自居也。上知終不可屈，特命許解。

先生素清羸善病，至己未正月，時沴大行，先生亦患斯疾，十七日子時，考終于聚賢坊貞洞第。前二日諭傍人以"啓手足"，命"遷奉"，蓋欲遷于正寢也。

先生於前歲忽誦康節六十六歲詩曰："以康節造詣，尙有'却十年少集事'之願，吾儒事業儘無窮，至是棄後學。"壽止六十六歲，其自有前知者歟。

訃聞，朝野莫不悼惜，士友相弔曰："斯文之棟樑折矣。"以是年五月葬于果川雲滿山寅坐。後四十七年乙巳正月，時相歷擧先生學問操執，請褒贈，命贈嘉善大夫司憲府大司憲、兼成均館祭酒。

先生生有至性，事親極其愛敬，疏節亦遵經訓。居喪盡禮，三年未嘗啓齒。在內艱心制，值閤憂阽危，時無親懿在傍，而終不入視，醫來，亦使女奴攝診。終身孺慕，晨起謁廟。及病革值節享，猶趣具時食薦廟。每遇生朝，不進酒食，逮周甲，猶不許。

忌日致齋，不接賓客，及祭，誠禮俱摯，祭罷，盡日飮泣，不進常飯。祭不用市釀及禁肉，曰："聖人不食沽酒市脯，況祀享乎?"嘗云："忌祭，是後賢義起，只爲伸情，未足以盡追養。禮所云'士不祭，冬不裘，夏不葛'，是指四時正祭也。禮有不可不行者三，冠禮、親迎、時祭是已。自朝家定爲法令，俾士大夫行此三禮，罔敢或違，則漸可以復古而敦俗矣。"

每以東俗髢制爲陋，爲文而辨之。及冠子婦，用皇朝髻制。著喪、祭儀節，名之曰《汰哉錄》，爲一家則。

與季氏忠獻公友愛肫篤，相許以天倫間知己。忠獻公疾谻，先生憂泣，躬自乞藥，療治而愈，人謂"至誠攸致"云。

待庶母甚謹，嫁庶妹，厚其資裝。與夫人相敬如賓，有行輒相拜。夫人考妣喪，三年不入內，以及乎夫人四祖及傍親忌日而亦然。

教子，不以獨身善病而寬假，夫人喪中不令做擧業。愛從子如己子，每戒之曰："古來戚畹，尠有全保其家者，類以貪戀榮寵、憑藉權勢，覆轍可戒也。"

睦宗族，重友道。聞喪必不肉，不能奔則哭於私室，或爲之加麻致誄。御臧獲，嚴而有恩。謹男女之別，雖婢僕，亦不親授受。

家素貧，環堵蕭然，蔬糲不繼，竈不炊、堗不煬者累日。惟有翠草盈庭，苔蘚沒階，而入其室，圖書滿床，整襟竦坐，書聲洋洋，常陶然自樂。一蒲薦數十年，弊而見底，人比諸管幼安穿榻焉。

燕居如齋，位置齊整，性又喜潔，一日而屢盥。謹於辭受，若有不恔於意者，盡日不怡。嘗有居喪而致歲饋者，先生却之曰："居憂者不可以歲儀爲也。" 人有承學者爲西邑，送紬，先生亦辭曰："可以受，可以無受，無受爲快活。" 其勵操氷檗如此。

嘗有旨嘉順宮本親入參嘉禮，而先生引病不赴，終身一未嘗私覿。而尙以處地有異，塞兌息影，不輕接人，亦不以師道自居，曰："戚里守拙，當簡交遊，交遊之廣，莫如講會。" 遂不納學徒，然苟有疑難，應答不倦，功化之及人者亦博矣。性好包容，恥言人過失，而見人不是，若將浼焉。被其疏絶者，後皆敗露。

常以異學侵畔爲憂。嚴斥毛奇齡詆毁程、朱之罪曰："眞是索瘢於孟子，斯文亂賊，當火其書。" 又斥西洋邪術曰："其害甚於釋、老。男女無别卽是聚麀，謂'祭無益'不若豺獺。且潛相誘引，漸染俱化，故其害尤大。此乃門庭之寇，禍烈猛火，將以易國。正學不明，邪說益熾，距闢之責，惟在自修，如眞元旣固，戾氣自退。" 及辛酉、己亥，其言大驗。

又以"《麟經》大義莫嚴於華夷之辨，而近世人心狃安，聞見習熟，臥薪嘗膽之志，日遠月忘"，嘗自憂歎曰："魯連一士也，以帝秦爲恥，況居東華而不知事虜之爲可羞乎？夫'賢於堯、舜'四字，卽宰予贊孔子之辭，而李秉模肆然加之於可汗。雖李鄴之張皇虜勢，不應至於斯極也。

金人之稱其主雍爲堯、舜之君者，雖其臣贊述，而亦僭也。至若稱之以贊孔子者，卽古今權宜文字中所不敢出，而獨秉模引以媚虜，不少忌憚，是侮聖人也。”常誦斯義，作爲家計，若終食之不可忘焉。於是先生以爲“身爲儒者，被先王之法服，誦孔子之訓辭，而爲此人所薦引，則是汚衊身名也”。

以故矢死不出，天威震疊，譴罰將降。而先生堅守己志，終始不渝曰“若使尊聖人、攘夷狄之義，由己粗伸，雖滅死，萬萬無恨”，若不見嶺海、鼎鑊之在前。賴正廟聖明，俾得以全其所守，化雪霜爲雨露，變斧鉞爲華衮，嗚呼盛哉！

夫以先生德業之盛，沈屈厄窮於一世，俾其鋪敍皇王之志卷懷而逝，與大化隨藏，是固士林之所齎恨。然而述謹嚴微婉之正訓，闡敍秩命討之大經，以一身而扶萬世之綱，以一心而回人主之怒，至蒙知其心、成其美之教。若曰：“此義理，夫孰曰‘不可’？況予乎？”聖訓炳若日星，可但爲先生曠古之異數哉？

先生天分極高，明粹英睿。色莊而言厲，氣和而心坦，直而不峭，嚴而不激。襟懷灑落，表裏瑩澈，自幼好學，不知有餘事。及長，淹貫經史，律身淸苦，動必以禮，義有所秉，雖賁、育，莫能奪。其辨邪正淑慝，劈劃若利刀兩斷，卓犖有大志。

嘗慨然歎曰：“不爲婦人而爲男子，生於衣冠之國，承冶川詩禮之傳，其可以自小乎？人之性善與聖人同，可以人而不知其性，知而又不能全乎？”遂委身性理之學，取讀四子及洛、建諸書，窮晝夜鑽研。篤信聖人，以爲“一毫不及，吾事未了”。揭孔、孟及程伯子小像于書室，朔望瞻拜。於石潭、華陽兩先生，曠慕最深。蓋敏識天授，於性命蘊奧、箋註紛錯，心融而神會，大而道體之彌六合、細而妙用之散萬事，靡不玲瓏穿穴，會通而歸極焉。

講論之際，未或務勝，曰“義理，天下之公，何可自是而非他乎？喜同而惡異者私意也”。以故雖鎮日談辨，屢牘往復，而平心易氣，不失其和。若寸長在人，輒屈己而從之。兼治禮學，沿泝源流，考證同異，酌古今而盡常變，辨析而折衷，秩然有體裁。世之有變禮而不決者，得先生一言，疑難俱釋焉。

嘗歎“世教衰，喪紀先壞，朞服中婚娶，悖理之大者”。始喪，設飯庭廡，謂之“使者飯”，婦女將死，侍婢誦佛，幷非所以正終，遺教而禁焉。又以父母死被髮爲非禮，曰：“苟欲釐正，必須明良相得，著令設禁，然後可變。若在下者，擅改則妄也。”又嘗曰：“好禮固可尙，而徒規規於繁文末節，不致力于本原，則雖會通三百、三千，易啓文勝質之弊。”戒學者以役文，俾之先經而後禮。

又嘗留心經濟，論治道，必以唐、虞、三代爲期。經國之謨、用人之法，研究而論著。以敦教化、正風俗、任賢能、祛浮華、尙忠質爲先，其要又在於人主一心，以爲“君心正則天下正”。

每恨人才之不古，若曰：“是科擧害之也，壞心術，賊世教，當革無疑。”又曰：“苟無所學，將何所藉手事君？進取者尤不可以不學。朱子貢擧議，終恐有遜於程子學校箚。”

每恨長吏之弁髦儒化，其言剴切，而常以安民利物爲心，凡係民生疾苦、水旱災癘，憂之若恫在躬。嘗謂：“濂、洛群賢皆王佐之才，多愛說經濟，而其言散出。惟柳磻溪《隨錄》，燦然成一王之憲，惜不措諸斯世，用匡一治。”又嘗係心王室，憂患世道，往往至於流涕。

每誦正廟丙申三月初十日傳教，曰“聖學高明卓冠千古，嚴於不貳本之義如此，賤臣信之如金石”云。

及聞午人作相，慘然不樂如憂天津鵑聲，及壬子咸推知幾之明焉。

先生不由師承，自知爲學，闡發名理，皆所獨得。然亦不自信，及遍交幷世賢者，以質其疑，而於渼湖金先生元行，最所尊信而師資焉。

其爲學也，窮理以明善，反躬以踐實，持敬以養內，體義以制外。每臨丌展書，輒盥手端拱，不撓肩背，心眼俱到，神志相涵，直與書爲一，音韻如出金石，聽者以當韶、頀。

於經義妙契神解，不費强探，而直抽關鍵。其所辨釋類皆怡然理順，精透明白，多有前人所未及究者。嘗病世儒不勉下學而驟語上達，誨學者以敦本務實。又著《勸讀小學文》以敎之。

自志學，絶不爲閒言語，或有所著，秪要文從字順，每云：“文要其好，則用意虛，去道遠。古者文與道爲一，後世文與道爲二，浮華盛而本質亡。”悉焚少日述作而曰：“所言浮誇，不可留示子孫。”臨終胤子問文稿究竟，先生曰：“是何足惜？”嗚呼！苟不固高見曠識，審本末輕重之別，亦何能與此哉？有文集行于世，群經箚略皆未及再修焉。

先生素愛閒靜，不樂闤闠，寤寐邱壑，力屈未擧，常悒悒如也。亦不喜立號，每擬樹屋巘巖，名之曰"近齋"，學者稱"近齋先生"。

夫人安東金氏，處士時莞女，仙源文忠公尙容，五代祖也。別有誌。男宗興瑞興府使，有至行，克趾先美。有子雲壽順興府使。有子女，齊近生員，女適金元性。齊近男，晦陽。

嗚呼！先生以豪俊之資，慕聖賢之學，因文入道，由博反約，斂却英爽發越之氣，措諸規矩繩墨之中。及其養深而積厚，則剛嚴者寬平，刻勵者舒泰，宏暢深密，溫淳簡易，精粹達於面貌，和順溢於言笑。如蘭薰而春噓、淵渟而岳峙，自令人愛而畏焉。

學窮天人之妙，而不越彝倫之外；專用心於內，而一本之於敬。馴致乎純一不雜，知周乎事物而不遺；行歷乎夷險而不變。玩心高明，日新上達，以成其久大，則誠而已。

若夫憫聖道之不尊，懼邪說之肆行，宗孔聖討亂之義，述鄒聖距闢之訓，以吾出處之大節，壹裁胸中之《陽秋》，以明天理、正人心、閑先聖、攘夷狄爲已任，拚死生黜禍福，畢生自靖以獻于先聖，是爲見之行事深切著明，詎若空言之無施者哉？其將延道脉於無窮，伸大義於天下。於乎盛哉！

先生所樹立固卓絶，而寔由於信道之篤實見得。是以平生所養之正、所見之大，尤兢兢於出處，而斯亦敦化中川流。若不求諸體用之全，而只斷以一節，則豈非淺之知先生者哉？傳云"篤信好學，守死善道"，又云"富貴不能淫；貧賤不能移；威武不能屈"，先生有焉。銘曰：

海東間氣，潘南炳靈。
曠世一値，得有先生。
天挺異質，允矣豪英。
斂華就實，遵晦而明。
明通公溥，自安且成。
內聖外王，體立用行。
忠信爲本，先立其大。
大其所守，《春秋》之義。
邪說滔天，聖道墜地。
疇禦其侮，用扶人紀？
猗歟先生，自靖厥身。
自靖維何？以尊聖人。
聖人旣尊，夷狄乃攘。
距詖討亂，斯文不喪。
以我行休，遏彼懷襄。
千萬吾往，可驗所養。
獨立不懼，以《大過》象。
辭取微婉，志自含章。
然亦斯義，如揭三光。
卓乎其秉，爲聖主知。
不泯者存，百世有辭。

孔門忠臣，明室遺民。
天經地彜，賴以不淪。
嗚呼先生，身道俱亨。
原始要終，存順沒寧。
有屹雲滿，若斧其塋。
形神攸留，常有光晶。
小子述銘，敬納玄扃。
維山不崩，維石不泐。
名垂宇宙，與之無極。

貞居李公墓誌銘【幷序○戊戌】

正廟在宥，誕敷文教，賓興八路之士，彬彬有三古之風。時江西李公晦斗亦登道剡，拜崇靈殿參奉，不就。乙卯又被宣召引對，咨以經傳義理，賜《御定朱書》，親題“匪頒群品”，承恩賚者至于再三。公曰：“君賜，不敢私也”，買祭田書籍，分其餘于親黨。上聞而嘉歎曰：“士之道當如是，是眞儒者。”我先王求賢無方，所以致公，而苟非公邃學質行，亦何以與此哉？

公字而章，系出平昌，以高麗軍簿判書諱宏爲始祖。至諱晟左承旨，世稱“五經笥先生”。入本朝，有諱達漢安州牧使，再傳至諱芑義州教授。曾祖諱時英，祖諱益采，考諱顯挻，兩世咸著文行。妣交河李氏亨泰女，嘗夢麟而擧公。

生有至性，八歲遭內艱，執禮如成人。及長，遊學京師，忽心動，通體流汗，星夜馳歸，則先公病已革，開眼熟視公而卒，公號絶而蘇，勺水不進口者四日。旣葬，廬墓疏食啜鹽，以終三年，哀毁幾滅性。

事繼妣，志物俱養，侍側不解帶，有事必稟裁，金帛皆納母，所不敢專焉，及歿，易戚如前喪。篤友昆季，庭無間言。

純廟癸酉正月二十四日卒，距其生丙辰九月五日，爲七十八歲。葬于本鄕中鶴山丁坐，門人題其墓曰"貞居先生"。配全州李氏，別葬圓塘山。繼配蔚珍林氏，祔公墓左。生四男二女，泰寅、嵩寅、恒寅、華寅，女適金鎭億、金致潑。泰寅五男，沆、溶、瀌、溏、灝。嵩寅二男，沈、瀸。恒寅男，潡。華寅男，涜。

公天資溫粹，聰以知遠，明以察微。纔勝冠，銳意求道，博涉群經，潛究默契於理慾界分，性命蘊奧必毫分縷析。最用力於《庸》、《學》兩書，曰："性、道、教三字，徹頭徹尾，上下貫徹。陸象山專尊德性，而不致力於問學，則徒知天命之性，而不知修道之教，是有體而無用。王陽明主致良知，而不知卽物而窮理。是以知致知，無異以心觀心，此其學本而遺末，似是之非者，尤宜痛闢也。"

晚益專門《大易》，刳心鑽研，名其所疾書曰《籠添思問》。又述《五倫演義》，使童孺朝夕諷誦。凡星曆度數、天文地誌，罔不旁通，而恂恂若無能焉。嘗嫌寡陋，從白雲山人學，備聞性道之要。又與并世群儒討論經訓，多被其奬詡焉。

公雅言"窮經，將以致用，出身事君，權輿於科第"，累舉大小發解，竟不利南省，而亦不介意。旣而謝絶進取，卜築鳳回山中，扁其齋曰"新心"，深衣幅巾，儼若對越，踵門請學者益衆。

公被正廟殊遇，恒願爲國家一死，及辛未定州之亂，公如不欲生，將倡義旅。道伯聞之，召問籌策，公曰："是不過誘脅飢氓以致亂，所謂'弄兵潢池'也。游釜之魚，何足深憂？孫臏刖足而爲軍師，許我赴陣決戰，西賊之頭，可立致麾下。"道伯壯其言，而憖老謝遣。不踰月，破賊如公言，其前知之明多類此。

亂定後歲仍荐饑，公倣紫陽成法，述救荒策，獻道伯，道伯歎其有兼濟之道，多所採施云。方岳、守宰咸致禮遇，謀及治民，公對以寬罰、均賦、親賢、養士之方，其言咸有典則。公學《易》而有得，故識時務爲其大方歟。是所云"學與政不殊心而得"者歟。

噫！關西一域肇被仁賢之化，而松亭、遯菴諸賢相繼而作，傳仁義道德之說。及公自奮爲西土倡，俾士趨歸正、鄉俗丕變，其功亦韙矣。玆蓋熙朝漸被之化，而亦豈非殷師八教之所由哉？一鄉章甫圖所以崇報，將祭于社，生而受知於聖主、歿而俎豆於鄉邦者，苟不固敦本懋實，孚感上下，其何以致之哉？

公之孫瀗弱冠志學，執親之喪，又能廬墓，嘗從余遊，亦可驗身教所推也。瀗以徐處士重瑞之狀，來謁墓銘，銘曰：

天之生賢，蓋自無方。
豪傑之興，不待文王。
矧際寧考，化育洋洋。
皐鶴天聞，褩錦日章。
迺膺延聘，如古賢良。
召對文陛，名實孔彰。
寵錫便蕃，寶墨煌煌。
臨亂倡義，獻策救荒。
詎若迂儒，大而無當？
返我初服，遠世自臧。
横經豎拂，陶鑄一鄉。
振揚教鐸，德聲鏗鏘。
潛導之化，沒世不忘。
鬱彼鶴山，有寧玄堂。
我薦石章，昭垂無疆。

立菴朴公墓誌銘【并序○戊戌】

久菴尹先生講道玉溪之上，及門之士彬彬有“五學士”之稱，立菴朴公，其一人也。

諱俊欽，字德汝。朴氏貫陰城，羅、麗之際，胄緒蟬嫣。入本朝，有吏曹判書忠愍公諱淳，奉使咸興，用子母馬，感悟宸衷，用成回鑾之功。夫人任氏及子參判諱昕，同時駢命，一門三綱，俱蒙旌褒。

傳至諱淵，與靜菴齊名，同薦直除縣監，不就，爲己卯完人。是生諱有寧，亦以遺逸拜執義。是生諱至誠，斥絶李爾瞻，改名遯世，長陵改玉，拜官，不就，寔公高祖也。曾祖諱浩遠贈參判，祖諱震龜僉正，考諱廷珪縣監。參判、縣監兩公，咸以孝旌閭。妣晉州柳氏，處士涵女，舉公于漢師壯洞里第。

生而敏慧，髫齔已自劬書，過眼輒誦，吐辭驚人，所著《木圖書説》，膾炙人口。稍長，鑽研群經，質疑義于陶菴、黎湖兩先生，黎湖與之講論，彌日賞歎不已。

旣東脩久庵之門，備聞爲學之訣，自是篤信師説，傳習不懈，而亦多自得。久庵喜吾道得人，曰："見識、行義卽此世未易覯，余所敬畏，不可待以師弟之禮。"講《易》編禮，多用公説，書贈"立菴"二字。公爲師門狀德，闡顯幽潛，亦無遺憾焉。

嘗因親命赴試，試闈每發問性理，士子坌集質疑，公左右酬答，口呼手書，觀者嘖嘖稱頌。永感後，卽謝公車業，專心爲己。

嘗以操存爲進學之本，講讀爲窮格之要，專精四書，闡繹名理，於洛、建諸賢言行，潛心服膺，又裒合東儒文字，尊閣玩索。尤斤斤致謹於禮敎，人有疑變，咸就正。負笈踵門者甚衆，隨才善誘，多所成立焉。

燕居，夙興盥櫛，正衣端拱。聞雷，雖夜，必跪致敬。

雅執謙恭，於先輩、長德極致尊畏，雖稍長，亦不呼其名字。常云："人有所守而後可以有爲，學問非高遠難行者。日用事爲皆中理，則是爲學也。"

性於孝，親意所欲，必委曲承順，生養死祭，情文俱摯。所嗜終身不食，餕餘不忍卽御，有故廢祀，竟日却餐。

推至內外親戚，撫愛存恤，恩意周遍，解衣推食，以待貧者。曲察人情，不施不欲，急人憂患，必盡己心，寧有物不敷，靡有誠不逮。

與朋友久敬不替，片善寸藝，罔不稱揚，以故人皆感服。民有婦姑勃谿，不成倫理，及處公隣，幡然感悟而改行焉。語不及"殺"字，雖昆蟲草木，猶恐或傷，其存心仁愛者如此。

切友秉銓，擬公將作，又有剡薦者，皆刳心力辭而止，是可以見所養也。

暮年寓居安城德谷山中，流離侘傺，備經艱虞，晏如也。惟冥心玩理，有忘老之樂，每言"晚覺自進，其味無窮"。

與兪大齋彦鏶、兪止軒彦鎬，講劘道義，用托歲寒之契焉。爲文章，贍暢典雅，自中軌範，尤長於書牘，粲然可誦，失於回祿，有零藁藏于家。

以正宗丙辰六月三日卒，　距其生己亥十二月十五日，壽七十八。十月葬于高陽鶴翎山坐酉之原，從先兆也。配慶州李氏，掌令行敏女，生與公同庚，歿先公五十年，祔公墓右。育一女，適李晉誠。繼配淸州韓氏聖維女，生後公十二年，歿後公十一年，孝慈婉順，閫德無違，祔公墓左。育一男二女，男應漢，女適李義直、縣監韓元履。應漢繼子來復，李儒修庶女也。尹秉一、申東禹妻，李[3]婿出；奉事韓直敎、在敎、參奉弼敎、李祖錫·李福愚妻，韓壻出。來復男，趾赫、基赫、民赫，女任由常。

公天資寬厚，襟懷坦易。溯淵源而路脈自正，守成法而丈尺不差，存養積久，踐履篤摯，而居恒遵晦，猶恐沾衒。故行己大方若不甚異於人，而收束檢制，確乎有守，居幽如顯，處獨如衆，及其酬酢事物，亦由由然與偕而不失也。

居家未嘗治産業，竈不煬者數日，薦藁席以御冬，而神氣揚揚無幾微色。對人語纚纚不厭，有叩問者，應答如響，人不知其屢空也。每念童年屢拜公於紫閣峯下，戶庭蕭然，闃若無人。公以玄冠縞衣，整襟危坐，肩背竦直，如泥塑人，時公已踰耆耋矣。苟非居安資深，行果而守固者，其何以與此哉？公嘗期許余甚重，勉以君子之道，沖齡開發，皓首無成，負公大矣。然何可不銘公墓？銘曰：

猗歟忠愍，忘身殉國。
煌煌四旌，門闌輝赫。
世篤懿德，不顯其族。
公克趾美，濟以好學。
學求其實，不騖空言。
豈若世儒，涉流忘源？
暨暨其守，汲汲其修。

3 李：저본에는 '尹'으로 되어있으나, 문맥에 의거하여 수정.

遠世自引，獨與道謀。
以故終身，無所於遇。
不遇何傷？所以自樹。
淵潛不見，是爲成德。
有韞無施，大化冥漠。
節彼鶴山，葬以昭穆。
永安且固，碩儒攸宅。
我庸作銘，式闡徽美。
令聞長世，用勖髦士。

忠州牧使金公墓誌銘【幷序○己亥】

近故忠州牧使金公卒後十二年，公胤子景善汝行，述行狀，屬直弼爲銘，用誌陵谷。

嗚呼！公與我先子，弱冠結交，有張、范之好。直弼自髫齔受撫頂之愛，以至老大，逮遘閔凶，公存恤肫篤，未半歲而公又易簀。臨歿以不克面訣，致意丁寧。所以貫徹幽明者乃爾，幽堂之役，愧非其任，而亦何敢讓？遂爲之敍曰：

公諱基豐，字大伯，生而朗慧絶倫。稍長，勵志劬書，習博士業，藻彩遒麗，體裁精工，諸友皆讓公一頭。癸卯始擧進士， 乙巳筮仕， 內而永陵·明陵參奉、義禁府東部都事、通禮院引儀、刑曹佐郎·正郎、戶曹正郎、軍資監·敦寧府判官、司䆃寺·司饔·掌樂院僉正、光陵令、宣惠郎廳，外而三登·永柔縣令、順安、孟山縣監、咸興·廣州判官、善山·長城府使、林川郡守、平壤庶尹、忠州牧使。 三登·善山，不赴。

卒于純廟二十七年丁亥七月九日， 距其生甲戌三月二日，爲七十四歲。九月丁卯，祔葬于楊州金村亥坐，從先兆也。後因胤子推恩，贈公吏曹參判。

公望于清風，麗朝侍中諱大猷，爲鼻祖。入本朝，文毅公諱湜、文貞公諱堉， 以道學事功爲世名臣。 文貞生清風府院君忠翼公諱佑明， 出后從叔父贈領議政諱址， 是爲公五代祖也。 曾祖尙州牧使諱道浹， 以刑曹判書贈左贊成貞僖公諱錫衍子， 爲季父漢城府判官諱錫達嗣。 祖諱聖梓清州牧使，贈司僕寺正。考諱安默白川郡守，贈吏曹參議，世以長德稱。 妣贈淑夫人韓山李氏， 參奉思重女也。 配贈貞夫人杞溪兪氏，通德郎諱漢蔣女，別有誌。男景善，吏曹參議。參議男益文，文科注書。注書有二子幼。

始李夫人夢，懷白璧而擧公，骨相清秀，凝重岐嶷，拔出倫類。患痘幾失明，猶不廢書，從人口授，向壁伊吾。與群從遊戲，儼有矩度。牧使公嘗稱“是孫，必昌吾家”，從叔父斗陵公，尙默高簡，尠肯可，而獨詡公綦重，臨事必詢。

以明陵寢郎，値正廟謁陵，特加奬勉，仍被陞敍，爲識慶也。在秋曹，絶關節，聽理平允，因入輪對，教曰：“爾無滯訟， 又能通法外意， 訟官不當如是耶?” 蓋公需世之具，特被主知者，權輿於此。

及爲三登，命換授順安曰：“惜置閒僻。順是孔道劇務，可展其才。”邑介燕路，星槎旁午，公制爲規則，咸適其宜。邑無水田，民請開水梁以利灌漑，公審形便，助財力梁成，永賴其利。會因公幹引接，備陳簽丁殖債之弊，請不煩于朝，從便矯捄，上可之。

其移永柔，亦特旨也。治尙淸簡，暇日讀書哦詩以自適。捐廩置官馬，自是公行運輸，永絶低價雇民之患。上以孟山凋弊爲一路最，命與孟山換授。

邑處萬山中，官居荒陋，人不堪其苦，而處之晏然。惟汲汲於約己裕民，橫斂逋糴，首先蠲停，次簿正所需，著爲絜令，科斂有程，庾廒皆盈。民大悅，勒石頌惠。上憫公久曠病親，命內移，被辟戶曹。

上謁景慕宮，因公例侍齋殿，教曰：“本宮所排用，或過太廟，雖是固所自盡，於心不安。爾其條列異同以奏。”公承命而多所施行焉。每値繕修，入侍者數，上許以晩交，勉以大闡。嘗以久任郎，隨參賓對，上曰：“朝廷急務，莫先於人材。蔭路已試者，誠多可用，今玆入對之人，未做一第，沈淪下僚，不盡其用者，詎不可惜？議設蔭科！”諸大臣皆言：“惟在擢用，何必登科？”事遂已。

公仍進曰：“同律度量衡，大關治法，請京衙門、諸州縣斗斛，就正於本曹銅斛，依古先王巡狩同之例，度支與道臣限年檢察，亦可以永久無差。”及退，上顧大臣曰：“斯人也，終不盡用耶？”

及拜咸興，又敎曰“出外固可惜，置閒局尤可惜”，眷念不衰，每對筵臣，頻問安否。邑有本宫，責應甚煩，公嚴其約束，俾絶科外徵督。北商販貨，所過營邑輒減估勒買。吏以例告，公曰："舍之！吾不須此。"且蠲商税浦斂，申嚴交濟之糴法，修完城川之堤築。道伯李秉鼎常忌公，思有以陰中，聞公饋謫客飯，謀及權貴之素惡公者，狀請勘罪對吏，旋特宥。時繡衣褒啓，嗟惜其罷去，其人竟被罪。

謫林川時，値關西賊警，民將鳥獸散。邑有古山城，公諭民貯穀，俾效死勿去，點簽伍，敹器仗，課吏奴習射放丸，數月而技成，湖右波動，而獨林境安堵。

箕城新刳於兵，饑饉癘疫，公私蕩殘。廟議擧公爲少尹，公竭力措畫，廣賑場以設哺而飢者蘇，販耕牛以課農而佃者作，尤慥慥於掩骼埋胔。田賦定新規，尺籍革舊伍，流亡畢集，瘡痍向蘇，比歸殷庶，幾復舊觀。禁民不得冒耕井田，曰："箕聖遺迹，縱不克遵述，曷可漫漶經界，漸失其舊？"仍樹之以桑。政暇會諸生，講《洪範》于仁賢書院，一鄉風動。

及莅忠州，糴弊已痼，公亟革謬習，旣不可得，則據實報營，請勘罪，按使不許。公歎曰："民力竭矣，不忍復事椎剝"，遂棄紱歸。蓋九邑成績咸有可紀，而箕城卓殊，可方富鄭公之青州，而又加難焉。

公白晳美鬚髯，眉眼秀炯，神彩粹朗，風儀可象。孝友篤摯，在永陵直所，聞先公病猝谻，晨夜馳省，半途戴星，號擗幾殊。因爲沒身慟，語到輒嗚咽。

事李夫人，極志物之養。李夫人年卲失明，且抱貞疾，公在側，先意承順。有一妹遠嫁，每殫力邀致，用供歡娛。婢僕爲親心所愛，雖不堪任使，終不易也。

與兩弟聯被對床，日夕湛樂，不許析箸，視其子女猶己出，自賣莊，供婚娶。母事長姊，子視諸甥，推諸內外親黨親疏貴賤，恩意靡不周洽。

處官必分俸月饋，或計口支給，待以擧火者，常五六家。憧憧乎奉先收族，首出財，倡爲宗契，理先院，立祧廟，修舊起廢，無遠不届。

教子孫，先行誼，後文藝，諄諄於禔躬處世之方，皆可爲柯則。篤於故舊，對人不設畦畛，而亦不苟同，和而不流，貞不絶俗。以故情好無甘壞，雖久要，有勢位，不迹其門。治家御衆，雍容整暇，不屑指教，而自囿於成法，斬斬如治朝。

素性儉約，居室僅取容膝，不蓄書畫，不植花卉，食無重肉，衣取大帛。嗜書，靡所不觀，日閱數十卷，若不經意，而與人語如誦己言，到耆齡猶然。

文章明暢，詩亦雅潔，而亦不雕篆以爲工。嘗云"爲文，當基本六經，而取裁乎韓、蘇"，常病學者規規於節目瑣細，且辨析已甚，不免"數車無車"之譏。

喜論史，揚扢成敗事變，歷歷如掌紋，國朝掌故、前人言行，貫穿纖悉，年條時日，往往不差。月朝人物，尤中肯綮，最慕諸葛孔明、李伯紀及本朝之石潭、三洲。

常注心於經世濟物，論治道，必以廣大公平爲度，不泥古，不淪俗。雅言："蘇綽、王朴之徒，亦可許建功立事，而腐儒不達時務，或徑先訐直，不能格君，而反致僨誤。要就其所及而告，自其所明而入，是爲‘納約自牖’也。”每以明道所云“大變大益，小變小益”爲至論。持論務主和平，而至辨陰陽淑慝，未嘗不嚴，當事操執，確乎不可奪。

每患是非不公，“如非干犯名義，秖宜舍短取長，用盡其才，方可以做事。”是其規矱力量，非大言無當，而所養之正，亦可見矣。

常歎：“今人皆憂國計罔極，躬儉率先是係君上。然理財迷方，田政無章，民力愈竭，國用愈絀。地不愛寶，利在山澤，而反虞爲弊，惟恐錮藏不閟，是有司之拙謀也。大同卽捄民良策，而法久弊生，當及今通變，未知誰任其責。至若均役，不百年，弊已難言，苟不節損，無計牽架。惟汰宂兵爲急，當從禁御兩營中，罷其一。”是皆積久揣摩，可以解邦本之倒懸也。

自勝冠，已被長老許以國器。且受知聖主，常欲拔擢，而爲權倖所沮。當路者必欲攬掇，公若浼而不應，疑謗橫加而不少撓。

噫！世道消長之際，冷熱立判，毁譽交眩，而公獨不磷不緇，超然於色目，豈不誠需時之通才、一世之完人哉？

公不以直弼蒙陋，常辱提命，格言令辭，洋洋盈耳，退而追繹，渙然不逆。竊觀潛德淵懿之存中而形外者，不事勉强而自符于和，靡所矜持而克軌于正，未曾標望自高而不爲物累，未欲崖岸自異而獨遠世故。恬靜寡欲，可以革化躁競；寬裕有容，可以敦厚鄙薄。規度恢弘而關鍵自密；範圍深遠而履屐當所，是爲所悅服者也。

晦翁嘗歎"古今賢傑韞經綸，事業不得做"，而教人以先得吾身好。公已體斯義，身與名俱全，亦何恨於不做哉？且若子若孫接武蜚英，榮塗大闢，不食之報，其在斯歟。銘曰：

惟淸風胄，世篤經綸。
猗歟潛翁，活國澤民。
有孫趾美，文質彬彬。
存愛濟物，寤寐伯淳。
先憂後樂，誦法希文。
願言劈畫，賈、陸、呂、陳。
慘憺排鋪，思鬱穹旻。
非影非響，心目俱臻。
赤子失哺，如恫在身。
若將皇皇，拯溺捄焚。
措之則是，曷不化均？
孝友爲政，一家懿醇。
九郡行治，德流如春。
何必弘濟？是亦陶甄。
專而不咸，是憾秉勻。
守身爲大，追先報君。
斂却國手，永閟邱墳。
井渫行惻，食爲後人。
克纘緒業，公志可伸。

我闡其眞，納于玄窀。
匪直昭公，用式衿紳。

吳景毅墓誌銘【幷序○己亥】

老洲吳先生道成德尊，爲世儒宗，四方之士翕然歸之。先生孫弘善壹接以恩信，相與遊處，奬善救失，俾皆感悅而益親，君子曰"是爲先生令孫也"。

先生諱熙常世子贊善，長子致成軍資監正。監正公出后于世父寧齋公諱允常，爲醇庵文靖公諱載純嗣孫，卽君三世也。妣青松沈氏，縣監能秀女，以純廟十年庚午八月十二日，擧君于漢師昭格里第。

十五而冠，字曰"景毅"。辛卯中生員，戊戌六月四日歿，得年二十九。七月己酉葬于廣州月谷枕西之原，先兆也。

娶大丘徐氏郡守灝淳女，生一女，不育。君生三歲而失恃，先生夫人取而育之。先生尤鍾愛，親施敎督，常令與學子，同其勤劬，藝業頓進，先生喜曰"人不可無麗澤之益"。服勞親側，惟務順志，於女兄因心篤摯，於從弟恩若同胞，推及內外親黨，曲盡誠禮。

天性寬仁，恂恂若無能，而臨事精詳，斟量終始，尠有後輩闊略之失。尤愼庸行，服食儉約，兢兢乎或墜先矩，未曾有子弟過。居恒守靜，不喜徵逐，志尙雅潔，嗜欲自淺，貨賄聲色，不及於燕語。惟好文辭，爲詩，淸警可諷。嘗題其藁曰《首山》，以君之望于海州也。

患腫而歿，不廢盥巾。屬纊前數日，語傍人曰：“吾殆其死矣。”猶不作悽苦色，貽戚親心也。以先妣宅兆不安爲至痛，病枕至發譫囈。

君幼脆弱善病，先生嘗撫頂曰：“兒目視堅凝，讀書聲若出金石，此爲可恃。”旣長，骨相浸完，白皙豐頤，氣淸而神定，擧止辭令端重雍穆，對之如玉樹冰壺。

始先生冠君，命不佞相禮。禮罷，君呑聲飮泣，不佞贊嘆其孝思不匱，先生曰：“此子又能善事繼母。”常期望綦重，亟稱“爲吾家瑞物”。

不佞與君周旋者久，益知君表裏行治。蓋其器局深厚，才識通敏，進可以羽儀王朝，退可以棟樑法門，而無年無嗣，以布衣終，是豈關一家運已哉？以先生盛德，不能庇其後，天道報施，果何如也？程伯子嘗歎“雜糅者衆，而精一者間，値其數，或不能長”，如君者，非今世之所宜久者歟？

尊公有子如君，而未享其終養，且不佞畸窮寡與，將托君以後事，而又失之，嗚呼悲夫！尊公力哀爲狀，要不佞誌隧，遂齎涕而爲之銘。銘曰：

嗟嗟景毅！胡不恤有家，不爲後凋之松，而爲先萎之華？俾七葉文獻、五世宗祧，一朝而捼，豈子之不力？其奈命何？賢父祔子于祖塋，旣安旣和。利其後嗣，垂裕永遐。

副提學金公墓誌銘【幷序○庚子】

昔伯夷醜周，餓死首陽山，而文、武不以其故貶聖。我朝靖陵中興，宗社再造，而兪公起昌不忘舊君，用全苦節。仁祖改玉，彝倫復敍，而柳公夢寅自擬孀婦，矢心自靖。是皆特立獨行，而適於義者也。有若故副提學金公興國，守身爲大，不易其操者，殆若人之儔乎。

公以宣廟己丑大闡，由弘文館正字，歷司諫院正言、北評事，又以書狀官朝京。屢典寧邊、淮陽、韓山、楊州諸邑，皆勒石頌惠。値光海政亂，金墉之變，不參庭請。

時公族子昇平公瑬與李延平諸公，方圖靖社，謀及公，公歎曰："國事至此，可謂痛哭。吾已食其祿，義不可爲。公樹伊、霍之勳，吾守夷、齊之節，不害爲各辦人間大事。我有數椽弊廬，耕息於斯以終餘年足矣。君且休矣！"仍棄官，歸隱于白馬江上，名其亭曰"水北"，日與同志文酒團圞，自稱"江山風月主人"，家屢空而晏如也。

及仁祖奉大妃反正，收攬賢俊，公亦被副提學召命，語胤子曰："吾不忍背食祿之義，以榮好爵之縻，死後誌碣，題以'故楊州牧使某之墓'足矣。"

癸亥三月十八日卒，距其生丁巳，爲六十七歲。墓在楊州杏谷坐子之原，不書副學之銜，體公遺志也。

公字景仁，金氏系出順天，以平陽君諱聰爲鼻祖，珪組相承五百年。而入本朝，有諱承霔左議政平陽府院君，生禮曹參議諱有溫，生翊贊諱亨石，是爲公高祖。曾祖曰若杵縣監贈參判，祖曰希呂參奉贈參議，考曰鸞孫別提贈參議。參議公再娶，綾城具氏世雄女、龍仁李氏正郎叔幹女。公，李出也。

配柏城李氏，葬祔公。擧一男英進士，死於孝。有四子，克敬、克訥、克謙、克誠，一女適監役洪泰來。克敬男，宅熹進士。克訥男，宅揆。克謙男，宅俊。克誠男，宅仁。玄孫以下不載。

公生質英秀，志氣卓犖，就傅受《孝經》，至"資父事君"，乃曰"孝者忠之本"。長益篤學，文藝驟進，與幷時諸鉅匠相上下，著述盡被回祿，有零稿行于世，是足以一臠而知全鼎也。

然詎可以辭章求公哉？ 公守經于昏朝， 遵晦于聖世，鱗翼之攀寔出公宗族。而不受其攬掇，畢命窮山，泯然無迹，視丹鐵、鍾鼎之貴，不啻若太空浮雲，是所云"信道篤而自知明"者歟。

始公與沙溪、象村、秋浦諸賢，托歲寒之契。沙翁嘗訪公江墅，贊嘆李石灘愼儀抗節廢朝事，曰："今人口談義理，好論人是非，而能不失本心者鮮矣。惟公與吾輩數人而已。"苟非公所樹立卓然，何以得此於大賢哉？斯可以見公素履也。

公七代孫浩一克纘世業，重建水北亭，講學其中，又送族弟性浩，謁銘于直弼，以爲公彌甥也，誼不敢辭，銘曰：

孤山崔崔，馬湖湜湜。

君子卷懷，葆我眞樂。
荷衣蕙帶，載遂初服。
遭時不祥，遠世隱約。
聖作物覩，亦不變塞。
豈欲膠守？奈食其祿？
顯晦不渝，卒爲世則。
含章可貞，不露形迹。
苟推其志，二松齊躅。
何以致之？師友輔德。
緬彼玄扃，玉流之麓。
我闡其微，用誌陵谷。
炳烺窮泉，靈爽不沕。
百世聞風，過者必式。

靜厓趙公墓誌銘【幷序○甲辰[4]】

日有曳衰而款扉者，余起病床迎問，其人泣曰："小子不天，旣喪母，父又棄養。煢煢含恤，以汔于玆，鮮民之生，不如死之久矣。旣不能下從，願得直而不華者文，微顯闡幽，用垂不朽，庶幾少紓罔極之哀。謹具考妣兩狀，再拜以請，子其圖之。"余累辭非人，而其懇彌篤，遂按狀而敍之曰：

4 辰：저본에는 '庚'으로 되어있으나，본 묘지명의 내용에 의거하여 수정.

公諱嵲，字聖陟，平壤之趙冑于平壤伯貞肅公諱仁規。至忠肅公諱璉、文靖公諱德裕，繼世勳業輝映史策。至諱狷，爲麗朝全節，不受本朝官爵，世稱"松山先生"。先生戒子孫勿赴擧，後孫皆承蔭補官，咸以經術德行著名。有諱重晉、諱佑、諱夏泰，卽公曾、祖、禰三世也。

公以諱周泰之子，爲世父嗣焉。生於英宗庚辰十二月二十九日，卒于壬寅十一月八日，壽八十三。葬于水原感誠洞巽坐，從先兆也。

公孝友天植，蚤喪怙恃，哀毁幾不能全，塚飾家奠，克殫誠力，用展終身之慕。附翼群季，與共飢飽，同爨五十年，庭無間言，析箸，自取荒頓。嘗慕徐孺子非其力不食，務勤稼穡以自給，稍存贏餘，賙恤貧乏，如恐不及。

素性愼默，未嘗臧否人物，敎子孫每云："某可師，某可遠，某可戒，勿形色辭而心自取舍；勿露圭角而招人怨惡。"以故鄕黨莫不孚休。

正廟己酉灤水之役，公先塋臨輦路要衝。時命移塚者除職，人皆勸公從衆，公哂曰："御路之於先塋，如破兆域，則不敢不遷，若不至碍逼，則曷敢欺君，倖望分外之榮，妄動安穩之體魄乎？"遂募丁，爲先山退修數百步，險塗如砥，廞衛利稅。遷墓者咸得官，而公則無怨悔焉。

配耽津崔氏晩女，貞簡公沃八世孫，生後公三歲，歿先公十一年，始窆眞木洞，遷祔于公墓。孺人性於孝，在室前後喪，皆素食三年，及嫁事舅姑，志物咸備。

一日，村火連燒，四隣俱焚。時家中虛無人，獨孺人在，直下織機，冒烈炎，抱祠版而出。屋宇器用，盡歸灰刼，無毫髮遺者，不少顧惜。時孺人年十九，鄉黨感歎。

奉烝嘗，克致愛慤，躬執饎爨，恔心而後已。妯娌娣姒，酸醎不調，而同宮湛樂，不少失和，絶甘分少，推及諸姪，閨門之內雍如也。

擧二男一女，長仁錫即乞銘者也，次天錫，女適權洊。仁錫男廷秀，女成柱廈、李容光。天錫二男，存大，餘幷幼。權洊子錫祚，女幼。

公抱朴含眞，不喪天器，當居善信之間，而又有閨閤之助。蓋自在家，居㾓盡禮，歸益修飭，梱範超卓，珩瑀琴瑟，儆戒相成，於乎休哉！

以公資質之美，信能獲親有道，則其所造就，詎但止一鄉善士哉？然克享大耋，子孫賢良，天之報施，其在斯歟。剛齋宋文簡公雅服公名，名其居曰"靜厓"，士友稱之以"靜厓處士"云。銘曰：

有志有行，有壽有子。
是爲天祐，吉無不利。
守墓安親，何用膴仕？
自贏厥躬，垂裕後嗣。
孰豐孰嗇？乘除有理。
眞亭之山，秋柏不死。
百歲歸室，曰有女士。
納銘玄隧，用揭雙美。

梅山集

卷三十九

墓誌銘

墓誌銘

司憲府執義任公墓誌銘【幷序○辛丑】

惟任氏遠有代序，至知中樞府事竹室公諱弘望，以言議氣節伏一世，司憲府掌令西齋公諱徵夏，盡言不諱，竟死於忠，以竹室爲父、西齋爲子者，卽故執義諱泂也。

公志氣骯髒，及入臺地，不從時議，屢被人齮齕。景廟初服，黨人之得罪名義，爲肅廟所擯斥者，與己巳餘孼合，群起躑躅，勢不可遏，人皆斂避不言。

公慨然曰："吾厚受先王拂拭之恩，而未酬萬一，此吾效忠之秋也。"首論水原府使[1]李森之罪。批旨極嚴，至擧膽略治績稱詡森，公引避曰："驕駃放肆者，或似膽略；善事要譽者，易得治名。以殿下之明，猶不能不眩於阿大夫之求譽耶？"自肅廟昇遐時，兇黨陰結宦者朴尙儉，綢繆睥睨，禍將不測，而森實主之，公之爲此，所以逆折其牙角也。後尙儉伏誅，而森之心迹俱露，士類始服其先見。

初兇徒嗾鄕儒，嘗試以'母以子貴'之說，趙最壽、李重茂繼之，遍攻匀銓及三司，俾不敢言，換面迭出，將以尊崇

1 使 : 저본에는 '事'로 되어있는데, 관직 제도에 의거하여 수정.

張嬪。諸臺皆引避，公獨云"若是者，適中其計"，卽起詣臺，論罷捧納兇疏之承宣，於是諸承旨皆迸出，無可傳啓者。公乃援舊例，自書啓本，直請承傳色上徹，闕中震動，皆爲公懼。翌日連啓，又論承旨任守幹不肯接待之罪，又自傳啓，仍爲守幹、重茂反噬。其後群兇乘機逞憾，壹反先王成憲，而終不敢變易辛巳處分者，卽公首先駁遏之力爲多焉。

屢拜司諫、執義，俱以前啓有嫌引避，又露章陳戒曰："殿下所以爲國者，不過因諸臣建白，勉强應答而已，終無自我運用磊落做去者。百工懈怠，不事其事，漸至於國自國、民自民，漠然不相干涉。似此氣象，已非先王時所見，民安得不失望而思亂乎？竊聞巷談'自今不可恃國家而活'，只此一語，已極寒心。進言者非一二，而每每以留意爲教，終不見留意之效，其可以服人心乎？"

又曰："帝王之孝，與匹庶異，不可以疏節論之。然人情所同然者，本無尊卑之間，於此或有所歉，瞻聆易惑，可不愼哉？臣自聞朔望祭奠攝行之教，明知殿下有不安節，爲此不得已之教，而殿下於儒臣陳箚，加以未安之教，旋因喉啓，夬示悔悟。有司之臣，惟當仰體悔悟之美意，不宜奉承一時之告言，而不復稟定，直以攝行磨鍊，有若永爲定式者然。夫有疾攝行，不過一時事，何可因是而永爲定式，便作當然之事乎？"

又言："殿下不得親享，今幾月矣。聖體不康，因此可知，而終不許診察議藥，殿下縱自輕，獨不念先王陟降之靈，眷顧而隱憂乎？伏聞慈聖氣候日益澌綴，閭巷小民莫不爲憂。保護之地亦豈不聞知？惟無傳教，不敢先請，一日二日，尙未得議進滋補之劑。此豈特藥院之責，亦惟殿下責耳。”

又請誅謀害邑倅之亂民，以杜梗化之漸；請罷侵虐生靈之守宰，以固邦本之道。時上疾已痼，不能省察，百度廢弛，人心危疑，咸以言爲諱。及疏上，人皆揮舌曰“眞諫臣也”。公憤懣慷慨，幾忘寢食，每獨坐作咄咄聲，竟以憂成疾，卒于辛丑閏六月三十日，距其生庚子十二月二十二日，爲六十二歲。是年九月葬于牙山獨醒里，從先兆也。

公字仲夐，豐川人，冑于御史大夫澍。有諱琦縣監，贈左承旨；諱羲之司藝，贈吏曹參判；諱曒生員，贈左參贊，卽皇考三世也。皇考娶昌寧成氏司諫汝寬女，擧公。

公生質穎異，性又至孝。十歲丁內艱，居瘠如成人，事繼妣黃夫人盡誠，人不知其非已出。皇考憂公淸羸，未曾督課，而文藝夙就，未弱冠試黌庠，累居上游。

庚申進士，丁丑筮仕爲義禁府都事，後復拜歷氷庫·掌苑別檢、瓦署別提。己卯闡文科，因同榜換封事發，遂罷全榜，公亦置對。

始皇考與芝湖李公選爲知己，公又與其子聖輝交契篤厚。方聖輝科謗興，皇考在禁廬未及悉，對人言：“渠以名父子，豈忍爲是事?”公亦不忍下石于故舊。素不悅者持公父子不已，與皇考同被革職，屛處田里，謝絶世緣，力農桑，課子姪。時奉皇考會宗黨，飮酒賦詩以爲樂，怨悔絶於色辭。

雅言：“吾方恨不能救吾友，世以救其人罪我，吾甚慙焉。”後親益老家益落，喟然嘆曰：“吾終不能餓死空山，與其奔走乞哀以求蔭宦，無寧復占一第，得寸祿以養親。”乙酉中增廣試，旋拔。

至庚寅，上命復己卯科，始拜典籍，移禮曹佐郎、正郎，出爲慶尚都事。再除兵曹佐郎，由禮曹正郎，除金浦郡守，尋遭外艱。戊戌始拜掌令，遞拜正言，以不苟合當世，斥補南陽府使。未幾棄歸，間又掌試嶺南，異趣者亦頌其公明焉，參選知製教，是爲公出處大略也。

配延安李氏義著女，忠定公貴其高祖也。祔公墓，别有誌。生二男四女：男光夏；徵夏，女長適孟敬大，無育；次適進士李思信；次適李潚；次適兪性中，亦無育。時雨、許宙妻，長房出。時九、時八、時五，徐俊一、洪相鳳妻，次房出。曾玄以下不盡載。

公遇遭明陵盛際，若將展布蘊抱，而與世抹摋，不克自效。晚處言責，時値蔑貞，奮不顧身，必欲瀉滿腔熱血。掌令公常諫以不量時勢，公曰“不可變吾初心”。掌令公泣請以身代之，公笑曰“義理各自不同”。

公歿而兇徒得志，起誣獄，屠戮肅廟舊臣殆盡，使公而在者，必不免。公而有知，豈以免爲幸哉？逮英廟初服，掌令公繼先志抗疏，極言時事，被群兇脅持鍛鍊，以致瘐死囹圄。然其所以辨聖誣定國是，爲永世公案者，其功盛矣。

且矢願以身代者，竟踐其言，課忠責孝，炳然爲家國之光，苟非公傳付之眞正，亦何以與此哉？如公者洵無愧於父子也。公後孫憲晦，旣請掌令狀德，殿以公幽堂之銘，不佞常誦公三世風節，懦衷攸激，不克固辭，振筆而爲之銘曰：

西河炳靈，鍾公一門。
剛爲世傳，是祖是孫。
公序其中，趾美裕昆。
薑桂成性，氷玉持身。
强哉其矯，守經扶倫。
鍊金鍛鐵，允矣直臣。
是爲彊毅，靡所不伸。
夷險一節，誠通神天。
天報其善，身名俱全。
斂此奇氣，獨醒之原。
琢銘石章，用誌崇墳。
靡敢溢辭，玷累公眞。

學生崔君墓誌銘【幷序○壬寅】

崔君敬甫日休嘗從余遊，愈久而愈可愛，恨其晩相識也。一日以其先狀，屬余幽堂之銘，曰："先人生而有至行範世，歿又泯滅而不稱，日休甚惆焉。敢要一言爲不朽。"余無以將之，請彌懇，遂按而敍之。

君諱永淳，字起燦，新豐人。入本朝有諱淑淨，執義號梅谷。五傳至贈參議諱瑞奐，贈左尹諱克燁。左尹公玄孫諱致麟，有子諱碩彙，卽君祖、禰也。妣原州李氏，其考毅純也。

君幼而穎悟，性於孝，五歲而孤，哀慟如成人，隨長者上墓，拜跪號咷，手植松栢，歲久成林。事偏母殫誠，志物之養、便身之方，靡不畢具。每先意承順，或有不豫色，必繞膝怡愉。親癠嘗糞，至再割指進血，而未克收效，乃澡浴齋心，焚香祈天，願以身代，或減己年以益母壽。母絶而復甦，曰："夢有人告我以病從此愈，覺來身輕神淸。"因之□瘳，鄕隣咸稱孝感攸致。母癃病常思其適口者，輒竭力以致之。

仲兄被誣受刑，君冒危難籲冤，仍隨兄居謫，同其憂患。及喪仲嫂，與兄及其二女，同室共爨，拊育諸姪，有逾己出。居恒展墓，構丙舍于側，與群兄混處其中，敎諸子以義方。敦睦親戚，雖疏屬，必躬自庀喪，於朋友亦然，是日也不聽樂食肉，皆孝悌之推也。

及仲兄遘疾而劇，君日夜救護，出而邀醫，中途承訃，號絶幾殊。因積哀致病，至不可爲，則扶母痛泣，哽咽不能成聲而歿，卽純廟甲午三月十一日也。距其生癸丑，爲四十二歲。墓于海南藍川里乾坐。娶扶安林氏壽天女，西河椿後孫也。擧三男，日休、台休、定休。

君旣種學績文，以蓄其有，亦將涵演以肆，而厄於短造，罔克見就，惜哉。然孝悌爲仁之本，而實行孚感鄕黨，且長胤好學眞篤，將見其卒究遠業，而君爲不亡也。銘曰：

猗歟梅谷，有爀其傳。

君纘厥緖，孝友根天。
孔懷過毁，至不自全。
于後遺羸，將爲儒珍。
我述其事，質于玄窀。

守愚李公墓誌銘【幷序○甲辰】

嗚呼！此守愚李公之墓也。公嘗登巍科，立于朝矣，不以官稱，而特揭其自號者，以平生立名之在玆也。公諱承達，字在邦，又字兼善，系出璿源，英陵第八子永膺大君敬孝公諱琰，其始祖也。世襲封爵，珪組相聯，至諱奎明，鎭安縣監，卽公五代祖也。高祖諱萬樞，溫陽郡守贈參議。曾祖諱龍紀贈吏曹參判。祖諱敏朝生員，以孝旌閭贈持平，又贈吏曹判書。考諱溎刑曹判書，際遇元陵，久侍近密，受知正廟，未究登庸而卒。

判書公有二配，坡平尹氏鳳陽女、宜寧南氏雲鵬女也。南氏擧公于判書公務安任所，而朗慧成性，纔學語，已辨事是非曲直，而一出於公正，以故得父母心。稍長，受業于從叔父老樵先生。先生簡嚴少許可，而愛公殊絶，托以門戶之重。

詞業夙就，弱冠赴省闈，累居魁，中歲廢擧。及癸亥設增廣試，士友多敦勸，公黽勉對策發解，一時傳誦其文。及擢第，知公者賀朝廷得人，公仍歸玉流山中，屢攝堂后，不就。丁卯除元陵別檢，陞成均館典籍。拜兵曹佐郎、司諫院正言。

癸酉拜忠淸都事，湖西多公知舊，而不敢干囑。巨室文士有赴試者，京外衿紳力誦其名，公惡其人不自重，排衆議不擧。以故世多側目，禍將剝床，而不少慴。甲戌又掌試海西，關節不到。試邑倅卽公切姻也，托邑子之爲塾師者，公刑其人，一路讋服。

是歲五月一日卒，距其生丁亥，爲四十八歲。知與不知，咸悼惜焉。葬于楊州見山，卽判書公兆右也。配南陽洪氏道源女，吏曹判書處亮後孫也。擧一女，適監役洪在兢，取伯氏子覊爲嗣。覊有子景仁，洪婿女李奭信。

公天分絶異，自然近道，端良凝遠，表裏瑩澈，動遵規矱，操執甚固，剛介而和平，昭朗而敦厚。居恒，穆然寡言笑，神閑氣定，無一點虛浮，精華著於顔貌，雅識溢於言辭，挹而聽之者，心醉而誠服。

性又篤孝，恒在親側，志體之養，俱殫其誠，親癠，晝夜不解帶。南夫人遘癘而欿，公割指進血。及喪，家人皆出避，而獨守殯，不離跬步，哀毁幾滅性。終身抱孺子慕，祭祀必躬檢虔潔，忌日號擗如袒括。

事伯氏待親黨，敬謹肫篤，撫養敎誨，咸盡其宜，其身口所須，雖少必均分。接人溫而莊，處事謹而審，往往得人之死力。惰慢不設於容體，詬詈不及於奴隷，閨庭之內，常雍如也。

雅懷枯澹，於聲色紛華，泊然無所好，平生不問家人産業。又不以一事干人，服食菲惡，人所不堪，而安之若命。

及釋褐，以靡逮親存，不以新恩服告榮于家廟。

有時宰久要，要與共事，公曰"死當獨死，不必隨衆"，其人色變，遂不復言。秉成者多攛掇，而終不應。嘗講究治道，洞見其損益得失，爲時措之宜。言議常主寬恕，而至於邪正之辨，毅然有不可奪者。禍福得喪，無所動心。決科十年，一不近君，而憂愛出於苦衷。

常誦于忠肅"一腔熱血竟灑何地"之語，而三復感唏。願爲國家死，用遂先公未卒之志業焉。不慕榮名，世我相忘，而無幾微色。亦嘗被登瀛之選、持斧之薦，而罔及試用，晦身巇巖，與世冥絶，亦可見雅志所存也。

公未曾以學問自居，而檢束身心，玩繹經典，其所以深體而自得者，有非世儒循名忘實者之所能及焉。貧窶到骨，年且向衰，而志氣骯髒，名論卓犖。文章本原經術，明暢典雅，而操觚立就，不少淹遲。尤長於詩，藝苑諸公皆許以曠世希音，而散逸不收惜哉。筆慕鍾、王，妙悟獨造，而不屑焉。

余嘗概論公之終始，則遺逸不怨，阨窮不悶，如柳士師；忠信孚感，無愧神明，如馬涑水；謹分守命，志不屈而身不辱，陳后山、任疏菴近之。謨猷可以經世，文學可以華國，正直之節、廉貞之操，亦可以模範一世，若公者豈非所謂名實純粹、文質彬彬之君子歟？ 余與公有聲伍之好，相許爲知己。公歿過三十年，而余亦癃朽垂死，使我不在世，無復知公者矣。遂力疾而爲之銘。銘曰：

有美一士，王國之楨。

繼業繩武，科名文聲。
在公餘事，靡足爲榮。
我服夫公，履道幽貞。
猗乎其質，玉潤金精。
卓乎其操，檗苦氷淸。
軒冕倘來，匪伊素情。
塞兌息影，玩心高明。
安時處順，克完身名。
不遇爲遇，觀生志平。
苟充德業，昏衢日星。
天不假年，永覯厥成。
是爲全歸，有裨世程。
玉山峨峨，金華泠泠。
朗月淸風，如見心靈。
我無愧辭，爰勒隧銘。
庶幾不朽，守愚先生。

翊衛沈公墓誌銘【幷序○甲辰】

坡州之東金屛山之原，有枕亥而窆者，卽故翊衛司翊衛沈公之藏也。公歿後十二年，嗣子敦永狀其德，謁不佞爲銘曰：“墓而無誌，懼無傳信，願藉公爲不朽。”不佞屢辭而懇愈摯，於是感其純孝，謹撰次而序之曰：

公諱毅鎭，字致弘，青松人，以高麗文林郎諱洪孚爲初祖。三傳至諱德符，入本朝封靑城伯。又三傳至觀察使諱璿，棄官自靖於光廟之世，扁亭以“忘世”，世比生六臣。忘世公有曾孫左參贊諱光彦，受業于靜庵趙先生，爲時賢卿。參贊公有玄孫領議政諱之源，不仕昏朝，爲孝、顯兩朝名臣，德業俱著，寔公高祖也。曾祖諱益成縣監贈吏曹判書，祖諱廷最知中樞，考諱師民直長。妣韓山李氏，通德郎弘重之女，牧使秉鼎其祖也。

公以純廟辛酉中司馬，庚午補懿陵參奉，遷宗廟署副奉事、尙瑞院副直長·直長、義禁府都事、北部令、敦寧府判官、司宰監僉正、廣興倉守、翊衛其選也。外而爲宜寧、楊口、比安縣監。癸巳二月二十四日，考終于社洞里第，距其生戊子十月十六日，爲六十六歲。四月二十一日，葬從先兆也。

配光山金氏，通德郎斗榮之女，忠貞公雲澤之曾孫，生與公同年，歿先公五十年。年纔過笄，而婦德夙就，稱女士，墓在同岡午坐。繼配咸安趙氏宇鎭之女，承旨重明之孫，生先公一年，歿先公十七年。閨範貞淑，墓在同岡庚坐。三配潭陽田氏，郡守德顯之女，生後公二十八歲，歿先公十一年。始權窆于分水院，後遷祔公墓，亦有淑質至行，宗黨咸誦其德。俱無育，取族子敦永爲嗣，前弘文館校理，有男女幼。

公質純器厚，自齠齔儼若成人，而直長公身教甚嚴，不使洞閈追逐，惟許從好禮者遊，公恪遵庭訓，循蹈繩墨。乙已罹內艱，有終身慕。己未直長公嬰天行之證，公亦患斯疾，而强病侍湯，嘗糞甛苦，躬親扶持，靡極不至。至遭喪，殫竭誠信，終事無憾，居憂盡禮，侍奠靈筵，守制墓廬，而毁瘠幾滅性。

事繼妣朴夫人盡孝，先意承順，供滫瀡資衣線，恐不及時。到老彌篤，有異味，未嘗先口，必取而獻之。臨簀，以罔克終孝，掩抑茹恨焉。

常洞屬于奉先，四時展墓，不以衰病而廢，塚飾家奠，務盡志力，親檢濯漑，致極蠲潔。俎豆所需，必點記分排，罔或遺漏，其有不備，雖鬻器用，而必辦焉。齋沐不設惰容，未曾以疾故攝，及病革而值喪餘，匍匐詣廟。侍者力挽，公曰："雖病，不與祭，卽如不祭。"仍嗚咽流涕，其至誠追遠類此。

教稚弟，正趨向，遂成偉器。有孀妹，愍其煢疚，同室共爨，而庭無間言，及終，躬庀喪具，恔心而後已。治家有法度，恩不掩義，禮以節和，臨事慮患，防於未然，始若無驗，輒久而徵焉。

教子先以不恌曰："汝事叔母如母。近俗偸薄，門庭中鮮保恩義，願汝之勿效也。"喜施予，與親戚共甘苦，濟其貧病婚喪如不及，以逮窮鄉疏屬，是故至者如歸。暇日設花樹會，陳饋以娛之，恩愛篤摯，溢於談笑。

居官，以不欺君爲第一義，爲政，務持大體。其在比安，捐廩賑饑，均分而賟給，一境賴不塡壑，民到于今稱之。雅好山水，公餘觀東海，賞楓嶽，有遺世獨立之想。素不營産業，家人或有勸者，公輒解以貧富有命。以故典三邑十年，田宅無所增，環堵蕭然，處之晏如也。

公天賦凝重，濟以謙抑，任眞坦蕩，而亦不以鄙俚加人，人皆敬服。素性寡欲，聲色紛華，若無覩焉。噫！公至性質行，宜受天祐，吉無不利，而惜乎有才無命，位不稱德，是不能無憾於神理。而嗣子文學聞望，克紹先休，妙齡蜚英，進塗大闢，報施之天，於是焉定，是不可以無銘。銘曰：

維青松氏，奕世名冑。
篤生我公，胥矣仁厚。
爲政于家，本之孝友。
澹泊寧靜，用全厥守。
薄試割鷄，成績純茂。
遺愛三郡，民呼父母。
惜未揚庭，克展抱負。
獨葆其眞，不獲滋垢。
報在不食，丕隆堂構。
于以揭美，昭穆之阜。
我薦石章，圖垂永久。

敬直齋洪公墓誌銘【幷序○甲辰】

吾傍祖康敬公諱彬，德業文章爲麗朝名臣，後裔流落關河，爲西土望族。傳數十世，有諱任濟，字景尹，號敬直齋，生稟瑰琦，負性帶氣，横逸難制，自放於詩酒紛華之場。伯氏勸讀《小學》書，渙然省悟曰"爲人之道，其在學乎！始知名教中有樂地"，又謂"爲學，惟從師問道，可以觀感造就"。聞渼湖金先生元行爲當世儒宗，踵門請教，先生聞公前日改度，歎曰："變化氣質，往哲攸難，而今君能之，眞豪傑士。"因與講誠敬之旨及明德之說，曰"樂善好義，人或與議，體認切問，他所不及"。

公彌加奮迅，自任爲己之學。居恒，晨起謁廟，退處書室，整襟危坐，研繹群經及洛、建諸書，窮晝夜不懈。遠近髦士，聞風而從學者甚衆，潛心化導。常戒學者之舍近趨遠，處下窺高，自大而無實得，慥慥乎存心主一。

素愛山水，暇日携冠童，超搖泓崢之間，暢敍幽情。其學以反躬踐實、鞭辟向裏爲本，務外爲名之事，一切不留於心，是所云"內積忠信所以進德"者歟。

公以正宗十年丙午閏七月七日卒，距其生丁未，爲六十歲。葬于龍岡神德山申坐。公性於孝，居內艱廬墓終三年，毁瘠幾滅性。常慟早孤，身不服華侈，口不啖珍異。事兄如父，接人以禮，處事以和，信順孚于鄕黨，莫不薰德而悅服焉。

吾洪胄于高麗太師諱殷悅，至康敬公曾孫諱康，封鹽州伯，子孫仍系鹽州，後復貫南陽。有諱信得訓鍊院僉正、諱疇九，卽公祖、禰也。妣晉州金氏泉鎭女。公有二配，晉州姜氏萬尙女、清州金氏萬維女，俱窆龍岡栗峴。龍彦，元配出；龍獻、龍健、龍顯、李□肅妻，繼配出。龍彦男尙根，女李同一、金大垕、金尙龍、林孝元。龍獻系子尙杜。龍健男尙杜、尙贇、尙權、尙楨，女尹在敦、金錫老。

關西之學，肇自仁賢之教，而鮮于遯庵倡明斯文，中間作者，寥寥乎無聞，雖欲聽仁義道德之說，孰從以求之哉？公能自得師，知所依歸，篤信好學，用自樹立，卓然爲一路之善士，雖因天質之美，亦可見學問功大也。

公之孫尙贇從余遊，其眞心質行，有乃祖之風焉。謁余以不朽之圖，已積歲年，而癃淹垂死，不能涉筆，尙贇臨歸苦懇誠溢于辭，遂力疾而爲銘曰：

有美一士，其人如玉。
革舊圖新，自知勉學。
步趨唯諾，無思不服。
立脚踏實，未見其止。
尊信師訓，之死不貳。
庶幾夙夜，無忝先懿。
我題其墓，表以處士。
自號敬直，詎敢溢美？
勒銘玄隧，用勸來軌。

處士愼公墓誌銘【幷序○己酉】

靈巖郡東槎谷有坐坎之原，卽故處士愼公諱聖弼衣履之藏也。閱百世而無墓銘，公五代孫在夏，抱狀謁銘於不佞。不佞病閣筆硏久矣，在夏相守苦懇，要以準請爲度，感其深誠，遂力疾而敍之。

公字汝賚，敬庵其號也。始祖恭獻公諱修，以宋開封府人，隨海舶東來，仕高麗。有子諱安之兵部尙書，事載《麗史》，後受貫于居昌。入本朝有諱幾寶文提學，學問志節，爲鄕邦所慕，立祠以祭之。子諱後庚通禮，隨婦翁烟村崔公德之居靈巖永保村，子孫遂世居焉。累傳至諱喜男觀察使，以文學淸謹著名，亦祭於社，是爲公高祖也。曾祖諱餘慶判官贈左承旨，祖諱諴監察，考諱光翊成均生員，甲子擧義旅。妣延安李氏，縣監泰吉女，文淸公後白其曾祖也。

公器度儼然，孝悌天植，養親備物，極其滋味，致雪鯉、夜雉之瑞。愉色婉容，未或少懈，雖有憂戚，强笑語，用寬親心。母夫人晝燭數十年，不見天日，卲齡癃病，公不解夜帶，嘗糞甛苦，以驗劇歇，斷指灌血，用延危喘。

又築壇祭北斗，祈以身代，歷七晝夜不避風雪，及喪哀毁逾制，幾滅性。墓所稍遠，而不廢日省，號絶不能成聲，行路垂泣，樵牧咨嗟，咸稱“愼孝子”。制除而述記哀文，用寓追慕，一鄕擧公行誼，道伯將聞于朝，公力挽而止，事載《邑誌》。

公以顯宗[2]甲寅卒，距其生丙寅，爲四十九歲。配高興柳氏，贈參判重輝女，有男壽萬，女適崔抗。繼配全州李氏，贈參判重美女，男義萬、憲萬、濟萬、載萬、龜萬，女適吳大輔。昌言，義萬出；昌鼎、昌恒、昌漸，憲萬出；昌遠，濟萬出；昌觀、昌晉，龜萬出。昌鼎子，師心、師典；昌恒子，師顔；昌漸子，師訥；昌遠子，師中；昌觀子，師國；昌晉子，師元。玄孫以下不記。

公生長名門，惇行孝友，爲一方模範者，原于學問。其所論辨，往往有深造獨詣者，大爲士友所推詡，且於程子存養德性之說，用力眞篤，因以"敬"自號。有零稿可傳，有本者如是夫。

在夏兼示素隱公遺稿。素隱公名天翊，卽公從父，而公長胤壽萬爲其孫焉。素隱公淸名雅望，表準士林，而公之行治，得於素隱之敎焉。往哲云"稱人之善，必本其父兄師友，厚之至也"，竊附斯義，爲公之銘。銘曰：

躬行孝悌，在先毋忝。
德厚流光，裕後無憾。
本之則存，得諸觀感。
仰述素隱，庶幾弗僭。
矢辭于銘，用昭玄埳。

2 顯宗：저본에는 '肅宗'으로 되어있으나，신성필의 부친인 신광익〔1589～1647〕의 생몰년 및 형인 신성윤의 생년에 의거하여 수정.

思齋張公墓誌銘【幷序○甲辰】

我朝文敎昌明，儒賢輩出，西北豪傑，往往聞風而興。在關西者曰“鮮于遯庵浹”，在關北者曰“李松巖載亨”。尤齋、渼湖兩先生或銘其墓，或狀其行，以發其潛德。以余所聞“海西思齋張公，先二公作，其學不由淵源，師心自得，以扶植斯文，啓迪後學爲己任”。是亦豪傑之士，而不獲被兩先生所表章，名湮滅而不稱，惜哉！

公諱可順，字子順，系出結城，以高麗政丞諱夏爲遠祖。曾祖諱厚典農寺尹，與莊陵六臣友善，六臣死，托盲不仕。祖諱毅訥進士，考諱裕參奉，參奉公娶慶州李氏壽仁女，擧公于鳳山里第。

公天資粹美，孝友根性。立身制行，壹遵朱子訓。居憂，廬墓終喪，朝夕哭奠，未曾以風雨廢。遭國哀，行方喪盡禮。與花潭徐公結道義之交，多所講明，明宗朝薦拜健元陵參奉，不就。

嘉靖己酉正月八日卒，距其生癸丑，爲五十七歲，葬于同郡臥嶺向兌之原。配光州金氏勝錫女。三男綱、紀、緯。綱子終錫，女適趙雲祥。紀子友仁、友義、友禮。緯子友武、友諒。雲翰、得祿、雲翕、雲翮、雲翻，終錫出。

公生有異質，柳相順汀見而奇之，稱以“孺孔”，聞于朝。中廟招見，問居家何爲，公對以朝夕養親之節。上曰：“眞海東名士，‘孺孔’之稱，不是過也。”復問帝王得失之所以然。對曰：“涵養氣質，薰陶德性，則萬民歸仁，反是則萬民歸怨。

以故接賢士大夫者明主，堯、舜是已；親宦官宮妾者庸主，桀、紂是已。”上笑曰：“如予，何如主？”對曰：“行堯則堯，行桀則桀，在殿下自顧其行，不必問臣。”時公年八歲。遂遯于故山，厲志爲學，研繹群經，靡不博洽，尤專門《大易》，作爲終身家計。所著述甚富，盡逸於兵燹，惟《人事尋緒目》一書獲全。其書始言性命，終言庸行，天德王道靡所不該，非可以私于一家者也。肅廟朝因筵臣言，取覽其稿，褒以“生於海隅，蔚爲儒賢”，特贈戶曹正郎。

嗚呼！海西之俗，業弓馬、殖貨利，不知有詩禮。公奮起其地，不囿於風氣，能自樹立，標準一路，著書垂世，以牖後人。故骨朽而名傳，被聖朝曠世之遇、受士林俎豆之報者，苟非公眞積力久，亦何以致此哉？

後公三十餘年，栗谷李文成公卜居海山之陽，倡明道學，學者翕然從之，猶有絃誦之風。是固文成之力，而公之功化，亦有以啓之歟。

余嘗得公於《東儒錄》，而恨其微而難徵。公後孫在烈齎公遺事，乞誌其隧，余不敢以癃病垂死辭，特表其先倡之功如右。系以銘曰：

吁嗟張公，崛起海隅。
西方之美，匪直珣玗。
靡所傳習，自準步趨。
沖齡近君，視遇特殊。
返我初服，不涉名塗。

韞櫝自藏，畢生不沽。
觀善强輔，厥德不孤。
陶冶士心，俾由型模。
鼓篋叩鍾，終始不渝。
崔彼立峯，俎豆有區。
曠時徵稿，恩契永孚。
嗚呼可忘，有斐聖謨?
遺書在篋，惟德之符。
扶世作敎，嘉憲是鋪。
臥嶺之阡，斂寂若無。
我銘其實，厥聲覃訏。
有拱冢木，式哉海儒!

瑞興府使朴公墓誌銘【幷序○丙申】

吾先師近齋朴先生，有肖子曰瑞興府使，諱宗輿，字元得。先生道德爲世儒宗，以尊聖人攘夷狄爲己任，秉義自靖。辭宮僚之命，天怒大震，禍且不測，擧家惶懍，泣諫勉出，而公獨仰贊彌力，終成其完節焉。

逮公筮仕，不佞叩其去就，公曰："吾家自有世守底義理，欲無出。"不佞曰："充類至義，雖沒身自廢而無悔，必量而後動。"親懿皆勸以不仕無義。公黽俛從宦，而悒悒不樂，常存忍痛含冤迫不得已之意，以畢其生，若是者，可不謂“善繼人之志者”耶?

公潘南人，先世文正公諱尚衷，以德業節義顯麗季。入本朝，平度公諱訔，以功烈著。累傳至文康公諱紹，道學爲己卯名賢所推重，號冶川先生，公其九世孫也。後有諱泰遠黃州牧使贈吏曹參判；諱弼履通德郎贈吏曹判書；諱師錫公州牧判官贈左贊成，卽公高、曾、祖三世也。贊成公有二子，長諱胤源卽近齋先生，次忠獻公諱準源也。

先生配安東金氏，處士時琓之女，文忠公尚容其先祖也。以英宗四十二年丙戌十一月二十一日生公，是日陽至也。贊成公取來復之意錫小字，先是金孺人夢碩果有娠，故先生取剝之上九而命名焉。

聰慧絶倫，受學于先生，閱耳目者不復忘。未勝冠，已沈潛六籍，治博士業，尤工於詩、儷。以親命應擧，而於得失澹如也，及永感而遂廢。

癸亥拜康陵參奉，因忠獻公推恩也。公以國法先子壻而後弟姪，讓于從弟，忠獻公切責不許，公壹心營職。嘗歎寢園儀物疏略，累牒宗伯，得稍備。

乙丑換童蒙教官，官每自求童蒙，公恥之，未嘗自求。丙寅陞漢城府主簿，莅訟公明，關節不行。丁卯移景慕宮令，換儀賓府都事，除洪川縣監，未半年換高陽郡守。郡有貴戚家廢莊，爲居民墾闢者餘百年。道伯要還本主，公以厲民不聽理，竟引嫌決遞。

戊辰拜司饔院僉正，己巳除大興郡守。尋換延安府使，邑濱海，商舶湊集，俗趨利健訟，公莅之以仁明。値歲惡，殫心賑濟，蠲廩以補之，民無捐瘠。俸米餘者，吏欲按例售高價，公責曰："爲民長者，詎可賭利？"命從輕而利民，民大悅。辛未冬，淸北亂作，勢急燎原。公援李月城廷馣故事，講究守城之策，指揮已定，旋遞。

癸酉除瑞興府使，邑處孔路，且經荐饑，公竭力矯捄，至忘寢食。從兄參贊公移書戒之，公曰："欲盡分憂，敢恤我躬？"收糶餘逋，一路咸報竣上司，而公獨首實請勘。因積瘁成疾，卒于任所，卽乙亥二月十八日也。享年五十。返葬于楊州蘆原面烽火峴坐丑原。

元配韓山李氏奎復女，先生述墓銘，用著孝敬，移祔于墓左。繼室慶州金氏，擧一男一女，女殀，男雲壽前府使。府使男齊近進士，女幼。

公天資淸粹，表裏洞徹，自幼薰襲觀感，不離典刑。事親以志爲養，有執玉奉盈之敬，菽水屢空，而樂意融融。先生有不豫色，輒免冠而伏，不命退則不敢退，趾袛起居，未或人代。

先生嘗有血證，公必浣滌厠牏，手指皴裂，輒覆之以袖，不俾先生見焉。先生積淹床笫，侍湯焦熏，號泣晝夜。及易簀，割指進血，量指尺，製深衣，悛心於終事。博求宅兆，五月始克襄，哀毁幾滅性。

嗣子患痘疹瀕危，俗忌饋奠擧哀焚香，咸勸以姑停，而行之不疑。且以處內室，不親視疾。忠獻公責以不近人情，始入診，遮屛幛存內外之限，其嚴於禮防如此。力疾述先生言行，流涕沾紙，傍觀感泣。遂成一部《實記》，備永世考信焉。

事忠獻公如父，省定不避風雨，事無大小，必稟而後行。忠獻公許爲父子間知己，嘗云"不言於吾兒者，於汝則無隱"，在禁直，輒移書以道思想之意。及歿，公悲慕不已，語及，必嗚咽。與從父兄弟，相須如同氣，氣味不齊，而怡怡如也。待庶母篤厚而敬，施及宗族姻戚，眞意藹蔚，咸得其歡心。教子以義方，有過不少貸。

公自幼善病，殆欠少康，而不廢佔畢，文理密察，極深研幾。其學不騖高遠，惟於日用常行，隨處繩檢，罔或弛放，用心過苦，臨事思繹，得正而後已。謂"人道所重，莫過於禮"，講究雜服，酌古今該本末，人多就正。

公旣自盡于身，又不憚指導，俾各率禮無憾焉。自奉寒儉，往往有大不堪者，而無難色，入其室者，便覺淸風滿座。方公門闌之盛也，當路者或勸公決科，或擬公儒爵，公笑曰："經術非所擬議，榮顯亦非素願。"當是時左右攙掇，若不能自在，而塞兌遵晦，不通賓客，玉雪自持，不染點塵。常自策礪，或恐有違於先矩，是所云"名節之士，知廉恥修禮讓，不利於苟得，不牽於苟隨，惟義之所處"者歟。

公篤於故舊，而以不佞夙供灑掃於先庭，視遇如骨肉，俾述先生狀德之文，文未及就，而公遽歿矣。及已屬藁，靡所就質，俯仰今昔，不勝愴慟。雲壽謁不佞以幽堂之誌，以知德者深也。哭公三十年，賞音永絶，靡我銘公，何以舒終身不鼓琴之恨乎？遂爲之銘曰：

樂有賢父，固難爲子。
猗歟我公，克趾先美。
矢心秉執，踐述志事。
所秉維何？尊、攘大義。
出處雖殊，終歸一致。
先立其大，有裕厥懿。
沒齒顧言，一箇是字。
千駟萬鍾，非我素志。
斂却英華，晦身祿仕。
不激不渝，是安素履。
詎但稱家？允矣國士。
蘆山老柏，歲寒不死。
死生順寧，可質神理。
琢辭紀實，載納玄隧。
我銘不諛，用報知己。

禮曹正郎金公墓誌銘【幷序○乙巳】

明陵嗣服之初，以大行在殯停講對，諸臣迭諫而靳許。時有郭世楗者，受群壬指嗾，誣詆尤齋宋文正公，語極凶悖，臺臣請屛裔，而亦不從。禮曹正郎金公光瑨喟然嘆，曰："二者爲今日莫大之憂，是係國家興替，曷可以官微而不言？"遂抗章極論曰：

“君德成就，必資於學。故古聖王必以懋學爲急務，雖春秋鼎盛、志氣堅定之後，尙且孜孜，學如不及，況在沖年，尤豈容一日少緩？明宗、宣祖皆於卒哭前，因儒臣建白，許令開講，玆豈非列聖貽謨燕翼之意，而殿下之所當法者乎？殿下聖質生知，高出百王，春秋尙幼，見聞未廣，而日用之間，萬幾沓臻。苟非學問之功，開明知識，涵養性情，則其何能端本淸源，以爲泛應曲當之地乎？且殿下明年則已及志學之年，而爲學之道，不進則退，雖在閭閻士子，苟不及强勉，則猶懼其後時。況殿下以一身任宗社生民之重，今日之學與不學，實係國家安危之幾，何可膠守末節，不思通誼，坐失難得之光陰乎？

判府事臣宋時烈學有淵源，早負重名，蒙孝廟拔擢之私，被三朝知遇之恩。白首林下，一心憂國，今日殿下之所倚重、士林之所宗仰者，孰有如時烈者哉？郭世楗乃敢托以先王之遺意，倡爲次第按法之說，欲陷之於不測之地。噫嘻！此其意豈但爲一時烈而發也？必欲網打忠賢，魚肉士林，空殿下之朝廷而後已，其爲計可謂慘矣。在殿下明示好惡之道，放流之典亦云末減，而乃以停擧薄罰，略示譴責，兩司爭執，兪音尙閟，臣恐殿下於辨別賢邪之道，有未盡也。夫賢邪之分，如黑白之不可相混、薰蕕之不可相雜。故古聖王察之惟恐其不精，辨之惟恐其不早，知其賢也則任之勿貳，知其邪也則斥之勿疑，使君子有所恃而得以盡其忠，小人有所畏而不敢逞其詐。一有不辨，則必至於是非混淆，用舍乖宜，馴致戕害士林，敗亂國家，而終莫之悟者有之，可不懼哉?

今若痛斥世樋，顯加放流之典，使一國之人咸知殿下有疾惡之嚴、辨邪之明，則奸邪自當屛息，朝著自當寧靜。不然，臣恐怪鬼之輩，必將偵伺希望，接迹而起，而朝著無時可靖矣。”

疏入下嚴批罷職，公屛田野，無怨悔色。及尤齋造朝，公亦起自幽廢，重拜泮職，進退屈伸，與尤翁同，是所云“附驥尾而行益顯”者歟。

公字晉玉，系出光州。有諱自賢，備巡衛郎將。子九冏文科主簿，坐事徙吉州，仍居焉。累傳至諱國祥、諱景憲以孝薦授富寧府訓導、諱好謙，卽公三世也。妣陽川許氏，彦壽其考也。

公生稟聰慧，日誦數千言，旣長彌自刻勵，博通六籍。孝廟甲午，中明經科，歷官內外，禮曹正郎、戶曹佐郎、成均館直講·司藝、兼春秋記事官·編修官、輸城察訪、洪原縣監、三和縣令。餘不盡記。

公處官，恬約自守，所至得民心，愛戴如父母。莅洪原，顯廟仍繡啓，褒諭曰:“爾生長本道，頗解物情。衙眷甚少，自奉亦簡，小心奉職，爲政詳明，志在愛民，補大同之役、衣軍人之寒者，民皆稱譽，誠爲可嘉。”仍賜表裏一襲，異數也。

雅慕趙重峯先生，尋其鵩舍遺躅，洪原章甫爲重峯建祠，公喜曰“此吾志也”，捐廩供役，隣倅聞風競勸，助竣其事，亦可見公尙德崇賢之誠也。及謝三和之紱，不復迹京師，優遊林泉十餘年而卒，卽戊寅三月十二日也。距其生乙丑，爲七十四歲。始窆于臨溟驛東山，遷于時典里午坐，從先兆也。

配慶州崔氏，通德郎吉男女，附公墓。擧七男一女，男萬英通德郎，萬雄萬戶，萬杰承議郎，萬最武科折衝，萬宗、萬式、萬泰皆通德郎，萬泰以文鳴世，女適玄允章。

公奮起遐陬，蚤自樹立，雖在下僚，苟可以裨補君德，必抗言不諱，不嫌其出位，庶幾"進思盡忠，退思補過"者歟。至若衛道闢邪，擯斥而靡悔者，亦可驗見徹而守確也。公負性帶氣，愛好名節。尊尙尤齋，亦出苦心，豈非以志氣相感而然哉？

公六代孫璣衡，百舍重繭，累請幽堂之文，璣衡好學，克紹先休。余旣服公風烈，又愛其肫誠，遂力疾而爲銘曰：

尺疏籲閤，踔乎氣節。
格王扶賢，矢心苦切。
克遂初服，永謝簪笏。
身名俱完，尠與倫匹。
德厚遺嬴，天祐其吉。
納銘玄隧，百世可質。

吏曹判書諡貞簡閔公墓誌銘【幷序】

閔氏望驪興者，傳序數十，積德累仁，至訒齋、老峯、屯村三賢而益章，砥行立名，爲世模楷。訒齋公有子諱鎭周，克趾先美，望實俱卲。古人云"人樂有賢父兄，亦樂有賢子弟"，於乎懿哉！

公字孺文，系出高麗尙衣奉御稱道，珪組奕舃。高祖諱汝健長興庫令，曾祖諱機慶州府尹，祖諱光勳江原道觀察使，訒齋公諱蓍重大司憲，三世俱贈元輔。妣贈貞敬夫人豐山洪氏，府使霔女，文敬公履祥其祖也。

公生稟絶異，器量沈毅，行治篤厚，與伯氏參奉公夙著盛名，時人稱爲雙璧。中癸丑生員，蔭補冰庫別檢，以仁顯王后嘉禮儐者，陞活人署別提，轉宗簿寺主簿，出監平康縣。肅宗甲子闡文科，拜禮·兵兩曹佐郎、司憲府持平。

始四學儒生以尹拯與人書語侵李文成公，聲罪致討，四館及泮任黨拯者反施罰，遂致疏啓迭詆，朝著不靖。公調停其是非，上雖不從其啓，而引避則優容，特命出仕。

遞拜兵曹佐郎，還持平，又轉兵曹正郎，間爲持平。承命按廉關西，跋涉邊塞數千餘里，備嘗艱險，恤民隱嚴邊禁，所論列多見採施。

選拜弘文館副修撰、校理、副校理，入對又陳西土民瘼，因言"沿江地儌，王化未洽，請交差文武倅，俾盡撫綏"，上從之。歷司諫院正言·獻納、吏曹佐郎、校書館校理，常帶知製敎。

時黨人甚忮士流，輒目公家以戚畹，公力辭銓郎，大臣陳達督出，終不膺命。屢拜銓郎、副修撰、漢學教授。時羅良佐等稱以爲師伸辨，誣辱尤菴先生語絶悖。

上竄良佐，拯黨李宜昌疏語尤憯，公以爲“宜昌詆毁儒宗，實斯文大變，嚴斥之”。崔錫恒附會宜昌，侵詆大老，益無憚，公擧此斥遞之。

湖南科主試者權持，以拯徒出策題，顯嘲儒賢，公遂請幷罷諸試官。泮官嘗誣栗、尤兩先生，不敢謁聖廟，冒羞行職，公糾發汰去，群小益仄目。

兼中學教授，移副校理。屬上命卜相，加卜至六大臣。金公壽恒、李公端夏請對稟旨，以趙師錫拜相，公慨然曰：“置相大事，而如是苟且？”遂投疏，略曰：

“人君之任，莫重於論相，大臣之職，惟在於薦賢，一日之內，六加枚卜，擧措顚倒，聽聞駭惑。殿下注意賢德，將降大任，何不豫疇咨明揚，反使摸索，若是苟艱？此豈殿下思得賢佐之意？亦豈古大臣以人事君之義哉？如使後世以爲口實，其爲國家害何如哉？受殿下耳目之寄者，無一言匡救，亦殿下獨運乾綱，不恢言路，有以致之。”仍及官方之濫、刑獄之失。上始溫批，忽下嚴敎，喉院、玉堂相繼救解。

領、左兩相疏言：“朝家擧措，不能盡善，則此等議論，安可無也。聖敎出於慰安右相，而恐未察其本意也。”

都憲李公秀彦疏救益力，天怒愈震，至曰：“唱和前後，論議層生，其愚弄國家，輕蔑大臣，在國法斷不可糢糊處之。”人皆爲公危怖，呈告見遞。

會有北關持斧之命，凡關防設施，軍民疾苦，無不爬櫛陳列，而壹遵老峯公餘規。吉州趙重峯俎豆，亦老峯按道時所創也，因公所達，賜額致祭。

徽陵卜葬，爲都監都廳，歷副應教、掌樂院正，敍敦匠勞，陞通政參知兵曹，出爲茂朱府使。仁顯后遜位，士禍滔天，遂投紱歸。

甲戌更化，觀察慶尙道，旋擢嘉善江華留守。時將築文殊城，廟議俾公管董，上引見曰："江都國家所恃，卿往善爲之。"公殫誠經紀，城堞旣新，繕械練士，克備綢繆。

陞通津爲府使，以金浦軍丁，移劃江都，俾守列墩，又設伽藍，募入緇髡，儲兵宿糧，措畫中窾。翌年移兵曹參判，廟堂方講定文殊守城節目，啓請仍任，未幾內遷大司諫。

始南九萬力護國賊希載，國論大起。忌士類在朝，多出諸外，公嶺藩及沁司，實見擯也。及還朝，臺官吳命峻疏論金公鎭圭，盛斥戚里權盛。公不自安，陳章乞免。兼活人署提調，拜兵曹參判、都承旨、大司諫、禮曹·工曹參判、副摠管、同知義禁府·成均館事。

薦爲平安道觀察使，時西關荐歉，公私俱赤。辭陛日，請留江都移轉米在本道者補賑，又貸營儲銀錢及江都木綿，販殖取贏，又移海西船粟，且自備四萬餘石，劃俵列邑，計口分哺，餘者別置賑䘏庫，用備不虞。

旱災復酷，上命致祭城內飢民死者，公馳啓："五載設賑，西路孔甚，請於本道南北，別爲降香，用慰溝壑之冤。"

又留意簽政，得壯丁萬餘，改編爲十部兵，并與遼軍馬兵，分作左、右隊，西陲軍制，始有定規。纔畢賑，衆瘼紛紜，公整頓簿書，釐革宿弊，因左相尹趾善疏至被削黜。

先是以歲饑，禁道臣雙轎，會迎虜使備儀，公亦從衆乘轎，非獨犯也。箕營有泉流庫，爲使行策應設，而舊規殖貨取用。

玉堂尹趾仁欲假此擠陷，疏論該庫別將李徵文貸灣人二萬金，請警責道臣。命道査逮啓聞，貨財出入，俱有的據，遂不售其計。

敍拜都承旨、禮曹參判、漢城府左尹，幷辭遞。持平李坦襲趾仁疏，請索十餘年監司重記，嚴覈施罰，弼善丁時潤踵坦起，語益凶悖。應教李公健命陳疏，發其情狀，上是之。

歷都憲、戶曹·工曹參判，以副价赴燕，間除同中樞。還拜左·右尹、兵曹參判、副提學、吏曹參判。時從弟趾齋公陳章忤時議，尹趾善、宋徵殷等謂"戚畹不宜居要地"，語極危險。

公懇辭曰："玉堂論奏，無非臣等之藥石，每聞公議，怵然知危。幷與槐院、籌司諸任，一切丐免。"疏幾十上，迫於嚴命，黽勉出膺，旋又引入。改大司成、吏曹參判、同知成均館事，擢拜兵曹判書兼備局有司、右副賓客、司譯院提調。

公勞悴成疾，請急，不許。特遣掖隷，賜駱粥問疾。仁顯后議藥廳設，强疾參候班，顧不能供職。湖、嶺兵閫久不出代，大臣請令次官議長官差送，公又陳疏，乞寢次官問議，亟遞職名，用存國體。

久之以大臣言蒙遞。由都憲，拜吏曹判書兼尙衣院提調。秋擢拜判義禁府事，時有科獄，獄囚中有嫌不可按覈者，疏陳情勢，許解。

公舊患風痺暴發，卒于白門外居第正寢，庚辰八月二十四日也，去其生丙戌，爲五十五歲。訃聞，上震悼，別賜喪葬諸需。東宮又命擇送棺板，遣宮官弔之。仁顯后寢疾方劇，送中官慰問。越三月，葬于驪州三田洞壬坐。後以胤子參原從勳，贈議政府領議政。

公豐貌美鬚髯，氣度莊重。涵濡於詩禮之教，遵蹈繩墨，內行純篤。荐遭喪威，母夫人哀傷成病，晝夜扶護，躬執刀圭。及丁巨創，守制窮峽，禍憯百罹，家計荒寒，而饋奠哭踊，情文備至。

弟、妹冲幼，提挈誨諭，藹然其愛。弟又夭，有遺腹子，撫育有踰己出。伯氏無嗣，贊成公以公第一子爲後，未娶而殤。公時有一子承洙，諸父兄不忍又令出後，公曰："宗事爲重，我則設無嗣續，寧爲班祔。"人莫不嗟歎。

老峯公栫棘西塞，兇徒方請加律。公倉皇赴省，中路得病，行不少淹，與從弟丹巖公，同其間關，請少調息，終不聽。丹巖公雅言此事曰："其至誠不可及。"老峯公疾革，公與其子文孝公日夜侍側，三年不解帶。夫人産病濱危，亦不暇顧，兒生二齒，未得一視，而聞其夭。奉先追遠，極其誠虔，晩嬰奇疾，而必參大小祀享。皐復前日，祖妣諱辰，晨起拜廟。

平居無疾言遽色，不言人臧否，罕與人追逐。每憂門闌隆爀，兢兢若執玉奉盈。屢典銓衡，門庭如水，公退終日默坐看書曰“恐失祖先謹拙之風”。然持論侃侃，於陰陽消息之幾、善利公私之分，辨哲嚴正，必極言竭論，雖觸衆怒，不少撓也。

其在選部，當朝論携貳，秉心公平，不動於浮議，僚宷異己者亦歎服曰“獨見今世士君子”。廉察西北極陲，殘鎭·小堡、僻村·窮奧，靡不遍歷。在北病不堪，扶曳前進，館人愍然勸留，猶不肯蹔休，是固盡瘁之節，而末疾亦祟於此云。

博極群經，擧多成誦，雖疾病委頓，簿牒倥傯，未嘗釋卷。遇會心處，取彩筆加點，丹鉛不離左右。酷好詞章，爲文必典贍遒健，而不少自衒。故世罕有知者。

褆躬儉約，布衣弊席，蕭然若寒士。赴燕不市一卷書，彼我贐金，俱無所用，封還如舊，上价徐相國文重歎曰“閔公有畏知之淸”。

配貞敬夫人延日鄭氏，贈左贊成尙徵女，右議政忠貞公維城其祖也。卒於辛卯，祔公墓左。男宗洙早夭，承洙縣監，出后伯氏。應洙右議政。

長房男百亨縣監，女適都正李綬、判書李鼎輔、縣監洪啓重、府使李權中、縣監宋益欽。次房男，大司諫百行、承旨百昌。百亨繼子台爀判書。百行繼子濟烈正郎。百昌子卽濟烈也，繼子命爀判書。台爀子致昇進士；致恒；致明。濟烈又無嗣，繼子致殷監察。命爀男致殷；致文參判。餘不盡錄。

公以圭璋之令質，儲柱石之重望，文學、經綸，足以匡輔君德，乂安邦家，駸駸有塩梅舟楫之契，而始不免爲黨人所忌克，逡巡榮途，專懷退藏之義，終焉厄於年壽，罔展抱負之蘊，詎不關於世敎汚隆哉？

直弼生也後，縱未及踵門覿德，竊聞往哲緖論，公與從氏忠文、文忠、文孝三公，爲善類領袖，接武蜚英，共奬王室，德義風範，竊致慕挹。乃者參判君猥屬以玄隧之銘，癃病垂死，筆與心朽，罔克形容其盛美，謹撮梗槪而爲之銘。銘曰：

猗歟熙朝，素重世臣。
允矣閔宗，代出偉人。
德厚流光，垂裕後昆。
公又挺生，文質彬彬。
移孝而忠，迪知忱恂。
辭賁黼黻，才抱經綸。
啓沃金華，諤諤昌言。
賦政藩臬，有脚陽春。
淸畏人知，先美是遵。
夷險一節，聖倚其純。
彼鼓簧者，胸詬目瞋。
我德不瑕，彌見其眞。
惟士遭際，備經亨屯。
原始要終，名實自醇。
總銓秉衡，克著勞勳。

遲徊眷顧，未忍停身。

貞德之符，遵晦自珍。

致恭存位，謙光孚尹。

胡不憖遺，有憾蒼旻。

苟究厥施，活國壽民。

令名無窮，頌在衿紳。

肅肅驪岡，堂斧嶙峋。

我述銘詩，庸告無垠。

下谷任公墓誌銘【幷序○丙午】

西齋任公有肖子曰時九，字成甫，西河人，自號下谷居士。西齋公元陵丙午，以掌令抗疏，痛陳辛壬義理，爲群壬所構誣，謫順安，丁未栫棘大靜。公擊鼓訟冤，兇徒不爲覆啓。

戊申西齋公被逮，時有直送監刑官之議。公號泣疾馳，三日到海上，賃船急渡，遇颶風幾溺。九月又籲蹕，上益怒，命竄鐵山。及行，作《公無渡河辭》及《四祝詩》以敍哀，己酉二月蒙宥。

庚戌七月，西齋公終于栫棘，公返櫬于牙山舊廬，遂僇廢終身。始公在謫，西齋公貽書許以知識已定，仍勉以自保千金，維持門戶，訣諸子書曰“某性不苟合”，又上世父書曰“此兒稟賦，既不低弱，且早閱患難，膽益廣而志益壯”，咸稱“父子間知己”云。

至正廟丙申，復西齋公爵，純廟特贈吏曹參判，幽冤畢伸，而九原不可作，悲夫！

高祖諱暵，生員贈參贊，尤齋宋先生表其阡。曾祖諱弘望知中樞府事，宋先生許以鐵心石腸，渼湖金文敬公銘其墓。祖諱瀸，號瘦竹。考諱昌夏，妣長水黃氏，正郎贈判書處信之女。

瘦竹公有弟諱泂執義，景廟朝盡言不諱，斥母以子貴之說。生諱徵夏，是爲西齋，配贈貞夫人光山金氏，判書鎭龜女，卽公本生祖及父母也。公以肅宗三十年甲申九月三十日生，壬午十二月二十五日卒，壽五十九。癸未二月，葬于縣南可藏谷午坐。

配咸安趙氏，承旨榮世女，四德俱著，六親咸頌。生先公二年，歿後公六年，祔公墓。擧六男一女，男孝白、悌白、忠白、蔭同樞信白、珩白、後白，忠白、珩白皆出系，女適進士李羲敬。

泰增、泰興、泰昇，長房出，泰興出后次房。泰東、泰松，三房出。泰春、泰文、泰民、泰隣、泰淳水使，四房出。泰岳、泰魯縣令，五房出。泰龜、泰龍、泰鳳，季房出。外孫李文在，曾、玄以下不錄。

公有醇德敦行，恢量博識，且儀容豐碩，風采暎發，人莫不聳觀，夙負公輔望。少時訪李忠定公弘述，李公屛左右，尊禮殊絶。人問其故，李公曰："異日吾輩子孫，將被斯人陶鑄。"群小覰公者，咸謂"若使某當路，吾輩必無噍類"，其爲人敬忌如此。

爲文章，富贍淸警，被藝苑諸公所奬詡。悔軒趙文簡公觀彬托以賞音，幷世衿紳辨聖誣、討亂賊者，其文多出公手，時年纔弱冠云。有遺稿藏于家。

公之先以名義風節世家，而公又傑特，克趾先美，若可以羽儀王庭，黼黻皇猷，無愧韓、范之繼業，而早嬰世禍，畢生坎壈，俾包天括地之志，不少槪見，斯爲志士之所齎恨者也。

然無是父，無是子；無是子，無是父。父忠子孝，所以答君親之恩，盡父子之分者，公之父子實有焉，詎可以窮通論哉？孤忠、純孝，將垂百世而不朽，是可驗皓天必復也。

公玄孫憲晦，謁公三世之文，不佞强顔而副之。又請誌公幽堂，不敢以耄荒辭，遂援筆而爲銘。銘曰：

忠義之門，爲子未易。
緊公挺生，拔出倫類。
庶幾生死，盡力盡思。
瀝血叩蹕，籲冤莫遂。
百死不悔，用明父志。
玄天幽遠，鬼神茫昧。
廬墓攀柏，蓼莪爲廢。
身否道亨，是爲大人。
乾道孔昭，無往不伸。
成公兩世，孝子忠臣。
于以揭美，有屹靈仁。

我撮其大，用質明神。

井邑縣監沈公墓誌銘【幷序○丁未】

霽軒沈先生文學德業，模楷士林，有二子文永、獻永。長胤繼述志事，爲世名儒，季胤亦克趾美，瞿軒沈公師東嘗稱"吾宗有少學者"，以季胤云爾也。

公字仲賢，初字季徵，靑松氏，胄于高麗衛尉丞諱洪孚。入本朝有諱德符，左議政靑松伯，自是名德奕世。至諱璿，京畿觀察使，光陵初服，棄官自靖。再傳至左參贊諱光彦，師靜庵趙文正公，著節于乙巳士禍，寔公九代祖也。曾祖諱廷璧，祖諱師曾，兩世咸有潛德。

霽軒公諱定鎭，官司禦，配坡平尹氏，同中樞得壽女。生文永出系從叔父載鎭，取族弟通德郞諱寅鎭子獻永爲嗣，通德公卽縣監諱重周之子，而承旨諱之漢、參奉諱梯，爲其高、曾兩世也。

承旨公當昏朝年十六，疏請斬尹訒等，後登第歷敭淸顯。參奉公號德庵，以邃學擧遺逸，拜官，不就。縣監公師事寒泉，經術德望，見推士友。通德公配南陽洪氏，縣監彦復女，是爲公本生母也。

癸酉中司馬，己卯筮仕爲莊陵參奉，辛巳遞，壬午差徽慶園監造官。癸未敍敦匠勞，陞六品，甲申拜司饔院主簿，轉義禁府都事、刑曹佐郎·正郎、景慕宮令，徽慶園令。

庚寅出監井邑縣，辛卯因不伏水土，病猝就。方謀賦歸，際値殿考，喜曰"吾計諧矣"，舁還稷下舊第。乙未正月十六日，考終于壽春鄉廬，距其生丙申二月十九日，爲六十。是年四月六日，葬于壽春古隱洞子坐。

配光山金氏，斗膺女，淑愼慈良，閫範咸備。生先公一年，歿先公十八年，墓于高陽歸溪里癸坐。擧二男三女，樂容、樂興，女適洪一純、徐相薰、李謙沼。繼配羅州丁氏，義翊女，有二男樂淸、樂元。樂容無男子，樂淸子魯集，二女適趙懿鍾、徐莫輔。樂興男魯在，一女幼。樂淸子魯集出系，女幼。

公生稟異質，纔免懷，已知事親，未忍離側。及過房，彌篤孝敬，被吳醇庵、趙荷棲諸公獎詡。受學于伯氏居觀齋公及從姪壺隱公，不待程督，能自策勵。

丙午丁外艱，時未成童，而執禮如成人。得官以祿不逮養爲至恨，事伯氏如父。常慟伯氏蚤世，志業未卒，往往流涕。

性和厚慈良，與人無親疏、貴賤，披露肝膈。見婢僕欺蔽，必理曉義喩，俾底悛改，推及昆蟲草木，必欲遂其生。常誨子孫以啓蟄不殺、方長不折，其敦同胞之仁，可知也。

居恒呐呐似不能言，而剖析義利，如一刀兩段，日用事爲，樂易眞率，而見人矜傲諂諛，若將浼已。家無世業，居無室廬，竈不烟者三日，冬無所覆，用試卷掩體而臥，人不堪其苦，而常怡如也。

在官以《小學》、《心經》等書自隨，公餘不住誦繹，絕不爲造請，罕與人相涉。井邑民習，機詐健訟，公裁之以法，濟之以仁。禔躬儉約，不以家累自隨，蠲除例納僧紙，貿市以需用，爲隣邑所取法。

獎勸髦士，文風丕振。捐廩周窮，政聲載路，歲計有餘，庶幾久道化成。而鑿枘不合，未觀厥成，惜哉！公老而好學，未嘗以處窮而廢業。

嘗從老洲吳文元公、大隱李公鳳秀，講磨道義，往哲“稱人之善，必本其父兄師友”者，豈不信哉？詩文敦厚宏肆，不規規於繩尺，而旨趣自高，然亦不屑也。有《莊齋散稿》藏于家。

不佞隨公于越中，歷選群勝，至子規樓、拜鵑亭，相與攬涕，往往嗚咽失聲。其氣意相感者如此，非直以庚誼姻好兩忘所趨也。

不佞閱人甚多，而其能抱朴含眞，用全天器如公者鮮矣。傷今之世，儒行墮地，皎厲便儇，以自標置，思得如公者以風之，而不可作。感念存歿，銘其可辭？銘曰：

人生至樂，有賢父兄。
緊公造就，得諸家庭。
孝悌爲本，衆美乃成。
我佩陸離，我服芳馨。
克傳詩禮，以永德聲。
吁嗟嘿嘿，誰知廉貞？
我懷伊人，獨葆性靈。
恨不起公，爲世儀刑。

古隱之岡，有侐其塋。
故人述行，納諸玄扃。
庸告來世，永徵斯銘。

學生劉公墓誌銘【幷序○丙午】

《禮》“事師，左右就養，服勤至死”，與君親同。故曰：“民生於三，事之如一，惟其所在，則致死焉。”匡人之役，顏子曰“子在，回何敢死”，朱子釋之曰“夫子不幸而遇難，回必捐生而赴之”，是爲報生以死也。師友道喪久矣，知斯義者，其惟北青劉公汝豪乎。

始劉公從學文正公陶庵李先生于德陽山中，三載値戊申亂作，門弟子皆蒼黃奔迸。先生勸公歸覲，公不肯曰：“北路則寇難不及，吾父母可保無虞，吾則秖知有所在致死之義。假使先生執靮從王，吾當與同死生。”及先生奔問入城，公杖劍從之，須臾不離側，讀《孟子》不少輟，人皆聳觀。

亂定，隨先生歸德陽，既數月，先生遭罹橫逆，將入窮山，謝遣生徒，公泣辭曰：“非欲後也，不敢也。”先生爲文而送之曰：“生孤身客千里外，一日遇變亂，毅然撥一死守不去。余瞿索焉，惟禍是遠，不能相携以去，子不負余，而余負子矣。子歸而事父母，一以《小學》爲師而後，是眞不負余。”又贈詩云“出谷鶯知止，乘春鴈識歸。鋤時帶《小學》，造次莫相違”，公服膺師訓，夙夜劬書。

辛亥正月二十一日歿，去其生乙酉七月十三日，爲二十七歲，葬于本治圭會社鍾鼓臺子坐。公字道悅，系出江陵。祖諱先立，考諱興元。齊金海金氏，墓祔左。子曰有三，孫曰宅奎，曾孫曰奉彩、日彩，謁銘者玄孫允晦也。

余少讀先生文，夙知公爲北學之良，而厄於短造，罔充其志業，惜哉。嗚呼！人有三大倫，而得師之敎，方知忠君孝親，而可盡其報生之道，師之有功於君親如此。

公能自力於鼓篋孫業，至患難、危急之際，矢死靡他，爲師生者於是焉定，有補於世敎民彝，詎但公一身之榮哉？斯爲公平生大節，餘皆可略也。銘曰：

允文文正，爲世儒宗。
陶冶士心，廣大寬容。
規矱旣正，方圓應形。
自有檃括，習其性成。
惜公無年，未叩大鳴。
所在致死，願扶天經。
弘闡倫義，無愧師生。

梅山集

卷四十

墓誌銘

墓誌銘

禮曹參判贈吏曹判書李公墓誌銘【幷序○丙午】

正宗大王毓德春宮三十年，博選宮僚，用資啓沃，聞望盡一世之勝，南谷李公諱鎭衡其尤者，而公善處功名之際，一德終始，死生哀榮，於乎休哉！

公字平仲，系出英陵別子密城君諱琛。贈司僕寺正諱尙胤，南原府使贈吏曹參議諱廷亮，贈吏曹參判諱墉，是爲公曾祖、祖、禰，三世之贈，用公貴也。參判公聘東萊鄭氏，郡守亨晉之女，以景宗三年癸卯三月七日，擧公于參議公慶山任所。

癸酉中生員試，唱名甫浹辰，擢庭試丙科，與伯氏參判公聯榜，循堂國學四方之士，環集曰"今世文章也"，爭覩爲快。甲戌隷槐院，丁丑薦爲承政院注書，咸稱記注才。戊寅用藥院直宿勞陞六品，內而兵曹佐郎·正郎，薇院正言·獻納·司諫、栢府持平·掌令·執義、玉署校理·副應敎、春坊司書·弼善·輔德、宗簿·奉常寺正、通禮院通禮，外而濟原察訪、泰川縣監、慶尙都事，卽堂下踐歷，而處春坊最久。

庚辰以宮僚陪從顯隆園溫泉幸行，辛巳以言官入對東宮，多所陳戒。莅濟原四朔，驛路用蘇，爲政泰川，廉明有威，不施鞭扑，而吏民咸服，上任纔十月，有遺愛碑。

掌試嶠南，髦士擧頌其公平，侍講法筵，請益恢察言來諫之德，激勵頹風，因文進戒，英廟嘉納。處宮官四年，受知于健陵，朝夕講磨，左右輔導。時値艱危，戒在樞機，口不出离筵酬酢，及英廟賓天，以告訃奏請書狀官赴燕，上敎曰："李某卽余春宮時僚官，講學之際，多所顧問。今當萬里之行，老病可悶。"命給蔘料及別盤纏。公律己淸愼，行橐蕭然，一行悚戢。未復命除東壁，以封冊竣事，加通政階，賜奴婢田結，拜承政院同副承旨，屢轉至右承旨，間經兵曹參議·參知、戶曹參議。戊戌奉安英廟影幀于永禧殿，敍禮房勞陞嘉善，拜左承旨、工曹參判兼同知義禁府事。

上憐公年老無子，特命取公從父兄子兢淵爲子，仍敎曰："卿卽國家同休戚之人，而今乃有後，予心欣悅。"對曰："有父子而後有君臣，卽人倫之序，而臣之父子，乃是有君臣而後有父子也。"復拜左承旨。

己亥居留沁都，引見賜饌，寵以雲漢曰："南谷山人亦世情，沁州出按耀旗旌。佳兒繞膝烏紗喜，老婦開顔紫誥榮。莫道功名由我力，從知天日照君誠。莽蒼少別猶關念，歸趁桃花滿洛城。"公感激恩遇，壹心營職，捐廩而堅築城之役，增價而矯貿魚之弊，其間未百日也。時朝議以沁都兼統禦營，用正二品爲留守，上惜其遞，移拜開城留守。是土也，貨利輻湊，居官者類多政以賄成。公持躬淸嚴，濟以節約，承弊易變，習俗幾革。上聞公病篤，命道臣問加減，仍下御札賜蔘劑，又命公胤子乘馹往省。

尋除承旨召還，歷漢城府右尹、大司憲、戶曹參判兼都摠府副摠管，提擧典設司、繕工監。庚子再除都承旨，以禮曹參判、兼同知經筵實錄事，差籌司堂上，拜京畿觀察使，處劇如閒，不煩聲氣，而衆事自理。請給田災，民無枉徵，審讞罪囚，獄無冤辜，未周歲一路晏如。辛丑以病辭，拜大司憲，又以病遞。上數降珍劑，臨朝愍惻，屢形辭教，是歲九月一日下世，享年五十九。

病革，神精不變，詔胤子曰："君恩如河海，而涓埃莫報，是可恨也。"仍呼寫一絶曰"忽逐秋蟬脫殼忙，瑤天銀海正蒼茫。靈飆且莫催征袂，未答君恩一恨長"，遂不復言，惟問闕中消息，至再三。時産室設廳，已過期矣。訃聞，教曰："此人卽舊時宮僚也，病雖沈綿，不料遽聞長逝之報，驚怛何言？卽令該曹元致賻外，倍數加給。在邸時宮僚卒逝，則例給歸厚署棺板，此人此例，豈可靳惜？"命照例題給，弔祭依例，而致祭命待下教。

又教曰："予之文字間得力，多賴此宮僚，至今受用，資益不些。況在甲乙之際，倘非此宮僚之愼口審幾，則逆雲溫室樹之說，必發於聽政之前。明義之書，名雖不載，功實難忘，噫嘻！今焉已矣。九原難作，惜未及置之正卿。今日特贈判書。"贈吏曹判書，兼銜如例。

越三月戊申，葬于楊州北斗川乾坐。小祥前一日，上親製文賜祭曰：

卿在人間，寄如過客。

斂歸太空，蟬脫其殼。

獨有忠愛，生死固結。

臨化一詩，赤腔流出。

予從貳邸，得卿爲友。

時維艱危，昕夕左右。

卷懷如愚，涇不渭濁。

次月三節，豈曰酬績。

歿後貤贈，始副常期。

疏襟爽語，起予者誰？

宮筵扶醉，俛仰成塵。

十行一酌，表予君臣。

癸卯春敎曰："乙丙事，尙何言哉？兇徒亂孼，結締腸肚，左右傍伺，日夕交煽，凡所以恐動予危逼予者，殆無紀極。予之不得解衣而寢者，積有日月，至今追思，心驚夢愕。時則有若贈判書李某爲予宮僚，一心王室，殷憂焦慮，至達面目。慰予以忍性之義，勉予以處艱之道，藹然忠赤，有足感歎。雖以賊黨百端媒孼[1]之謀，亦莫能窺其涯涘。逮夫數年以來，世變層生，無所不有，而涇不渭濁，薰不蕕化，終始一節，隨處彌堅，雖謂之昏夜明星，未見其過實。肆予曰篤不忘，傾嚮冞深，擬將晉秩八座，警勵頹俗，而未之果焉。歿後貤贈，始用所常期者，每一念至，不勝慘惜。向來致

1 孼：저본에는 '蘖'로 되어있으나，문맥에 의거하여 수정.

酹，已示予意，而當此民彝漸晦，人志靡定之日，如贈判書者，何處得來？噫！國無節惠之典則已，不然，不加於此等之人，而加於何人？贈判書李某，令弘文館議謚！”此傳教，便是自家一編行迹，亦不必待狀而爲之，一體知悉。謚曰忠簡，是可以見公君臣之際也。

公生稟異質，眼光射人。參議公鍾愛殊絶曰“必大吾家”。與群兒戲，必自爲將，約束有法。六歲遭內艱，撫養失宜，遂致貞疾。九歲始就學，而朗慧成性，讀未半卷，而綽有長進。時陶庵李先生訪參議公，已聞公有高才，反辭而責之曰：“九歲猶讀《史略》乎？使人大慚。”公發悱勉學，至忘寢食。

稍長，文藝驟進，淹貫經史，旁通陰陽、術數及孫、吳之書。又解墨妙，未嘗費紙，而草、楷俱成體格。丁外艱，毁瘠幾滅性，而亦不廢勵業。本之經術，而發之爲詞章、功令之文，亦不專意而工。然所樂不在是也。居恒伊吾鑽研，窮晝夜不休，長於記誦，誦所讀諸書，閱數旬而猶未盡，其聰悟絶倫如此。

器量恢達，喜慍不形，而見人不是，若將浼己。恬靖簡默，而或値酒酩酊，激昂慷慨，談論千古，如決江河而注之海。釋褐數十年，不苟合當世，嶔崎落拓，而不少介懷，簞瓢屢空，而不問家人産業，安時處順，樂而忘憂。逮夫遇巷，恩眷隆摯，位躋卿月，晉塗大闢，而褆躬寒素，無異處窮。嘗擧奢儉之難易，以戒胤子，居常務自韜晦，不少概見。

上每歎曰：“卿可謂‘有若無，實若虛’。”常待之以僚友，輒呼南谷，以家南山下也，仍以爲號焉。嚴於辭受，却西倅之帛，斥象譯之貨。沁都時敎書有“銜命燕京，氷蘗著操”之語，公不悅曰：“吾於燕行貨一驢，氷蘗之云，能不愧乎?”卜居岳麓，或嫌其深，公曰：“昔人置田宅，必於窮僻，豈無意乎?”

配貞夫人密陽朴氏，左尹弼正女，閫範咸備。生後公四歲，歿後公八歲，及喪，特命內帑，從厚賻助，異數也。祔公墓左。

兢淵文科承旨，有二男三女。男根魁生員，正廟念先故錄後，官郡守，繼后本宗。株以次嫡尸公祀，亦命調用，以未及除職而歿，贈敎官。女適鄭樂綏、金魯俊、趙在昉。敎官男熙淸，今直長，女徐有會。郡守系子熙殷，今縣監，女洪在承。熙淸三女，兪鎭鼎、朴宬夏、兪鎭球。郡守二男，憲堯、章堯，二女幼。

公體貌脆弱，而性度尊嚴，若以綿裹鐵然。故當英廟季世，邦朋樹黨，世道交喪，危逼之形，至及貳極，而審幾密贊，竭力調護，不露鋒穎，默而成之，竟措於安，是所云“王臣蹇蹇，匪躬之故”者乎?

且不失身于同僚之權兇，塊然無徒，廓然獨立，不獲世之滋垢。明良際會，曠世一値，而居寵若驚，謙恭寅畏，其垂令名於無窮也宜哉!

公雅言“病羸不任退耕，遂不免欺有司倖科第，自玆以往，皆分外也”，記通籍后行止，名之曰《外物錄》，知其爲外物，誰能使驕泰隕穫於得失哉? 士大夫只知軒冕之榮，而不知休退之樂者，何異於醉生夢死哉? 將乞身而退，以娛晩景於江湖之上，是公之所矢願而未就者。然其高情遠韻，亦可以想象也。

不佞與公有屢世之好，夙誦公風節，公曾孫熙淸以其祖承旨公之狀來，謂不佞曰："今世之知吾祖最深者，惟子在，子又及耄矣，不及今爲之銘，將何以闡揚德美於後世乎？"不佞辭非其人而不獲，遂力疾而爲之銘。銘曰：

侃侃李公，出自天潢。
遭逢正廟，効厥忠良。
正廟曰咨，嘉乃含章。
朝夕承華，啓迪孔彰。
屬時乙丙，世道玄黃。
辨幾察影，夾介少陽。
內言不出，用自斂藏。
轉危爲安，誠格穹蒼。
君子愼密，乃終永貞。
夷險一節，受知聖明。
遵養時晦，砥行立名。
何以致此？玩心硏經。
經正民興，何用不臧？
所以明哲，旁燭煌煌。
天衢雲路，進步將將。
一曙厭世，脫屣其忙。
胡不少假，用卒贊襄？

恩綸荐降，收存恤亡。
宸情追舊，彌久不忘。
歷選在廷，鮮與儔匹。
烟霞初心，江湖晚節。
千駟萬鍾，視以外物。
是公平生，中自蘊結。
感戴殊遇，未忍便訣。
瑤天銀海，遺恨不滅。
有屹斗岡，有幽其室。
炯炯窮泉，瀸瀸腔血。
我詞不諛，百世是質。

凝窩尹公墓誌銘【幷序○丙午】

文簡公止庵金先生，講道于黃驪之上，故同知中樞府事尹公，首先師事，而至誠服勤，時及門之士甚盛，而先生獨許公以篤實。又云"世道喧騰，物情紛紜，而默數知舊，惟君最可信"，錫公號曰凝窩，取《中庸》至德凝道之義也。公終身服膺。先生家禍孔棘，公常懷愍惻，以孫女妻先生曾孫，支拄其門戶，先生所以最信公者，豈苟然哉？古人云"死者復起，生者無媿"，公實有焉。

公諱聚東，字汝五，海平人，始祖曰君正，事高麗高宗官至尚書左僕射。入本朝有諱斗壽，海原府院君文靖公，爲中興元勳，生諱昉文翼公，兩世俱爲元輔。生諱履之，判敦寧府事貞孝公，寔公五世祖也。工曹佐郎贈吏曹參議諱坫，贈司僕寺正諱世長，進士贈吏曹參議諱洙，贈吏曹參判諱得良，卽公高、曾、祖、禰，而三世之贈，用公推恩也。參判公有至行，娶文化柳氏長鳳女，女士也。親授諸子學，以英宗三年丁未二月十八日擧公。

公生稟近道，沖齡因摘果傷，更不遊戲行險。嘗患浮脹阽危，醫皆斂手，柳夫人夢，一老人授以金圈曰“給病兒，兒病當瘳，勿憂也”，自翌日乃瘳。及授業沈潛悅繹，不待程督，長益刻厲，早謝功令，專精性理之學。卜居溫川、歡城之間，潛靖自修，劬經研禮，夜以繼晝，殆忘寢食。

自是華聞日彰，道伯洪公秉瓚，以望重斯文薦于朝，癸卯拜貞陵參奉。或勸以不起，公出膺曰：“出處惟義之視，我何以名爲哉？” 歷景慕宮奉事、軍資監·司饔院直長、司僕寺主簿、司憲府監察。丁未除龍仁縣令，恤窮蠲役，課士勸講，莅任纔三月，而施措已多可觀。時道伯挾私憾，置殿考，公歸隱故山。簞瓢屢空，而味道自腴，於世間寵辱欣戚，一不嬰其心。

己未蒙推老恩，陞通政階，除僉知中樞，丙寅以八耋陞嘉善大夫同知中樞。戊辰七月二日卒，享年八十二。九月葬于長湍梧陰里丁坐，從先兆也。

配星州玄氏若淳之女，生先公一年，歿先公十九年，墓于連山德目里戌坐，柔淑慈順，事無攸遂，亦不以有無而累君子。有一女，取公仲氏諱台東子英烈爲嗣，女適李運源。

英烈子致麟，今槐山郡守，女金仁根逸掌令，卽止菴先生曾孫也。李運源四男，浩秀、熹秀、厚秀、美秀，二女朴齊日、鄭海壽。致麟三男，冀善、翼善、戴善。金炳愚、閔泳緯，掌令子女也。

公孝悌天植，奉雙親，致養志之誠，居瘠，或離喪次，則卽所寓設虛位，晨夕哭臨，用伸哀慕，自公義起，而克恔情禮者也。父事諸兄，及析箸，未忍遠違，常常源源，怡愉湛樂。嘗渾室遘癘，荐罹鴒原之慽，喪威震剝，而經紀終事，情文無憾，教養孤姪與從曾孫，俾底成立。

居恒，夙興整衣巾，對案危坐，窮日夜課書，家人不敢嘻嘻，閨庭靜肅如治朝。重友道，與人必推誠信，坦然無畦畛，口不出俚諺，體不設散容。見善若己有，而有過則面斥，人或不悅，而亦不恤也。充養旣久，踐履克篤，驗之於動靜語默，推之於日用常行，而綽有餘裕，自無逕庭。

嘗云“才魯”，用人一己百之功，讀書必字究句索，務精而不務博，必要自得，而不泥於古。性命之蘊奧、箋註之紛羅與夫吾東諸賢所論著者，罔不鑽研，會極其歸趨，因之箚述疑義，往復講辨，碎毫析微，不明不措，而不自株守，舍己從人。於群經靡不用力，而最好《庸》、《學》，常夜輪誦。

其論未發曰：“靜與未發，似有分別，以大體言，通謂之‘靜’，而細分則未發是‘靜之中寂然不動炯然不昧’之謂也。以天命而爲人，則源頭未發，聖凡不異，自其戒懼工夫有淺深，而始乃懸殊，衆人不能保天命之存，而無未發之中。”

論明德曰：“‘虛靈不昧’四字，已足明德之意，而若不幷說體用，則意不詳備。故必兼言具衆理、應萬事，後儒欲牽合於張子“心統性情”之語，而張子此語，不指明德也。栗谷《心性圖》去‘情’字，合心性爲言者，明白可據。”是皆默契心融，折衷於群言者也。

雅好經濟曰：“井田猝難擧，惟限民名田，可以通行於古今者也。”

公遍交幷世名賢，屛溪、渼湖、止菴、大齋、竹巖，則尊事，而依歸於止菴。性潭、萍湖、近齋、東圃，則友之，而資益於近齋者爲多。指引後進，必勉其立志，而先要務實，曰“誠實無僞，吾於兪大齋見之”，不惟擧似學者，亦以自勖，爲畢生進德之符焉。學者卽公所居而稱之曰“汾溪先生”。

爲文章，不事藻繪，而務盡條暢，尤長於書牘。諸經，咸有疾書，而多散佚，《庸學集說》、《喪祭禮彙考》幷詩文，藏于家。

嗚呼！公性嚴而志確，氣定而言厲。少時卞急，到老，更沖和慈諒，色笑藹然，可知爲有道君子也。早受師友之益，門路醇正，晚積存養之功，造就高明。精爽不衰，進修彌卲，殆不知年數之不足，是無愧篤信好學、守死善道者也。降志祿仕，用自晦身，身世兩忘，靡所怨尤。世或以公之不列於彙征，展其所蘊，爲公嗟惜。然古人云“知我者希”，我貴公不求知於人，而人爲公成貴，斯其所以爲公歟。

昔我祖考牧使公，恬靜寡交遊，獨於公以德義相孚，非直以庚誼僚契也。直弼早登公門，觀感而請益，公以其爲故人稚孫也，存撫殊絶，所施敎者洋洋盈耳。雖不克傳習，亦何忍弭忘? 公嗣孫郡守君, 狀公德行而授直弼曰: "我祖墓, 尙闕幽誌, 而世無知德者, 苟欲就知者而托之, 舍子其誰?" 直弼逡巡不敢當, 而甲懇不休, 其何可終辭, 以重負幽明哉? 銘曰:

棣棣尹公, 允矣弘儒。
形神淸瑩, 山澤之癯。
氣宇竦峭, 松筠之貞。
蚤自停身, 聖門是程。
就正有道, 竭志明誠。
隨緣祿隱, 迹屈道亨。
亟遂初服, 服禮硏經。
陶陶眞樂, 養我性靈。
廣嶽岧嶢, 汾水淸泠。
遵晦凝道, 不顯其名。
高朗令終, 有融昭明。
壽躋九耋, 位班貳卿。
有美孫曾, 克紹典型。
惟天報施, 啓佑無疆。
三達不朽, 百世流光。
矢辭于銘, 虔薦玄堂。
有斐君子, 終不可忘。

衍齋李公墓誌銘【并序○丙午】

不佞沖年，服事近齋朴先生，先生遵晦養德，不喜授徒。不佞嘗問“及門之士，可與共學者”，先生曰：“吾內從妹胤子李君升淵，誦群經如己言，守厥躬若處子，所期望綦重者也。”固已心許。日被公款扉，相視莫逆，彌信先生所以奬詡者，非苟然也。及哭公，述誄以敍哀，公兩胤又請幽宮之誌，兩胤服習公身敎，恬約自持，其言尤可信。遂按狀而敍之曰：

公字文階，初諱雷淵，嘗被應製入侍，正廟微示改名之意，卽今諱也。系出璿源，以世宗別子廣平大君諱璵爲始祖，宗盡而珪組奕世。至林川郡守諱湛、敦寧都正贈吏議諱顯允、永平縣令贈吏參諱立中、軍威縣監諱義和，卽公四世也。縣監公娶杞溪兪氏，通德郎彥孫女，章憲公命弘之曾孫，農巖金文簡公昌協，其外曾祖也。

公生稟聰慧，纔五歲，父母試問：“雨脚幾何？”公下庭，數簷溜而對。及長，受業于艮齋洪公儀泳，就正于近齋，爲士友所推重。壬子中司馬，甲子除翼陵參奉，以內艱吉前不就。庚午拜齊陵參奉，陞義禁府都事、宗廟署直長，轉尙衣院別提、掌樂院主簿。復拜禁都，移戶曹佐郎、永禧殿·南部·長寧殿令、典牲署判官。

丁丑出監木川縣，邑貧吏窶，倉無棲粒。公施措有方，不勞蒲鞭，而廩完積逋，稅先致期，修舊起廢，百度俱貞。遇旱禱雨，輒有冥應，隣境民咸服其誠，奏其官，請法木川設禱。莅任四載，政淸訟簡，令行禁止，繩姦懲頑，俾自屛息，官廨改觀，村徭多革，道伯至褒以公而無私。隣邑有疑獄久淹，道伯屬公辨理，得實而償冤，咸稱神明。

縣中多族戚，上任後一與讌飲，歲時名節輒施饋，約毋得出入偃室。外氏先塋在界內，卽其晬日，設殷祭展省，歲以爲常。外高祖章憲公墓所，有所乘肩輿，公爲改修，輸致官牙。翌日懸輿處忽頹，亦可異焉。

居內外官，未嘗毫髮枉法，戒家人曰"官事在人，不合則去"，竟以剛直不撓，見忤監司，公雍容辭遞，吏民惜去，久而益思。

癸未因敦匠錄勳，丙戌拜掌樂、司饔兩院主簿，丁亥拜軍資監判官，是年卽公之周甲。甲日操文告哀于親墓，家人不敢道是日，以當[2]倍悲痛也。

兪夫人哭殤而慽，公不離側，諦視顏色，夜必捫面而驗淚，性於孝者，自齠齔已然。每讀好文辭，輒諺釋而聞之。及持制，每遇嬰疾日，哀傷無間諱辰，期而撤靈，萃朝夕饋奠之米，用備朔望之需，遂詔後無廢，人服象生不匱之慕。

縣監公患風痺八年，家無餘貲，而極甘旨之供，居前後喪，易戚咸備。以雙親甲晬値國哀官眚，罔克稱觥，爲沒身恨，逮仲父同樞公回甲，製衣設饌，會親屬讌于家中，不俾知營辦之艱，卽孝之推也。

友二妹篤摯，每誦先範相戒曰："父母歿，靡所因極，

2 當：저본에는 '常'으로 되어있으나, 《小學》〈嘉言〉의 "伊川先生曰：人無父母，生日，當倍悲痛."에 의거하여 수정.

顧吾三人，苟存視息，當次第乘化，先固無知，後者何忍?”恤長妹無育，雖微物，必分多潤。寡季妹殉夫，教養孤甥如己出，以不及見綽楔爲至痛。

公伯氏內外，俱早歿無后，縣監公詢及宗中，以公爲嗣，而公於主祼讀祝，不讀孝字，雖過於禮，而亦可見其重宗也。

公卒于純廟己丑四月二十六日，去其生丁亥，爲六十三歲。始葬于果川盤浦里，戊戌十一月四日，遷厝于龍仁器日面遲日里卯坐。

配潘南朴氏，生員師永女，擧二男一女。男寅行、寅寧，女適洪稷周。俊夏長房出，禮夏及金夔秀妻及未行者，次房出。

公天資近道，濟以好學，爲政于家而恩義克篤，成教于官而威愛允濟。且潛靖自修，不求合當世，世尠有知公者，是乃公之所以爲公者也。

居恒好讀禮，晚契《羲易》，得需卦之衍字扁齋，仍自號，求記于不佞曰：“吾以衍文處世。”又取《魯論》“無益不如學是吾憂”一句，揭座右自警而誨子。

文章本之經術，多可傳，而以先世文獻之盡逸，不自收戢，古所云“砥行立名之士，知廉恥、修禮讓，不利於苟得，不牽於苟隨，而惟義之所處。以故其人至難得、至可重”，公非其人哉？是可以銘。銘曰：

曰若人之好修兮，慕往哲之遺教。

誦六籍而自怡悅兮，顧言行其慥慥。
繄仕學之相優兮，志不存乎溫飽。
布陽春於百里兮，回號咷而爲笑。
哀時命之不遘兮，棲鸞鳳於枳棘。
獨炯介而不隨俗兮，夫安肯改錯其繩墨？
惟梗柟其蔽雲兮，曾不售乎匠石。
碝自脛而玉自璞兮，孰信修而成名？
不獲世之滋垢兮，吾獨述其廉貞。

松島羅公墓誌銘【幷序○丙午】

在昔長陵之世，國家荐經大難，羅公海崙再倡義旅，沫血誓天，奮不顧身，以趨君父之急。雖因亂定而罷，和成而退，功烈不克遂於當世，而痛天壤之易處，甘沒世而自靖，凜凜有蹈海之風，其所秉執，可暴於天下後世，詎不偉哉？

公字應淑，號松島，系出羅州，以麗朝監門衛上將軍諱富爲鼻祖。本朝有諱璡，除戶曹判書，抗義不仕。高祖曰逸孫，己卯名賢，曾祖曰昶翰林，祖士愔主簿，考德謙贈參議。參議公與忠烈公德憲，寔爲從父兄弟，妣豐山洪氏，參奉漢信女。

公狀貌奇偉，文藝夙就，受業于睡隱姜公沆，深見器許。十五遭丁酉倭寇，公將兩親隱德龍山中，參議公患瘧，思牛肝。公夜行歸舊第，牽犢而來，遇賊被執，公責曰："吾爲親病，冒險至此，誰無父母？毋我害也。”賊感歎曰“眞孝子也”，扶而送之。

亂已而還，臧獲盡散。公躬樵採，負米以供甘毳，不弛勞。旣長自奮，與從弟南磵公海鳳，講習不怠，用繩先業。及壯猶未有室，或勸之醮，則曰：“孝衰於妻子，吾不願娶。”金公璇慕其義，以其弟參奉璵之女妻之。

至戊申高公敬履辨牛溪、松江之誣被禁錮，公與朴公濬哲治章鳴冤，扶正斥邪之義炳如也。時値昏朝，彝倫斁絶，絶意進取，而爲親故，猶隨衆公車。嘗一發解過省，爲時輩所忌，見削學籍，公不少介懷。

丙辰參議公疾革，公夜不解帶，竭誠刀圭，祈以身代。遭憂哀毁踰制，三年廬墓，淚濕草枯，拜哭處，冬雪先消。服闋，大夫人年已九十，左右護養，或以事出，雖祁寒暑雨，復不違時。繞膝怡愉，常作嬰兒戱。甲子中進士，以親意設宴，負母夫人斑衣而舞，觀者感悅。尋聞适賊叛，與邑中章甫，慷慨發檄，聚軍糧，擧義誓衆，事載《甲子募義錄》。庚午丁內艱，執禮如前喪。制除，泣言“今而後，吾誰爲養？所祈祝者，吾王無疾”，斯又移孝爲忠之一端也。

丙子淸人入寇，大駕播遷，公又謀興義師，牧使吳公竣以公爲義兵將，從民望也。公以子儆爲軍官，設廳于客館，日夜治軍，傳檄一道，烈士雲集。丁丑正月，行到公州，義兵都元帥畸翁鄭公，留陣以待公。與論戎事，鄭公爲言：“使義將皆如君，賊不足平也。”未幾媾成，公北向慟哭曰“不如無生”。秋有人書宮門曰“三綱已絶國隨亡，公議千秋愧汗靑”，公見而撫腕曰：“惜乎！此人不能豫陳謀猷，致今日之事。”蓋其意以當時謀國者之不能備陰雨爲深恨。自是絶口，不言時事。

庚辰拜孝陵參奉，引義不就，惟敎誨子孫，不少饒假。故諸房幷有造，次第升庠。常戒以爲善曰：“爲我子孫者，體此永念，無得罪於皇天鬼神。”仁廟上賓，公朝夕哭臨，衣麤布麻帶，處之如親喪焉。及卜珠邱，率二子赴哭㕔衛。公時久患瘇，家人諫行，不聽曰：“父子千里赴哭，臣道盡矣，我心安矣。”常以親在時，貧不具輕煖，沒齒痛恨，到老家溫，猶不衣帛，遺戒斂勿用繒紬。日必早起，整冠襟，欽欽如也。

遇鄕人以誠，勉後生以學問孝悌，雅言：“人道以孝爲先，移君爲忠，忠孝可須臾離哉？”幷時論篤行者，輒以公爲首焉。己亥十月二十二日卒，去其生萬曆癸未七月十四日，爲七十七歲。葬于州西之長興洞子坐，與金夫人同域異墳，從先兆也。

公有四男，僖、儆、僶幷進士，僐。側出男，保、僅。僖子天老、天鼎、天衡幷進士、天心生員。僐子天樞生員。天樞子以桂生員。曾孫以下，俱不載。

噫！公以下土布衣，一朝倉卒，徒以氣義相感激，惟知有君父，而不知有其身，赴白刃如平地，是所謂“先立其大”者歟。公有深愛於父母，知幾遠害，兵燹搶攘，而滫瀡不闕，至使狡酋感服。且六年居廬，毁瘠幾滅性，仲尼云“孝者，所以事君”，知孝者俟忠而成之。答君親之恩，明君臣之義，公庶幾無愧也。

錦城有西羅、東羅之目，西羅卽公之後孫也。戊申之變，東羅或從逆，而西羅洞辨逆順之分，不有公忠孝風烈，垂裕後昆，亦何能乃爾哉？

公七世孫錫冕抱公遺事，踵門而謁文，余老屛鉛槧，而竊悲公名之湮沒無稱，力疾而爲之銘。銘曰：

抑抑羅宗，篤生忠烈。
公又繩武，是叔是姪。
爲國倡義，再揚風節。
功未及遂，乾坤毁裂。
無地可灑，滿腔熱血。
將身逃隱，遵晦蓬蓽。
本之則存，百行是源。
教誨式似，詩禮昌門。
門闌告榮，三子七孫。
天道報施，載永德聲。
課忠責孝，于後遺贏。
有紀南國，疇與爭名？
崔崔興岳，若斧其塋。
琢辭載實，用納玄扃。
勖哉髦士，繄公是程。

中洲李先生墓誌銘【幷序○丁未】

中洲李先生捐亟丈三十六年，嗣孫胤秀謁玄堂之銘于直弼，直弼亦嘗奉敎于先生者。誼不敢辭，遂爲之敍曰:

先生諱直輔，字維宗，初諱城輔，貫延安，以唐中郎將茂爲初祖。至左議政文忠公諱廷龜，吏曹判書文靖公諱明漢，禮曹判書文肅公諱一相，仍三世典文衡，不須譜也。文肅公生諱海朝，觀察使負雋望，局於短造，未充志業。生諱度臣贈判書，卽先生祖、禰也。妣安東金氏，處士彦謙女，文忠公壽恒其曾祖也。

擧先生于仲父江西任所，端重聰慧，識者已知爲大受之器。六歲而孤，哭擗如成童，未嘗戲嬉，八歲賦詩云"明月出滄海，淸光萬里來"，再從兄晉菴公期許甚重，曰"非吾所及也"。

稍長，勵志篤學，窮日夜不輟，爲文章，下筆滔滔，華聞日章，幷時名碩願與結交。時群從兄，咸處崇顯，勸先生進取，每赴試，試院輒物色求之，先生遂不應擧。

及遭內艱，毁瘠幾滅性，而猶疏食終喪。時渼湖、止菴兩先生爲世儒宗，先生從之學，兩先生許以吾道有托。壬辰喪渼湖，從止菴于驪江，專心服事，晨夕不離，雖羇旅窮窶，備經侘傺，而處之晏如也。

甲辰除繕工監監役，不就，乙巳拜翊衛司副率，暫就而遞。辛亥拜童蒙敎官，壬子薦拜經筵官，上疏辭，批諭隆摯。歷數官，拜咸鏡都事、司憲府持平·掌令。乙卯除高城郡守，又下別諭，先生援往哲辭內、居外之義，遂肅命。引對，諭以“今筵乃是邀醫問病。病有虛實、寒熱之異，藥有君臣、佐使之別，欲聞藥石之言”，先生以守令不敢當儒臣之禮，固辭。上教益切，先生略陳持敬之說，且曰：“堯、舜心法，元不外是，實能行之，則堯、舜不難也。主聖則臣直，不患無人。”上爲之稱歎，命宣饌。

先生留章而歸，賜優批，命郵官，傳諭挽止之，旋拜掌令。丙辰上章辭執義，批曰：“昨夏一接，稍慰凝佇，忽地徑歸，常切悵失。林下去就，不欲自輕，而世臣之義，亦不若是恝然，從速上來，繼陳向筵未畢之蘊。”仍擢同副承旨，諭曰“置邇列，非爲侈銜。況於尋鄉，必欲更致朝端，誠未見孚，尙遲幡然”，除禮曹、吏曹參議。

時有河西、重峯、愼齋三賢請配文廡之論，命與林樊隱德之士講明之，泮儒以書質先生，且引遯巖幷享沙溪、愼齋爲證，先生對以盛擧。蓋遯巖以愼齋配沙溪，與幷侑稍異，而泮儒率爾援喩，藉重先生，至登章奏。上下嚴教，將以河西單享，命往詢，先生以前事自引，不敢對。時論囂然，認先生是幷侑而非單享，大臣至請罷職。冬命還付筵銜，降別諭，旋除禮曹參議，累下悔悟之教，俾筵臣傳報。先生感激涕泣，陳疏頌愆。

丁巳以元子將就學，拜右諭善，陞秩拜工曹參判，繼有都憲擬入之命。旋除都承旨，遣史官宣召，又命偕來，史官仍留過歲。天書五降，敦勉隆摯，先生乞收還史官，調病登對，許解筵銜，以安其心，而頻問行期，繼下別諭。

三月造朝，禮遇甚盛，畀以啓沃聖躬之責、輔導元良之任，勉留勤懇，輸送食物柴炭，遣掖隷，朝夕勞問賜饌。內殿亦如之，又賜章服品圈，有具品服肅謝之教。先生力辭不獲命，詣元子宮，行禮開講，仍參朝講，講《中庸》，奏曰："《中庸》要旨，專在愼獨。無聲無臭，所以形容不顯篤恭之妙，以至天德之極致，結以上天之載。究其本，則自愼獨上出來，積累於毫忽，省察於幾微，一念無怠，始可合於天道矣。"仍陳："戒懼貫動靜，愼獨，就一念始發處而言。未發境界，實難形容，才欲着功，便歸已發。先儒所謂'昭昭具在'、'惺惺在這裏'、'常著照管'者，形容得好。"(여

又曰："宋臣彭龜年[3]云'人主，天也。人主有一毫不與天相似，而其臣不諫，則不能以天事主，此乃不忠之大者'。先正臣李珥曰'道統在上，則道行於一時，澤流於後世'，此臣所望於殿下也。"上嘉歎。因陳疏辭歸，仰勉聖德，且言"名義未肅而人志未靖；道學寖微而邪說肆行。言路不開，耳目壅蔽，廉防日頹，奢侈日熾，輕儇浮澆之習，莫可收拾"，累數千言。下優批，仍命承旨偕還，後再除都憲。

庚申拜侍講院贊善，將行世子冊禮，特遣禮議偕來，恩言懇迫。先生爲有不敢當之教，不得已承命，與性潭宋公同時赴召，教曰："師傅、諭善，共光開講，及今慶辰，又見黃髮聯造，賁我賓僚之儀，簪紳聳輝，予心爲幸，固萬萬矣。況三輔、九卿之秩，可合於宿德乎？"命兩儒賢陞資，拜先生

3 彭龜年：底本에는 "宋彭年". 彭龜年의《止堂集》에 근거하여 수정.

右參贊，先生上疏辭。又有兩儒賢子孫初仕除授，扶掖入侍之命，眷注崇篤，錫賚便蕃，瞻聆罔不竦動，先生惶蹙感泣。

禮行，陳疏告歸，略曰："堯、湯有累歲之災，而民無捐瘠者，以畜積多而備豫久也。顧今中外府庫枵然，營屯廣占而小民受困，宂官多設而廪祿難繼，若値歉荒，民將盡劉。奢靡太盛，亦爲耗財之道，雖如內閣刊書之役、諸道貢獻之費，亦皆停減，另擇藩臣、守令，務盡恤民之澤，使恩澤下究焉。"上皆嘉納，又遣承旨挽行。

人謂"內閣、壯營爲世所諱"，莫不爲先生危之，先生聞之，夷然也。上嘗諭筵臣曰"驪江儒賢，容儀魁梧，言議峻整，非今世儒者之所可比"。六月正廟昇遐，先生驚慟隕絶，進詣廣州，受衰而還。

純廟嗣位，除都憲、吏曹判書，大臣有正廟嫌名請改之奏，先生陳疏改名。又拜都憲、吏判，恩諭彌重，先生進慰入侍。東朝垂簾，引見哽咽，諭以先王禮遇之意、今日國勢之危，勉留勤摯。先生呑聲感泣曰："宋臣蘇軾承宣仁太后之諭以先帝遺意，不覺失聲慟哭。臣之衷情抑塞，實百倍於蘇軾。"仍陳保護之節、輔導之方，東朝涕泣者久之。

先生出郊，迎哭廞衛，至陵所，待復土陳章而歸，遣承宣留止，仍命看護病勢。辛酉復拜都憲、吏曹、司圃署提調、知敦寧。壬戌特除先生子敎源龍仁縣令，仍命敦諭，先生附奏陳謝。又拜成均祭酒，疏請渼湖、止菴、櫟泉三賢贈諡，上允之，又拜特進官。

乙丑貞純王后禮陟，進詣郊外成服，上疏陳慰。純廟患痘瘡，先生承候郊外，待上候康復而還，進章陳賀。丁卯以年滿七十歲，輸衣資食物。戊辰別諭命薦讀書士，以宋啓榦、金直淳對，俱被儒選，先生上疏陳謝。

辛未拜元子右諭善，時先生以山水之勝，就胤子茂朱任所，因留焉。是歲九月八日，考終于廨舍，享年七十四。訃聞，上震悼，輟視朝二日，賜賻有加，遣承旨致祭。太學生設位擧哀，門人加絰服素。十一月十四日，葬于忠州舟川里卯坐，後因儒臣言，不待狀而諡，用道德博聞、夙夜儆戒二法，賜諡文敬。

先生天資近道，九歲讀《中庸》而曰："吾何以身致中和，見位育之盛乎？"仍蹈舞不已。孤悴疾病，而猶能感發刻厲，博通經史、百家，以及陰陽律曆，罔不究解。爲學專用心於內，嘗讀《論語》"顔淵、仲弓問仁"二章，不住誦繹，以終三夏。又以《鄉黨》篇爲修身眞訣，曰："聖人之敬，熏天炙地，此吾所力行而未能者也。"最喜《尙書》曰："親切身心，或勝於四書。"讀群經，不拘諺解，常自遵晦，猶恐人知。

三達俱尊，而不以師道自居，不許人束脩，而啓牖後進，出於至誠，嘉善而矜不能。雅言"聖、狂之分，只在一念，學者知所利害，則去就易辨"，引《書》"惟天無親，克敬惟親"而曰："敬乃聖門第一義，不可頃刻間斷。"又曰："日用間，無一毫人慾在腔裏，方有田地可下工夫。否則如鏤脂、畫氷，無眞實得力處。"每擧孟子道'性善'、'周公我師'等語，誨諭諄切。故一經指導，人無不感悟。進修節度，壹遵紫陽成法，論禮亦必依據，而未嘗臆斷也。

以蚤孤有終身之憂，服不純采，食不兼味，不聽聲樂，每哭喪餘如袒括，齋沐達曙，至卲齡而誠禮不替。常守'身不出、言不出'之戒，至不對獻議，而忠愛根天，登筵告歸，輒有陳勉，微言至論，切中時病，讋言喧騰，而不以禍福動心焉。賴正廟察公孤衷，爲之優容，恩禮曠絶，存問錫賚，幾無虛月，德意周洽，靡所不至。先生每對王人，俯伏涕泣曰"賤臣無狀，頻勞聖念，罪戾彌重"。

嘗遙望健寢松栢，嗚咽不自勝，感動傍人。及聞純廟聖候告愆，焦遑明發，臨終諄諄如夢囈，皆上候加減也。嘗以進賢爲報國之道，而未及薦閔致福，至欲草遺疏，疾革未果。常夜誦《離騷》、《出師表》、文山詩，慷慨激烈，不能自已。

與觀生窩閔公泛舟笠澤，語到寧陵志事，仍泣數行下。素日以卑牧爲度，接人悃款和樂，不厭言笑，鄉黨莫不悅服。敵已以上，皆下堂迎送，執禮甚遜。或疑其過中，先生曰："罪重欺誣，故年位益高而心益兢惕耳。"

每服古人一字不入都下，雖親戚故舊，未嘗先施，亦不肯酬應文字，曰"吾旣竊虛名，又擅文權，必爲造化所不容"，以經禮問，亦不答。居恒不事著述，有散稿幾卷戢于巾衍。

先生挺生名門，蚤得聞靜觀、芝村之風，又得渼湖、止菴兩先生以爲依歸，專心傳習。察善、利之幾，而蚤自停身，屏詞章之業，而猶恐喪志。名理淵藪，沈潛闡繹，而亦不敢信己，而信師，潛靖自修，以養吾誠，收功於一原，洵古所云"心學"也。孔門教人，罔非存心養性之事，而但不明言，至孟子而特言其所以事天。蓋心者人之神明，性者人之生理，必須食息存養，方能本心常明，天理自全，是乃終身事。而先生旣精於問學，又專於內修，馴致敦篤虛靜，而熟仁之本，是爲永世章程者也。

夫持養久則氣和，氣和則溫裕婉順，望之者意消忿解；體察久則理明，理明則諷導詳款，聽之者心喩慮移。玆爲朱子涵養之眞詮，而先生有焉，是豈騰理口耳者之所可擬議哉？嘗痛懲虛僞之弊，曰"學問雖好，惟質美者可爲，質不美者，不可爲，適足以戕其身而害世道"，其旨微哉。

寧齋吳公贊公氣象曰"風範端凝，幷世無比"，族子逑源曰"洵崇昔之逸民"，族孫鳳秀曰"孝悌通於神明，爵祿不入於胸次，實心實行，見面盎背"，三賢知德深，故其言乃爾，是可以觀先生也。

配貞夫人咸陽朴氏，僉知晉揆之女。擧一男一女，敎源校理，女縣監宋啓馨。校理繼子胤秀，蘭秀、芸秀、金東箕、元錫愚妻，側出也。宋壻繼子大熙。胤秀男冕愚，女元在弘、宋臣熙、閔泳年，餘幷幼。

直弼夙承光範，而志業荒墜，罔副期望之重，常懷愧怍，今朝暮且死矣。乃以蒙識朽管，闡揚大君子道德，自知其强顏，而微此，何以酬知遇之感哉？遂爲之銘曰：

李於東族，莫之與京。
三世詞垣，主盟提衡。
載其茀祿，繼以道鳴。
克纘厥緖，曰惟先生。

先生之質，純粹淸貞。
幼志勇往，聖人是程。
孝悌爲本，本立道生。
寤寐求仁，仁道斯成。
進德居業，用立其誠。
體認天理，務養性情。
端拱無言，養我眞樂。
只輸顔氏，心齋是得。
潛藏淵龍，聲聞皐鶴。
致敬盡禮，蒲輪玉帛。
迫而後出，遽遂初服。
昌言宏論，君心是格。
天德王道，要在愼獨。
王曰兪哉，乃言底績。
洞開不諱，俾竭悃臆。
風雲際會，曠絶今昔。
賓師三朝，耉造一國。
囊封獻忠，用述師德。
槪厥平生，身名俱卓。
疇諗良史，闡厥心學。
舟川之山，光氣紛郁。
有侐幽堂，有鬱拱木。
琢辭載實，用備陵谷。
勖哉髦士，百世是式！

進士朴公墓誌銘【幷序○丁未】

漢師之南里有篤行君子，曰朴公諱鼎源，字聖受。生稟異質，三歲不斷乳，與弟同吮，慮其不均，請阿孃曰："願兄弟各吮其一，毋令阿季饑。"七歲與季患痘而彸，阿孃專意視公，不遑護弟病，公殿屎中猶言："兒則無傷，盍往救弟?"

於父母有深愛，侍湯，至廢寢食，遭外艱，疏食三年，毀瘠幾滅性。卒哭而仍設朝夕奠，旣練而行晨昏拜，雖過於禮，而寔遵先法也。母夫人患痢，嘗糞甛苦，夜禱北辰，願以身代，居憂如前喪。

明發念昔，著存不忘，細述平日言行，暨臨命遺訓，名曰《居家雜儀》。旣免喪，仍不復寢。每晨謁家廟，朔望展墓，至七耋不廢哭。喪餘如袒括，涕泗滿席，雖癃病，猶不肉，攀撫松楸，嗚咽不忍去。手植嘉樹，茂密成林，望墓而扁其樓曰"陟岵"，手書《蓼莪》詩於屛，寓終身慕。

爲孀姊卜隣，異宮同爨，分甘折少，敎養孤甥，及時婚嫁。與季氏接屋湛翕，時兩家之狗相乳，人比諸北平之猫、安豐之鷄云。又爲季氏卜宅于鄕，割土附益之，購書籍、製器用，必成兩部而分之。時月詒阻，憂念不寐，魚果新味，專趾致之，嘗書《小宛》詩於季氏壁，交相勉戒。仲姊歿於癘，公率子姪而臨之，盛暑斗屋，熱鑠濕蒸，治喪殫誠，送終無憾。有族子從學者，遘癘危篤，咸勸其出寓，公曰："彼以至親恃我，吾何忍待以路人?"醫藥以濟之。時四隣癘氣如熾，公家獨無恙，人謂"神明所佑"云。

值年荐饑，斗直百錢，公計緦、功之親，戶與穀一碩，仍倣義倉法，春賑秋儲，用備凶荒。婦翁鄭公歿于公所，襚奠敦匠，務愜情禮，鄭公胤子繼亡，公庀其終事，靡不用極。育其兩孤，與己子同業，夫人雖歿，恩愛如初，是爲公行治大略也。

少業功令，庚午始中進士，永感後不復應擧，用經史自娛，儲書盈架，游泳其中。教子義方，以身導率。乙巳六月十三日卒，去其生丁酉，爲六十九歲。葬龍仁器谷半月里，丁未遷厝其上數武甲坐地。

公系出潘南，文正公諱尙衷、平度公諱訔，兩世大顯。平度公有子諱薑錦川君，選清白。歷四世至諱璨，濟用監直長，以文章德行著名，昏朝金墉之變，棄官自靖。生諱大相監察。又歷兩世至諱鴻登，亦以篤行名一鄉。陶菴李先生行鄉飮酒禮，衆推公爲賓相，寔公曾祖也。祖諱晥，師事陶菴，自律以《小學》、四書，考諱師永生員，亦種學績文。妣海州吳氏載博女，肅獻公翻其先祖也。婦德母儀，俱爲世則。

公配迎日鄭氏，考濂生員，左尹壽松其曾祖也。奉夫子順，事舅姑謹，閫政大小，無不中度，內外宗族稱之。生于丁酉，歿于丙戌。始葬水原台村，遷祔公之新墓。擧一男宗英，宗英男聃壽。

公天資明敏，孝友天植。喪祭，盡其哀敬，粢盛籩豆之需，別儲一所，新物未薦，雖他人所饋，不食。被服儉素，或至垢弊，而齋日必澡沐服新，婢僕亦蠲潔供事。常戒家人曰：“爲宗子者類多零替，損福致咎，以不克致誠薦獻也。”經營緬事，位置墓田，凡百費用，不資宗物，約己裕人，凡有喪葬，賴以經紀者，亦未易一二數也。

公貌端眉淸，髭髮颯爽，常若有遺世之想。嘗以新恩例拜聯姻達官，其人當路，示意勤摯，而公謝不再往，其遠勢利者類此。不妄交，久而愈敬，苟有言行不顧者，不與之言。客至，杯酒慇懃，而溫克自持，揚扢古今，不爲危言、激論，亦不隨俗溴涊。以故人莫不畏服。

嘗訓胤子以《論語》，曰：“欲適時措之宜，須讀《論語》，乃可耳。”工於筆札，亦不取姸，旁究天象地理，而不信雜術。雅言：“葬親擇地，求必山水翕聚，爲人子者，不可不知也。”

嘗顔其齋曰“存養”，又扁以“守靜”，是爲公自修之實也。子夏云“雖曰未學，吾必謂之學”，學者實心實行如公者幾希。彼循名而忘實者，詎不有愧於公哉？或以公之善未獲報，蘊不克施，致憾於司命。然孝悌是人之良貴，萬善、百行之所從出也。公於是焉盡分，非圭組、軒冕之所可同者也。昔人有云“雖積萬鍾繫千駟，死之日，曾不得與斯人之徒隸齒”，豈不信哉？

不佞稔服公行義，公之孫聃壽，又從余遊，將親命抱家狀，謁銘苦切。屢辭以癃朽垂死，而其懇彌篤，遂力疾而敍之，諗之以銘。銘曰：

上立其大，曰維守身。
末路靡靡，鮮克自珍。

疇若我公，德行忱恂？
奕世聞望，迺篤其仁。
劬熹之理，其化惟醇。
恪愼克孝，無競伊人。
居家之政，儀式鄉隣。
孰云未達？厥聲孔彰。
屹彼月山，修士攸藏。
從以碩媛，合德齊芳。
淵丘雖易，死穀偕臧。
子孫惟肖，責報者長。
嗟哉後人，徵此銘章！

襟溪李公墓誌銘【幷序○戊申】

襟溪先生李公，旣卒而葬，兩胤勉愚、大愚，以直弼嘗知遇於公，猥屬以玄堂之誌。直弼曾與公約以先死者爲誌如馬、范古義，而仍念賤齒加於公數歲，則必先公而死，我死後無復知公者，欲爲公述生誌，公亦頷可，文未及就，而乃經大存沒矣。今宜亟踐前約，而以直弼之愚，常恐知德有未悉，而言歸於苟，以之天星奄一周矣。顧今癃病垂死，風燭將及，又恐斯事永休，遂力疾而敍之曰：

公諱鳳秀，字子岡，延安氏遠有代序，爲世名胄。至相國文忠公諱廷龜、冢宰文靖公諱明漢、宗伯文肅公諱一相，三代典文衡，德業載國乘，不須譜也。文靖公季子靜觀齋先生文貞公諱端相，始以道學顯。文貞公有二子，諱喜朝大司憲文簡公號芝村，克紹家學，爲世宗師，諱賀朝縣監贈吏曹判書。判書公取文肅公子監司諱海朝子縣令贈贊成諱崇臣爲嗣。贊成公又無嗣，取文簡公子大司諫諱亮臣之子判敦寧贈領議政孝貞公諱敏輔爲子，孝貞公生吏曹判書文簡公諱始源。

文簡公娶淸風金氏郡守贈吏曹參判安默女，以正宗二年戊戌三月十八日擧公。公胚胎前光，生稟異質。自幼不離典訓，說無勦、行無跋，見者咸稱將爲成德君子。六歲始學《曾史》，解棘砮如迎刃。不煩提督，而文理驟進，甫成童，已博通群經。稍長，慕靜觀、芝村家學正傳，取性理諸書，閉戶潛繹。正廟聞公好學，特賜《近思錄》，獎勉隆摯。

服事族從祖中洲文敬公直輔，始自經傳名理，以至處世大方，靡不講質。又從遊于潁西任公魯、老洲吳文元公熙常諸賢，咸期望綦重，折輩行待以少友。亦嘗會講《小》、《大學》于疇巖李公義秉所，討論明暢，一座聳聽，時纔弱冠也。

間以親命赴乙丑增廣試，中生員，未唱名，隨文簡公赴燕，服勤左右，默察匙箸，憂喜形于色，如沙溪之於黃岡。及歸不以一燕物自累，象舌輩皆稱“創覯”云。壬申除翊衛司洗馬，陞侍直，歷活人署別提、司憲府監察、儀賓府都事。丙子出爲宜寧縣監，丁丑移公州判官，道伯以民願狀請仍任，遭長子喪解歸，拜監察，不就。

己卯除翊衛司翊衛，戊寅儒選有命，廟剡屬公，公力辭乃已。庚辰拜義城縣令，周歲棄紱，又拜翊衛、敦寧府判官、掌樂院正，幷不就。

丁未二月二十二日感疾，卒于芝山正寢，壽七十。五月戊午，葬于楊州馬鳴洞艮坐，從先兆也。

元配淸風金氏，敦寧府都正命淵之女，閫範克備。生後公一年，歿先公五十五年。繼配靑松沈氏，學生獻之之女，有高識婉德，濟以才器，公稱以良轉運。生先公二年，歿先公十四年。生三男一女，男顯愚夭，勉愚出爲季氏后，大愚，女適進士吳敬善。大愚一女幼。

公豐貌偉幹，敦厚溫潤，祥和之氣，布濩四體。覿德者，如飮醇醪，不覺其心醉也。自在沖藐，子職甚修，被孝貞公鍾愛。侍寢將命，應酬文字，獨任其勞，孝貞公常悶其偏苦曰："靡一事咈吾意。"

事親以養志爲主，先意承順。文簡公歷官中外，公隨事獻規，非直爲囊橐之助。文簡公亟稱其孝，臨事必詢可否而決焉。

荐罹鉅創，居憂盡禮，彌嚴於服闋之戒。守制丙舍，晨夕展墓，風雨不廢，攀栢哀號，聞者嗚咽。毁瘠爲病，而飮食猶不從權，幾致滅性。喪畢每哭諱如袒括，以文簡公暴疾不救未承遺命爲至慟，巾几所莅、手澤所存，寶惜護持，惟恐毁傷。尤謹於追遠，雖甚病，不使人攝，事關祀享，細微不饺於心，竟日悒悒，若無所容。故家人惴惴，莫不慤謹。

始文簡公祔葬于先壟，公常謀遷窶。夢文簡公握一匊水賜公，及啓壙，水患孔酷，人謂精誠感通。事季父致政公如父，蚤往問寢，及致政公罣世禍謫遠島，公年垂六旬，力疾往省，到海而幽音至，以罔及拜訣爲畢生恨。

常以事親者事姊氏，檢其疾病醫藥、日用計活，一臠之美，未進乎姊氏，則不敢嘗，庀喪葬，靡有遺憾。育甥姪，俾底成立，甥姪夭而遺孤患痘疹，日將醫往診，霜雪凝馬首，而不知疲。

與季氏因心友愛，同爨共財，殆不知爲二身。及被讁南遷，煢煢然無一日之樂，枕上涕淚，感泣傍人。弟婦夙抱貞疾，殫誠救護，四十年如一日。

文簡公按畿輔時，椿俸餘錢爲千緡，將有需而未及命，公遺從弟尸宗祀者，曰："先人常恨宗家無祭田，殆爲是也。"文簡公判騎曹時有軍官廳貨之，亦近千金，與從弟未析箸者，曰："先人念爾貧，無以爲家，遺意必在斯也。"

以至疏親遠族，罔不曲盡恩意，死喪憂患，躬往存恤。大宗孫遘癘死，人無敢近者，公往莅其喪，與諸宗合貨以庀之。宗婦又歿，公時在嶺邑，專力以當終事，是皆孝之推也。

接人以誠，無賢愚、貴賤，咸得其歡，而若有機權表襮、行己鄙悖者，辭嚴色厲，如將浼焉。由是取怨，而亦不悔，曰："人之好惡，各於其類。故聖人好善而惡不善，彼之詆我，亦可見我之爲我。"又服失言失人之訓，未嘗苟譽，而見有眞誠向學者，虛心愛慕，忘年德之尊，奬詡之不暇。但雅尙謙挹，重以畏約，不欲以師道自任，止四方學者，而苟有是心來者，雖顓蒙必問以悾悾，反覆開導。素愼交際，晩又塞兌息影，斷絶過從，惟於襟期所存，則吻然無間也。

公蚤自停身，身世兩忘，而忒有滿腔熱血。每念王室孤危，邦本垂蹶，痌瘝切肌，至於泣下。

及處宮僚，每進講，援引古今，傅衍文義，悃悃款款，純誠孚感。僚席所陳，或乖經旨，必加駁正，左右皆竦聽，曰"眞講官"。

出莅宜寧，値頻歲大歉，殫心撫摩，招徠流散，蠲除積逋。未周歲，而民安堵如舊，政聲播聞，至有願受田爲氓者，賦歸，涕泣攀轅，至不得行。

義城地大局弊，俗且獷悍健訟，簿書如山，而剸煩理劇，剖判如流，沛然若無事也。邑有火田稅，爲營邑所私者，公曰："公用固不可闕，忍肥己乎？"幷蠲其納，納于營者，割廩而補之，民鼓舞如更生，曰"開邑後創有也"。吏逋糴巨萬，掩置旣久，公曰："不釐此，將無邑，徒施桁楊，何益？"乃畀饒任，籍其稍食以償之，不數年而充完。留心儒化，擇宿望，爲講長，俾任導迪。月設講會，擧往哲行治及成己成物之方，發策以諗其學，髦譽興奮，絃誦之聲，洋洋四境。及歸，士民竪碑以頌德，兩邑之政，在公爲大德之川流也。

居恒，晨起謁廟，退展方冊，整攝衣冠，欽欽如也。日有程課，有故暫廢，后必追補曰："不如是，無以接續將去。"自奉菲薄，食無擇味，被服少涉華侈，不翅如泥塗沾體，亦不服垢弊，自異於俗。老不近輕煖，曰："與其安於體，不若安於心。"居室故取隘陋，而圖書位置秩然有序，庭宇明淨無點塵。

治家有度，井井不紊，曰："自家國而至天下之大，皆是道，不克康濟一身，何事可做？" 嚴於辭受，一毫不苟取，一芥不妄費，而至當施處，傾囷倒廩，不計有無。痛宗家貧窶，每遺物助祭，興言必太息。

教子，先德行而後文藝，曰："士當以見識爲先，彼不識內外賓主之別，甘心汚下，醉生夢死者，摠坐於見識不到。文章雖小技，不本之理義，則無用之空言，何與於身心？" 又曰："群經及濂、洛諸書，何莫非作聖之指南？而剖判義利，一刀兩段，莫若孟、朱書，政好今日多讀也。" 御僮僕，均勞逸，軫飢寒，達其事情，撫恤肫篤，推之鄉黨，皆感恩服義焉。

公雅懷遐遯。文簡公嘗葺墳菴，營建祠屋，曰："吾兒非役志於塵臼者，吾以此遺之。" 自弱齡見知於家庭者如此。中歲祿仕，棲遲城闉，爲避遠標榜，晦身枳棘，而亦未嘗終三年淹也。居洛，名其亭曰"大隱"，歸靈芝山中，堂前有雙流如交襟，學者稱'襟溪先生'。

公以不世英睿之資，纘家傳詩禮之業，夙有得於求仁爲己之方，而天分旣高，充養有道。故不勞克治，而査滓渾化，逮其晚年，造就幾乎明通公溥。造次顚沛，泛應曲當，自然之中，繩墨森嚴，苟不固至德凝道，亦何以與此哉？如公者，庶幾安且成者也。

始孝貞公德卲位崇，兼有三達，文簡公以文學名義，受知健陵，與季氏致政公迭居淸顯，門闌隆赫。

公妙年已負盛望，爲世重輕，取一第，易如拾芥，而飄然霞擧，身全名完，禍網彌天，而冥鴻不弋，其不亦知幾其神乎?

雅意經濟，斟酌古今，揣摩當世，識慮洞徹，懸判其是非得失，鑿鑿符合，擧而措之，無施不周。而沒身卷懷，俾其鋪舒皇王之志，不少槪見，惜哉!

爲學，越自弱冠，用志不分，卓然以聖自期，必極其所欲爲而後已。爲學節度，壹遵洛、建成法，沒世鑽研，而其默契於言意之表者，得於考亭者爲多。旁及群書，靡所不讀，必要窮天人之理，極事物之情，以至三才、萬變，而淹涵貫穿，燦若掌紋。馴致博約兩盡，體用圓融，徐趨闊步，獨造昭曠之原，精粹之氣，積盛而達，卽其符采之彪外者也。

爲文章，不屑作家，而自中軌範，尤長於書牘，雖連篇巨牘，操紙立寫，不事點竄，而辭理俱臻，往往筆頭有舌，滔滔莫禦，若是者，眞可云"辭達"也。性不喜著述，述亦不收，曰:"發前人未發，則可立言垂後，否則贅也，只資人塗壁耳。"農巖以靜觀先生爲文肆筆，略不藻飾，謂"其勇過於辭爵祿"，公於先生，悅服鑽仰，自其立心·制行、行休·進退，靡一不契於遺矩，此事亦繼述之一端也。

昔司馬溫公言"吾與范景仁，姓不同兄弟"，不佞與公勝冠結交，至于耄及，相須如一身，非直如兄弟異體。且范、馬猶有鍾律之乖，而吾兩人心心相照，無一言不相契。自哭公來，倀倀然如影失形，皓首窮山，涕不勝收，仍念知公之爲公者，歷選并世，惟我在耳。始以齒友，而終欲起拜而師之，今乃述公之德，矢辭泉扃，而苟或其溢，是負平生之知己也。後之讀斯誌者，知公之爲不世出之眞儒，則幾矣。銘曰：

左海世胄，奕赫延城。
振振名德，藝苑主盟。
文貞、文簡，以儒宗名。
維公鍾毓，丕闡家聲。
卓乎有立，仁孝高明。
學貫天人，行孚家庭。
表裏澄澈，洞我中扃。
積久暉吉，渾然自成。
不資師傳，洞見大原。
心與理會，何用立言？
寤寐誦法，紫陽緒論。
乃所矢願，必學聖人。
沈潛理藪，悟解絶倫。
韶音令辭，矯若龍鸞。
貞固隱括，素履乃安。
韜光斂耀，用自存身。
泥塗軒冕，富貴浮雲。
玩心昭曠，周邵與群。
攲枕巉巖，永謝世紛。
百劫幻化，桑海風輪。
公則自在，名實彌純。

峨峨芝岡，千仞其尊。
人皆仰止，如詩好仁。
昭朗令終，有光斯文。
有不可傳，大化冥茫。
馬鳴之山，儼若斧堂。
神期如存，騰有晶光。
我庸作銘，納于玄窀。
矢無媿辭，仰累公眞。

宗簿寺正黃公墓誌銘【幷序○戊申】

我正廟以聖神之資，任君師之責，仰述列朝之志，首建奎章之閣，選一世才俊而儲養，日有課月有試，以歲計而品其高下，用盡作成之妙。菱山黃公諱基天，最被知遇，將擬獎用而不終，惜哉!

公朗慧成性，六歲述古詩，有"鳳凰飛長天，麒麟遊野邊。夫子生尼丘，古今稱聖賢"之句，時稱神童。稍長，業功令，援筆立就，每赴試，呈券第一，屢蒙拔擢，天褒隆重。

壬子中司馬，應製被選，命擧面諭曰："爾詩'騊駼驊騮騕騄駬'，此法出自何處?"對曰："依樣《急就章》而爲之。"教曰："爾是武家子，而能文乃爾，其特賜酒滿酌。"仍教曰"爾善書"，又滿酌賜飮，因令入內閣，賡御製，賜周軸，以行草書進，上屢稱奇筆。

癸丑秋到記居第二，到記賜第，例取一人，而特教曰“此券，素知實才，”命赴殿試。及放榜，召見曰：“假使公卿無意用汝，予豈忘汝？”

甲寅被文臣抄啓，冬命進百句賦，禁漏未數點而就。御批曰“一院咸聳，衆膝齊屈，如許奇才，設選後初見”，試券謄示泮儒。又教曰：“出六後當有器使之道，預令銓曹知悉！”仍教曰“雖謂之‘八叉佳手’，未爲夸情”，賜《唐宋八大家》一部。

乙卯謁寢園回鑾，命寫《儀軌》，特命公與曺錫中管其事。夜半入侍，上開戶起立，問曰：“曺耶？黃耶？”筵臣對以黃某，上曰：“此是黃庭堅也。”又承命製，進七言排律五十韻，八刻而成，一日寫二萬字板本。上嘗呼寫時弊策，敲推字句，命公獻可，公有陳，則輒教曰“爾是白樂天之老嫗也”。

戊午考兵使公以龍川倅失囚配金城，命改以畿邑，異數也。及印進《儀軌》，教曰：“黃某以前後同參之人，不得預會，特放其父黃某。”卽命來待。

文臣抄啓年四十者例減，而於公特教勿減，賜毛浮一部，曰：“雖弊，予所常藉，爾其寢坐。”聞者莫不聳動。以抄啓講畫，居魁陞六品。親政命擬入銓郎，未經臺銜，直拜銓郎，往例所罕也。

己未遭艱，累遣閣吏存問，曰：“常常係念，爾其知否？”庚申特賜米魚及饌需，前後匪頒及禁廚珍饍，不可勝記。正廟昇遐，公號絶移時，哀痛擗踊，如不欲生，血淚霑襟，終喪如一日。語及先廟，聲淚俱發。

辛酉差問事郎，屢參試圍，咸稱“神鑑”。壬戌出監江東縣，治最一路。乙丑差《正廟實錄》郎廳，歷正言、持平、掌令、宗簿正。丙寅以不參金相達淳合啓，配龍川，未月移配古今島，己巳翼廟誕降，赦宥。庚辰敍拜慶尙都事，一謝恩命，此爲公出處大略也。

公字羲圖，昌原人，菱山其號也。其先出自中國，以高麗侍中諱忠俊爲始祖。入本朝，世襲簪組，至諱瑋，以奉敎忤於時，出補評事而終，贈都承旨。生諱立中，郡守贈參判。三傳至左參贊諱一夏，景廟辛壬，凶黨竊柄，貳極傾危，抗章，逆折禍機，識者謂"儲位全安，此疏爲有力"云。是爲公高祖也。曾祖諱有師贈參判，經壬寅士禍，絶意進取。祖諱寀，考諱仁煐，兩世俱兵使。妣驪興閔氏，水使百福女也。諱仁照，延安李氏會祥女，公本生父母也。

公以純廟辛巳八月二十日卒，距其生庚辰，爲六十二歲。祔厝于廣州先塋，丙申遷于牙山兄弟洞癸坐。配咸平李氏，其考兵使膺運也，先公一年生，歿後公五日，祔公墓左。擧四男二女，男鍾最、鍾粲、鍾罕、鍾濩，女適李建、權用奎生員。鍾最子鶴淵、直淵武科，女金顯培。鍾罕子守淵，鍾濩子愚淵。

公生稟異姿，逈越倫萃。自髫齔，洞透文竇，長篇、巨章，罔不走毫而成。精爽飛動，若有神助，藝苑諸公，口呿而退三舍。名震一世，流入中國，浙江吳瑾贊曰："其氣逸而暢，其韻工而穩。天分優，人工極。"江南孫衡贊曰："蓄道德而能文章，當藏之名山，待之其人。"

旁通書藝，篆、隸準以《石鼓》、《孔碑》，楷法鍾、王，草得張旭、懷素之妙，龍跳虎臥，變化萬態。千紙百軸，俄刻揮灑，勢如風雷，傍觀失色。華人程叔甫寶藏曰："抑之則侔懷素，獎之則壓右軍，千載不磨之書也。"

著述甚富而散逸不收，有零藁藏于家。昔淮南崇朝而賦《騷》，枚皐應詔而成賦，子建援牘如口宣，仲宣擧筆似宿構，阮瑀據案而制書，禰衡當食而草奏。斯爲名世，而如公聰敏，當與之拍挹，不讓一頭，豈不誠曠古逸才哉？

公謹厚謙恭，養素守雅，與物無忤，遏惡揚善。不伐技能，不求聲譽，明察義利，片言剖析。每閱經、史，十行俱下，過眼輒誦，百家、九流，罔不貫綜，而好讀《論語》、三禮、《周易》、《春秋》，探賾發微，心目俱臻。

居恒，閉門却掃，手不釋卷，其內修純篤，皆本之經術，秖許公以絶世詞藝者，洵淺之爲知也。噫！天降時雨，大化流行，草木甲坼，禽鳥飛躍，斯爲聖人之參贊化育者也。

公生丁奎運，受知明主，若將大舖鴻藻，用應黼黻笙鏞之需，優優乎有餘地，以鳴國家之盛，而未及進用，如蘇軾之於神宗。蘇軾終致隆顯，而公則中罹世禍，嶔崎坎壈，不少槪見，豈非命耶？然袞褒輝暎，華錫聯翩，遭逢之榮、成就之恩，歷選諸彥，未之或先，是可以藉手而見古人也。

不佞講服公盛名，而竟違一面，爲畢生恨，鍾罕謁幽堂之文，亦已積歲。常恐風燭奄及，罔副願言，遂力疾而爲之銘。銘曰：

才爲德用，不然其難？

靈華亭毓，生材克完。

偉哉黃公，其器槃槃。

聰穎敏給，筆花媥爛。

玄圃積玉，幽谷艷蘭。

比古神丱，勃、泌、融、粲。

文苑儲望，咸推登壇。

遭遇聖主，喜動天顔。

校書石渠，獻賦金鑾。

英華攸發，寵冠群班。

七日隱豹，遇霧成斑。

九苞祥鳳，應律和聲。

功用方興，天衢雲程。

時運不諧，坦步失平。

以義處命，憂患素行。

百不一試，遵晦終生。

何用不臧？克完身名。

瓊琚玉佩，收聲琤琤。

璧宿晦彩，大化冥冥。

節彼仁山，斂却英靈。

恩言不泐，洞徹幽明。

我述銘章，垂千百齡。

贈童蒙教官畏庵鄭公墓誌銘【幷序】

塞天地、横四海者惟孝，孝始愛敬，終極哀思，厥亦多緒，其心一焉。至若不忘讎、不愛死，達理而聞道者，其惟鄭公諱允喬乎。

生年十八，本生父橫被尹姓女誣陷，死於桁楊。公直欲手刃讎賊，視死如歸，而念所後親老，兩弟俱沖藐，忍痛含冤，遵晦以自廢，不出戶庭，不見天日，讀《春秋》講復雪之義，輒流涕。且鑄利刀藏身，十六年如一日，及親沒而克襄，弟長而有嗣，遂與兩季，搜尹女刺殺，投官請罪，矢志以朝復讎、夕就戮。累月縲紲，備經痛毒，鄉人士齊籲鳴冤，道伯元文敏公仁孫會五邑宰，審理而釋公，是日卽丙戌五月十九日，而公之生朝也。時久憫旱，忽大雨滂沱，是可驗天人感應，捷於影響也。昔人云"以戴天爲大恥，枕戈爲得禮，卽死無憾，守禮而行義"者，公實有焉，於乎休哉！

公字大遷，東萊人，以高麗左僕射諱穆爲鼻祖，珪組奕舃。入本朝，有諱守弘吏曹判書，卽公十世祖也。生諱任進士，始移金堤，子孫世居。屢傳至諱世英、諱東爀、諱天基，是爲公三世，妣青松沈氏。諱天培及羅州羅氏，卽本生父母也。

公享年八十九，而卒于辛巳五月二十九日，墓于同郡大山酉坐。配晉州姜氏必輔女，生先公一年，歿先公十九年，墓在雉石卯坐。擧二男一女，載鼎、載和，女適文□□。載鼎繼子奎完，載和子奎五。奎完三子，秉朝、根朝、寧朝奎。五二子，燦夏、相夏。

公天資近道，纔就傅，悟解微奥，曲暢旁通，歸對萱闈，如誦己言。讀《曾傳》序“俗儒記誦詞章”之句，喟然歎曰“記誦詞章，非眞儒也”，遂謝絶進取，專心問學，卓然以聖哲自期，言動擧止，壹遵九容、九思。

性於孝，躬漁樵供甘毳，至誠孚達，人皆歆動。晨謁家廟，齋沐承祭，不以耄耋而廢焉。與二弟同寢食，不須臾相離，以致閨壺肅穆，鄉隣感化，皆孝之推也。

遍交幷世群儒，服事櫟泉、性潭兩賢，被其奬詡焉。取三畏之義，顔其室曰“畏庵”，學者稱“畏庵處士”。有零稿行于世。

夫孝者，百行之源，萬善之本，而公爲父報仇，發於天性，志在殉身，本無求生，其生也幸耳。公乃所願學聖人，不欲以一善成名。然冤酷理極，必要其致命遂志者，在公爲大節，餘皆可略也。朱子有云“活孝悌、死孝悌”，公所成就者活孝，詎不是學問功大乎？

朝家始焉給復，終又贈童蒙教官，是靡足以奬孝，然公則無所爲而爲，詎恤身後之名哉？後人之以褒旌重輕，致喆於秉化權者，非所以尊德也。錫夏、哲夏從余遊，謁公隧誌。余旣述文弁遺稿，更無餘辭可以發潛闡幽，而竊感公行治，力疾而爲之銘。銘曰：

孝爲民行，天經地義。
深愛推極，用備五致。

服勤無方，報生以死。

鬪不反兵，聞諸孔子。

嗟嗟鄭公，踐述斯理。

俟時而發，克遂厥志。

趙娥、梁悅，異世同揆。

其亦庶幾，義盡仁至。

在家孝子，爲國賢士。

本之學問，有終有始。

節彼大嶽，宰木薿薿。

我庸闡微，納銘玄隧。

名德俱完，永垂千祀。

義菴閔公墓誌銘【幷序】

粵我端廟乙亥，運屬陽九，忠臣烈士，非捐軀致命，則皆桁楊瘴癘，脫燔穹之炎者，亦遯世遐擧，用自靖獻，雖所遇不倫，或死或生，而其義一也。當時事，史多闕文，故顯晦，隨以差殊。有若義菴閔公，其所樹立，無間於生、死六臣，而世無稱焉，余竊悼焉。

公諱懷參，驪興氏，顯于麗朝，文景公諱令謨、文仁公諱漬，最著。入本朝，有判典校令諱中立、三陟府使諱紹生、同知中樞諱孝源，卽公二世也。同樞公娶咸陽朴氏奉禮苿女，擧公。

公天稟貞確，好讀書，至往哲成仁取義，必掩卷流涕。景泰壬申中進士，擧遺逸拜司憲府執義。定順王后考礪良府院君玹壽，公之姑母夫也，公戚姻王室，爲朝野所倚重。時端廟沖齡嗣位，諸大君强盛，公見國勢岌嶪，常懷憂懣。

乙亥端廟內禪，公遂免官家居。及六臣禍作，公息影飮泣，恨不與之同殉。丁丑有金正水者希當路旨，告宋玹壽、權完謀逆，降封上王爲魯山君，遷寧越，尋昇遐。鄭麟趾等請宋玹壽處絞，以公之爲宋公妻黨，請施一律，世祖特命減死，外補大靜縣監。上王舊臣無遺類，權、宋、閔三家，被禍彌酷。公兄懷曾、弟懷晳幷竄，公莅縣，日飮醇酒，不視事。牧使報罷，公不就京第，卜築于綾山之月谷，顔其室曰“義菴”，出處動靜，皆律之以義。

成宗朝累徵不起，遵晦巖巖，以終其身。與縣監文公自修，贈承旨梁公以河，契好甚篤。且與之裁定鄕約、農社儀節，爲一州章程，世謂“三人社”。子孫仍家焉。純廟戊辰，鄕人士建祠于月谷，與文、梁二公幷享。

公配咸平李氏，生員仲河其考也。有三男二女，男思點副司直、希點忠順衛、繼點縣監，女適忠義衛辛禹卿、同中樞李宗仁。公墓于綾州南一面蔓芝山亥坐，夫人及三胤俱祔。

嗚呼！公及見天位傾覆，齎恨罔極，如不欲生，自放於窮山絶海之間，沒世而無悶，豈所云“遠不違君死不忘國”者耶？公旣沈淪自晦，而世亦靡所闡揚，俾其姱節、徽躅，閟而不章，是爲可惜。然公所自靖，是不可已者，豈要身後之名哉?

世代寖邈, 文獻不備, 資歷行治, 有不可考, 然逾略而逾可信也。公後孫胄顯、成鎬, 謁幽堂之誌, 累辭以癃病, 而厥懇苦切。夫樂道人之善, 用傳諸後, 立言者之事也, 不佞豈其人哉? 然服公之義, 感生之誠, 遂力疾而爲之銘。銘曰:

維莊陵世, 事至難言。
辭微迹泯, 莫泄幽冤。
考公終始, 盡君臣義。
生、死六臣, 殊塗一致。
鄕邦所式, 子孫所似。
崔嵂芝岡, 秋栢不死。
我闡潛德, 納于玄隧。
匪直昭公, 用警千祀。

著者 **洪直弼**

1776년(영조52) 6월 13일 申時에 한성의 鑄字洞에서 태어나 1852년(철종3) 7월 17일 酉時에 鷺湖의 蘆漪精舍에서 향년 77세로 세상을 떠났다. 초명은 兢弼, 字는 伯應·伯臨, 號는 梅山, 本貫은 南陽이며, 諡號는 文敬이다. 평생 출사하지 않고 학문 강학에 힘써 近齋 朴胤源 문하에서 그 학맥을 계승하고 이를 후대에 전한 老論 洛論의 핵심 사상가이자 문인 교육자이다. 학문은 박윤원 외에도 老洲 吳熙常의 영향을 많이 받았으며, 문하의 제자로 全齋 任憲晦, 重菴 金平默 등이 있다.

校勘標點

金昌孝

1956年 全南 長興에서 태어났다. 高麗大學校 行政學科를 卒業하였다. 民族文化推進會 國譯硏修院 硏修部 및 一般硏究部를 卒業하였으며, 現在 海東經史硏究所 先任硏究員으로 在職하고 있다. 飜譯書로는《陶谷集》(共譯)이 있다.

延錫煥

1977年 慶北 奉化에서 태어났다. 啓明大學校 漢文敎育科를 卒業하고 高麗大學校 大學院 古典飜譯協同課程學科에서 碩士學位와 博士學位를 취득하였다. 韓國古典飜譯院 附設 古典飜譯敎育院의 硏修課程과 專門課程 第1課程을 마쳤다. 現在 海東經史硏究所 硏究員으로 在職하고 있다. 論文으로는 〈晦隱 南鶴鳴의 雜說 硏究〉, 〈南鶴鳴의 晦隱集 譯注〉가 있다.

※ 각 권별 校點者는 卷35·36·37 金昌孝, 卷38·39·40 延錫煥이다.

圈域別據點研究所協同飜譯事業 研究陣

研究責任者 **辛泳周**(誠信女子大學校 漢文教育科 教授)
共同研究員 **金呂珠**(誠信女子大學校 漢文教育科 教授)
金容載(誠信女子大學校 漢文教育科 教授)
柳浚景(誠信女子大學校 漢文教育科 教授)
李鍾德(韓國古典飜譯院 附設 古典飜譯教育院 講師)
責任研究員 **成百曉**
研 究 員 **金昌孝** **延錫煥**
史京華 **申相厚**
李泳俊 **李貞恩**
金成恩 **朴喜淨**
潤 文 **尹銀淑**

校勘標點
梅山集7

洪直弼 著 | 金昌孝·延錫煥 校點
初版 1刷 發行 2020年 12月 31日
編輯·發行 학자원 | 登錄 2011.4.6. 第2011-14號
住所 (05355) 서울市 江東區 千戶大路 1121
電話 02-6403-1000 | 팩스 02-6338-1001 | 이메일 hakjaone@daum.net

값 30,000원
ISBN 979-11-6247-201-9 94810
979-11-87806-01-1 (세트)